中国科协碳达峰碳中和系列丛书

新能源汽车

引领汽车产业绿色低碳转型导论

李 骏 ◎ 主编
侯福深 ◎ 执行主编

中国科学技术出版社
·北 京·

图书在版编目（CIP）数据

新能源汽车引领汽车产业绿色低碳转型导论 / 李骏主编；侯福深执行主编 . -- 北京：中国科学技术出版社，2023.11

（中国科协碳达峰碳中和系列丛书）

ISBN 978-7-5236-0352-9

Ⅰ.①新… Ⅱ.①李… ②侯… Ⅲ.①新能源 – 汽车工业 – 研究 – 中国 Ⅳ.① F426.471

中国国家版本馆 CIP 数据核字（2023）第 220597 号

策　　划	刘兴平　秦德继
责任编辑	韩　颖
封面设计	北京潜龙
正文设计	中文天地
责任校对	邓雪梅
责任印制	李晓霖

出　　版	中国科学技术出版社
发　　行	中国科学技术出版社有限公司发行部
地　　址	北京市海淀区中关村南大街 16 号
邮　　编	100081
发行电话	010-62173865
传　　真	010-62173081
网　　址	http://www.cspbooks.com.cn

开　　本	787mm×1092mm　1/16
字　　数	213 千字
印　　张	11.5
版　　次	2023 年 11 月第 1 版
印　　次	2023 年 11 月第 1 次印刷
印　　刷	北京长宁印刷有限公司
书　　号	ISBN 978-7-5236-0352-9 / F・1179
定　　价	69.00 元

（凡购买本社图书，如有缺页、倒页、脱页者，本社发行部负责调换）

"中国科协碳达峰碳中和系列丛书"
编委会

主任委员

张玉卓　　中国工程院院士，国务院国资委党委书记、主任

委　　员（按姓氏笔画排序）

王金南　　中国工程院院士，生态环境部环境规划院院长
王秋良　　中国科学院院士，中国科学院电工研究所研究员
史玉波　　中国能源研究会理事长，教授级高级工程师
刘　峰　　中国煤炭学会理事长，教授级高级工程师
刘正东　　中国工程院院士，中国钢研科技集团有限公司副总工程师
江　亿　　中国工程院院士，清华大学建筑学院教授
杜祥琬　　中国工程院院士，中国工程院原副院长，中国工程物理研究院研究员、高级科学顾问
张　野　　中国水力发电工程学会理事长，教授级高级工程师
张守攻　　中国工程院院士，中国林业科学研究院原院长
舒印彪　　中国工程院院士，中国电机工程学会理事长，第 36 届国际电工委员会主席
谢建新　　中国工程院院士，北京科技大学教授，中国材料研究学会常务副理事长
戴厚良　　中国工程院院士，中国石油天然气集团有限公司董事长、党组书记，中国化工学会理事长

《新能源汽车引领汽车产业绿色低碳转型导论》
编 写 组

组　　长

李　骏　　中国工程院院士，中国汽车工程学会理事长

成　　员（按姓氏笔画排序）

贡　俊　　上海智能汽车融合创新中心有限公司总经理
黄学杰　　中国科学院物理研究所研究员
李开国　　中国汽车工程研究院股份有限公司原董事长
李克强　　中国工程院院士，清华大学教授
李万江　　中国汽车工程学会汽车制造分会秘书长，东风汽车集团有限公司
　　　　　高级工程师
廉玉波　　比亚迪汽车工业有限公司高级副总裁
马天才　　同济大学教授
邵浙海　　普天新能源有限责任公司原首席专家
孙逢春　　中国工程院院士，北京理工大学教授
王贺武　　清华大学教授
吴志新　　中国汽车技术研究中心有限公司党委委员、副总经理
肖成伟　　中国电子科技集团公司第十八研究所主任
余卓平　　同济大学教授
张进华　　中国汽车工程学会常务副理事长兼秘书长
张　宁　　中国汽车工程学会专务秘书长
张舟云　　上海电驱动股份有限公司副总经理兼总工程师
赵福全　　清华大学车辆与运载学院教授，清华大学（车辆学院）汽车产业
　　　　　与技术战略研究院院长，国汽战略院院长特别顾问
赵亦希　　上海交通大学教授

主　编

李　骏　　中国工程院院士，中国汽车工程学会理事长，国汽战略院院长

执行主编

侯福深　　中国汽车工程学会副秘书长，国汽战略院执行院长

执行副主编

郑亚莉　　中国汽车工程学会国汽战略院战略规划部副部长
郝　旭　　北京科技大学副教授

编写组人员姓名

赵立金　王利刚　赵　迁　贾彦敏　孙旭东　曲婧瑶　胡进永
赵　森　付　岩　刘　洋　邓小芝　任英杰　林　艳　雷　韧
王　冠　李雨洁

总 序

中国政府矢志不渝地坚持创新驱动、生态优先、绿色低碳的发展导向。2020年9月，习近平主席在第七十五届联合国大会上郑重宣布，中国"二氧化碳排放力争于2030年前达到峰值，努力争取2060年前实现碳中和"。2022年10月，党的二十大报告在全面建成社会主义现代化强国"两步走"目标中明确提出，到2035年，要广泛形成绿色生产生活方式，碳排放达峰后稳中有降，生态环境根本好转，美丽中国目标基本实现。这是中国高质量发展的内在要求，也是中国对国际社会的庄严承诺。

"双碳"战略是以习近平同志为核心的党中央统筹国内国际两个大局作出的重大决策，是我国加快发展方式绿色转型、促进人与自然和谐共生的需要，是破解资源环境约束、实现可持续发展的需要，是顺应技术进步趋势、推动经济结构转型升级的需要，也是主动担当大国责任、推动构建人类命运共同体的需要。"双碳"战略事关全局、内涵丰富，必将引发一场广泛而深刻的经济社会系统性变革。

2022年3月，国家发布《氢能产业发展中长期规划（2021—2035年）》，确立了氢能作为未来国家能源体系组成部分的战略定位，为氢能在交通、电力、工业、储能等领域的规模化综合应用明确了方向。氢能和电力在众多一次能源转化、传输与融合交互中的能源载体作用日益强化，以汽车、轨道交通为代表的交通领域正在加速电动化、智能化、低碳化融合发展的进程，石化、冶金、建筑、制冷等传统行业逐步加快绿色转型步伐，国际主要经济体更加重视减碳政策制定和碳汇市场培育。

为全面落实"双碳"战略的有关部署，充分发挥科协系统的人才、组织优势，助力相关学科建设和人才培养，服务经济社会高质量发展，中国科协组织相关全国学会，组建了由各行业、各领域院士专家参与的编委会，以及由相关领域一线科研教育专家和编辑出版工作者组成的编写团队，编撰"双碳"系列丛书。

丛书将服务于高等院校教师和相关领域科技工作者教育培训,并为"双碳"战略的政策制定、科技创新和产业发展提供参考。

"双碳"系列丛书内容涵盖了全球气候变化、能源、交通、钢铁与有色金属、石化与化工、建筑建材、碳汇与碳中和等多个科技领域和产业门类,对实现"双碳"目标的技术创新和产业应用进行了系统介绍,分析了各行业面临的重大任务和严峻挑战,设计了实现"双碳"目标的战略路径和技术路线,展望了关键技术的发展趋势和应用前景,并提出了相应政策建议。丛书充分展示了各领域关于"双碳"研究的最新成果和前沿进展,凝结了院士专家和广大科技工作者的智慧,具有较高的战略性、前瞻性、权威性、系统性、学术性和科普性。

2022 年 5 月,中国科协推出首批 3 本图书,得到社会广泛认可。本次又推出第二批共 13 本图书,分别邀请知名院士专家担任主编,由相关全国学会和单位牵头组织编写,系统总结了相关领域的创新、探索和实践,呼应了"双碳"战略要求。参与编写的各位院士专家以科学家一以贯之的严谨治学之风,深入研究落实"双碳"目标实现过程中面临的新形势与新挑战,客观分析不同技术观点与技术路线。在此,衷心感谢为图书组织编撰工作作出贡献的院士专家、科研人员和编辑工作者。

期待"双碳"系列丛书的编撰、发布和应用,能够助力"双碳"人才培养,引领广大科技工作者协力推动绿色低碳重大科技创新和推广应用,为实施人才强国战略、实现"双碳"目标、全面建设社会主义现代化国家作出贡献。

中国科协主席　万　钢
2023 年 5 月

前　言

2020年9月22日，中国国家主席习近平在第七十五届联合国大会一般性辩论上宣布："中国将提高国家自主贡献力度，采取更加有力的政策和措施，二氧化碳排放力争于2030年前达到峰值，努力争取2060年前实现碳中和"，这不仅是我国积极应对气候变化、参与全球治理的重大战略举措，同时也是确保国家能源安全、推动我国经济绿色转型实现高质量可持续发展的现实选择。党的二十大报告同时强调要加快发展方式绿色转型，推动经济社会发展绿色化、低碳化。在"双碳"战略背景下，汽车产业理应顺应绿色低碳发展方向，锚定产业"双碳"目标，加快向低碳、近零碳、零碳深度转型。新能源汽车作为汽车产业绿色低碳转型升级的主要方向，发展新能源汽车成为我国实现"双碳"目标的重要路径。

为全面落实党中央、国务院关于"双碳"工作有关部署，中国汽车工程学会根据中国科学技术协会的部署，自2021年10月开始组织编写《新能源汽车引领汽车产业绿色低碳转型导论》科普图书。本书强调科学普及作用，兼顾普通读者与专业人士的阅读需求，既可以作为高校车辆工程、载运工具及运用工程等专业的本科生教学读物，也可以作为从事汽车节能减排与新能源开发的技术人员、企业管理人员及普通民众的科技读物，以便了解新时代下新能源汽车的高速发展，为我国汽车领域如期实现"双碳"目标贡献一分力量。《新能源汽车引领汽车产业绿色低碳转型导论》共9章。第1章介绍面向碳中和目标的新能源汽车转型发展，第2章介绍纯电动、插电式混合动力以及增程式混合动力汽车技术，第3章介绍燃料电池汽车技术，第4章介绍整车节能领域相关技术，第5章介绍动力电池技术，第6章介绍电驱动总成系统技术，第7章介绍新能源汽车智能制造技术，第8章介绍新型基础设施，第9章介绍新能源汽车发展展望。

本书主编为中国工程院院士、中国汽车工程学会理事长李骏，执行主编为中国汽车工程学会副秘书长、国汽战略院执行院长侯福深。本书主体框架和部分内容参考了中国汽车工程学会发布的《节能与新能源汽车技术路线图2.0》相关成果，并在此基础上综合了行业内数十名权威专家学者的建议意见。第 1 章由中国汽车工程学会国汽战略院战略规划部王冠、林艳统筹编写；第 2 章由中国汽车工程学会国汽战略院电动化中心曲婧瑶统筹编写；第 3 章由中国汽车工程学会国汽战略院燃料电池中心邓小芝、任英杰统筹编写；第 4 章由中国汽车工程学会国汽战略院电动化中心赵森、国汽（北京）汽车轻量化技术研究院有限公司贾彦敏统筹编写；第 5 章由中国汽车工程学会国汽战略院电动化中心孙旭东统筹编写；第 6 章由中国汽车工程学会国汽战略院电动化中心赵迁统筹编写；第 7 章由中国汽车工程学会国汽战略院智能制造及装备中心付岩、刘洋统筹编写；第 8 章由中国汽车工程学会国汽战略院电动化中心胡进永统筹编写；第 9 章由中国汽车工程学会国汽战略院战略规划部王冠、雷韧统筹编写。中国汽车工程学会赵立金、郑亚莉、王利刚、李雨洁也深度参与了本书编写过程中的讨论和修改工作。此外，中国工程院院士、清华大学教授李克强，中国汽车工程学会常务副理事长兼秘书长张进华，清华大学车辆与运载学院教授、清华大学（车辆学院）汽车产业与技术战略研究院院长赵福全，中国汽车工程研究院股份有限公司原董事长李开国，中国电子科技集团公司第十八研究所主任肖成伟，中国科学院物理研究所研究员黄学杰，比亚迪汽车工业有限公司高级副总裁廉玉波，哈尔滨理工大学教授蔡蔚，普天新能源有限责任公司原首席专家邵浙海，北京科技大学副教授郝旭等专家和领导对全书各个章节进行了总体把控，对部分内容提出了切实的修改意见，在此向他们表示衷心的感谢！

鉴于笔者水平有限，书中难免有偏颇与不足之处，恳请广大专家和读者不吝赐教。

李 骏

2023 年 7 月

目　录

总　序	万　钢
前　言	李　骏

第1章　面向碳中和目标的新能源汽车发展概述　001
　　1.1　汽车产业绿色低碳发展的必要性与重要意义 ⋯⋯⋯⋯⋯⋯⋯⋯⋯⋯001
　　1.2　新能源汽车的发展历程 ⋯⋯⋯⋯⋯⋯⋯⋯⋯⋯⋯⋯⋯⋯⋯⋯⋯⋯⋯003
　　1.3　汽车产业绿色低碳转型发展取得明显成效 ⋯⋯⋯⋯⋯⋯⋯⋯⋯⋯⋯004

第2章　纯电动、插电式混合动力、增程式混合动力汽车　007
　　2.1　纯电动汽车整车技术 ⋯⋯⋯⋯⋯⋯⋯⋯⋯⋯⋯⋯⋯⋯⋯⋯⋯⋯⋯⋯008
　　2.2　增程式混合动力汽车及插电式混合动力汽车整车技术 ⋯⋯⋯⋯⋯⋯015
　　2.3　整车热管理技术 ⋯⋯⋯⋯⋯⋯⋯⋯⋯⋯⋯⋯⋯⋯⋯⋯⋯⋯⋯⋯⋯⋯020
　　2.4　先进动力底盘技术 ⋯⋯⋯⋯⋯⋯⋯⋯⋯⋯⋯⋯⋯⋯⋯⋯⋯⋯⋯⋯⋯027

第3章　燃料电池汽车　036
　　3.1　燃料电池汽车 ⋯⋯⋯⋯⋯⋯⋯⋯⋯⋯⋯⋯⋯⋯⋯⋯⋯⋯⋯⋯⋯⋯⋯036
　　3.2　燃料电池系统 ⋯⋯⋯⋯⋯⋯⋯⋯⋯⋯⋯⋯⋯⋯⋯⋯⋯⋯⋯⋯⋯⋯⋯041
　　3.3　燃料电池电堆 ⋯⋯⋯⋯⋯⋯⋯⋯⋯⋯⋯⋯⋯⋯⋯⋯⋯⋯⋯⋯⋯⋯⋯047
　　3.4　车载储氢系统 ⋯⋯⋯⋯⋯⋯⋯⋯⋯⋯⋯⋯⋯⋯⋯⋯⋯⋯⋯⋯⋯⋯⋯054

第4章　整车节能技术···060
4.1　低风阻技术···060
4.2　汽车轻量化技术···071

第5章　动力电池技术···087
5.1　动力电池单体技术···087
5.2　动力电池系统集成技术···093
5.3　新体系电池技术···095
5.4　动力电池关键材料技术···098
5.5　动力电池梯次利用及绿色再生技术·····················103

第6章　电驱动总成系统···108
6.1　驱动电机···109
6.2　电机控制器···116
6.3　电驱动总成系统···120

第7章　新能源汽车智能制造技术·································125
7.1　企业级／车间级信息系统·····································125
7.2　实体工厂／车间技术···131
7.3　虚拟工厂／车间技术···132

第8章　新型基础设施···136
8.1　充电技术···136
8.2　换电技术···142
8.3　面向新型电力系统的车网互动·····························149
8.4　充电安全···158

第9章　面向碳中和目标愿景的新能源汽车发展展望·····165
9.1　汽车产业减排将是我国碳减排的重点领域·········165
9.2　新能源汽车全生命周期减排助力"双碳"目标实现·····166

第 1 章 面向碳中和目标的新能源汽车发展概述

在当今世界发展格局下，积极应对气候变化、实现"双碳"发展目标已成为全球共识。作为国民经济的重要支柱型产业，在"双碳"目标的引领下，汽车产业正加速向绿色低碳方向转型发展。新能源汽车是全球汽车产业转型升级的主要方向，也是世界制造强国提升未来竞争力的必争领域，发展新能源汽车是落实党中央、国务院关于加快构建新发展格局、着力推动高质量发展重大战略部署，推动全社会向绿色、低碳全面转型的关键举措。习近平总书记多次强调"发展新能源汽车是我国从汽车大国迈向汽车强国的必由之路""我们要成为制造业强国，就要做汽车强国"，这些重要指示深刻阐明了发展新能源汽车对服务国家"双碳"战略需求的重要意义，也为新能源汽车产业的发展指明了前进方向、提供了根本遵循。"双碳"工作是一项庞杂的系统工程，汽车行业理应顺应绿色低碳发展方向，锚定产业"双碳"目标，从全局角度出发，坚定不移地发展新能源汽车，在实现国家碳达峰碳中和的进程中发挥中流砥柱作用。

本章从汽车产业绿色低碳发展的必要性与意义、发展历程、取得成效等方面，对碳中和目标下的新能源汽车发展进行概述。

1.1 汽车产业绿色低碳发展的必要性与重要意义

1.1.1 全球应对气候变化纷纷提出碳中和战略目标

工业革命以来，人类的生产活动产生了大量的碳排放，温室效应、极端天气频发、环境污染等问题成为全球各国面临的严峻挑战，人们不得不重视环境变化问题，并试图通过控制和减少温室气体排放来缓释、解决气候变化问题。2015年生效的《巴黎协定》是继《人类环境宣言》《京都议定书》之后，国际社会应对气候变化第三个里程碑式的国际法律文本,它设定了本世纪后半叶实现净零排放的目标。越来越多的国家正在将其转化为国家战略,提出了各自的碳中和战略目标。截至2021年年底,全球已有136个国家、115个地区、235个主要城市制定了碳中和目标,覆盖了全球88%的温室气体排放、90%的世界经济体量和85%的世界人口[1]。英国于2008年颁布了《气候变化法》,2019年正式明确到2050年实现温室气体净零排放的目标;德国第一部主要气候法于2019年12月生效,明确在2050年之前追求温室气体中立。中国同样高度重视碳减排,2020年习近平主席在第七十五届联合国大会上向世界作出实现"双碳"目标的中国承诺:二氧化碳排放力争于2030年之前达到峰值,努力争取2060年之前实现碳中和,并发布了一系列相关政策规划予以落实推动。该重要宣示被认为是过去十年最重要的气候新闻、全球气候治理史上的里程碑,或使全球实现碳中和的时间提前5—10年,对全球气候治理起到关键性推动作用。

1.1.2 全球汽车产业走向碳中和目标的重要意义

汽车产业是实现碳中和目标的重要抓手。历经百年发展,汽车作为重要的消费品早已融入人们的日常生产生活,成为不可或缺的必需品。但随着汽车数量的激增,汽车碳排放以及全生命周期内的能耗也在持续增长,对全球生态环境造成了严重影响。2021年全球二氧化碳排放量达到363亿吨,比2020年增加6%,创历史新高。交通是仅次于电力及热能生产的第二大碳排放领域,占总排放量的近1/4,其中以汽车为主的道路交通碳排放占整个交通领域碳排放的75%。从中国来看,交通碳排放占国内总排放量的10%,汽车碳排放占比9%,同时汽车碳排放总量随着我国汽车保有量的增加而保持快速增长趋势[2];此外,新能源汽车的推广应用与未来可再生能源为主体的电力结构也为汽车产业推动碳中和目标的实现提供了新的方向。

1.1.3 我国汽车产业迈向碳中和的战略决策

汽车产业加速绿色低碳转型发展是减少交通领域碳排放的强有力手段,已成为全球汽车产业发展的共识。我国于2021年之后陆续发布《中共中央 国务院关于完整准确全面贯彻新发展理念做好碳达峰碳中和工作的意见》《2030年前碳达峰行动方案》《绿色交通"十四五"发展规划》等指导文件,向世界郑重承诺实现"双碳"目标的决心,在顶层设计层面为汽车产业实现碳中和打下了坚实的基础。面对汽车产业百年未有之大变革,我国不仅在政策层面发布《乘用车燃料消耗量限值》和《乘用车燃料消耗量评价方法及指标》等多项国标,提出我国乘用车新车平均燃料消耗量水平在 2025 年下降至 4 升 /100 千米，对应二氧化碳排放约为 95 克 / 千米的国家总体节能目标[3]，减少化石能源消耗；而且在 2020 年发布的《新能源汽车产业发展规划（2021—2035 年）》设定 2025 年新能源汽车的新车销量占比达到 20%。未来随着新能源汽车产业的不断发展壮大、各项技术的成熟应用以及各条技术路线的稳定落地，可以预见我国汽车产业碳减排潜力巨大。

1.2 新能源汽车的发展历程

1.2.1 新能源汽车定义与分类

根据《新能源汽车产业发展规划（2021—2035 年）》中的定义，新能源汽车是指采用新型动力系统，完全或主要依靠新型能源（如电能等非石油燃料）驱动的汽车。主要包括插电式混合动力汽车、增程式混合动力汽车、纯电动汽车、氢燃料电池汽车、氢内燃机汽车以及使用其他新型能源的汽车（图 1.1）。

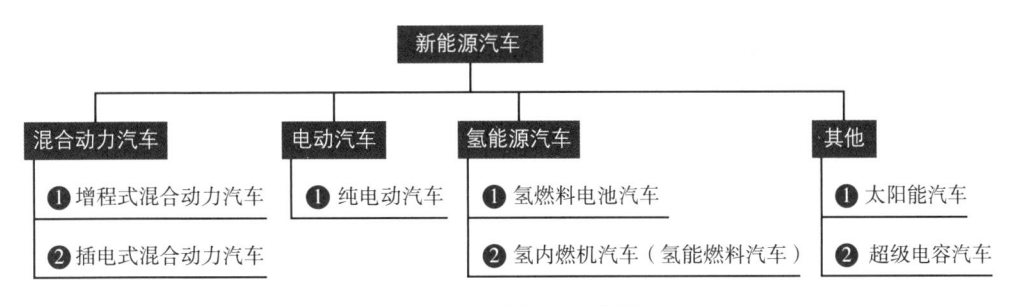

图 1.1 新能源汽车分类

1.2.2 新能源汽车发展历程

从 "863" 计划电动汽车重大专项启动算起，我国新能源汽车已经走过 20 余年的发展历程。2009 年我国启动 "十城千辆节能与新能源汽车示范推广应用工程"，标志着我国新能源汽车产业正式进入技术创新引领下的示范推广阶段和市场培育阶段；2013—2018 年，随着《国务院办公厅关于加快新能源汽车推广应用的指导意见》《乘用车企业平均燃料消耗量与新能源汽车积分并行管理办法》（简称 "双积分" 政策）等政策相继出台，产业迎来市场培育阶段；2020 年至今，购车补贴逐步退坡，新能源汽车产业加速进入以用户为主体的市场化发展新阶段。

在我国新能源汽车产业与市场快速增长的背景下，自主品牌通过技术、质量双提升，逐步推动品牌升级，市场占比逐步提升。2022上半年自主品牌市场份额已达47.6%，同比增长9个百分点，突破历史新高，全年份额有望突破50%拐点。海外新能源汽车市场同样取得突破，2022年1—7月我国新能源汽车出口量44万辆，同比增长1倍，占汽车出口总量的29.1%，创历史新高[4]。自主品牌迎来了扩大商业版图、实现高品质"出海"的新契机、新使命。

汽车行业作为典型的长期性、支柱性产业，形成了相当长的产业链，新能源汽车产业的发展离不开安全、稳定的产业链。我国新能源汽车产业已建立起全球规模最大、配套体系较为完整的产业链体系。以动力电池为例，2021年中国动力电池总装机量154吉瓦·时，同比增长143%，占据全球总装机量的半壁江山（52%）[5]；我国6家电池企业进入全球市场份额前十名，特别是宁德时代牢牢占领全球第一。在电驱动系统方面，2021年中国新能源乘用车电驱总成系统搭载量325万台，同比增长164%；我国有7家电驱企业进入全球市场份额前十名，出货量约占全球份额的54.8%[6]。

1.3 汽车产业绿色低碳转型发展取得明显成效

1.3.1 新能源汽车产业进步显著

在国家政策的积极引导与财政补贴的刺激下，我国新能源汽车产业进步显著。新能源汽车销量快速增长，由2012年的1.3万辆跃升至2021年的352.1万辆，2022年1—7月新能源汽车销量达319万辆，同比增长1.2倍，渗透率攀升至22.1%，保有量突破1100万辆[7]，加速进入市场化快速发展新阶段。新能源汽车单车性能持续提升，纯电动乘用车续驶里程持续提升，2021年纯电动乘用车平均续驶里程达到397千米，比2020年提升5%，比2016年大幅提升57%。百千米电耗不断下降，2021年纯电动乘用车平均电耗达到12.2千瓦·时/100千米，相比2016年下降22%。单车节能技术迅速提升，乘用车发动机节能技术搭载率逐步提高，2020年以来涡轮增压及缸内直喷技术搭载率均稳定在65%左右（图1.2）。乘用车先进变速箱技术搭载率逐步提高，自动变速器搭载率高达90%，自动变速箱多挡化趋势明显，7挡到10挡占比达到42.3%。"双积分"政策效果显著，单车燃料消耗量限值与企业平均燃料消耗量促进乘用车企业平均燃料消耗量整体下降明显，年均降幅达到4.3%，2021年乘用车新车平均燃料消耗量为5.1升/100千米（世界轻型汽车测试循环工况）[8]。

图 1.2　2016—2021 年乘用车节能技术渗透率

1.3.2　车辆全生命周期碳排放下降

在我国汽车单车及车队碳排放下降效果显著的同时，车辆全生命周期的碳排放也呈明显下降趋势。2020 年我国乘用车车队生命周期碳排放总量约为 6.7 亿吨二氧化碳，其中 1.76 亿吨的碳排放来自车队车辆周期，占比 26% 以上（图 1.3）。相比于传统汽油车，纯电动汽车碳排放减少 43.4%，碳减排潜力巨大。通过推广新能源汽车、控制全生命周期碳排放，预计到 2060 年纯电动汽车全生命周期碳排放可降至 23 克 / 千米，我国汽车行业生命周期碳减排量将达到 20 亿吨。

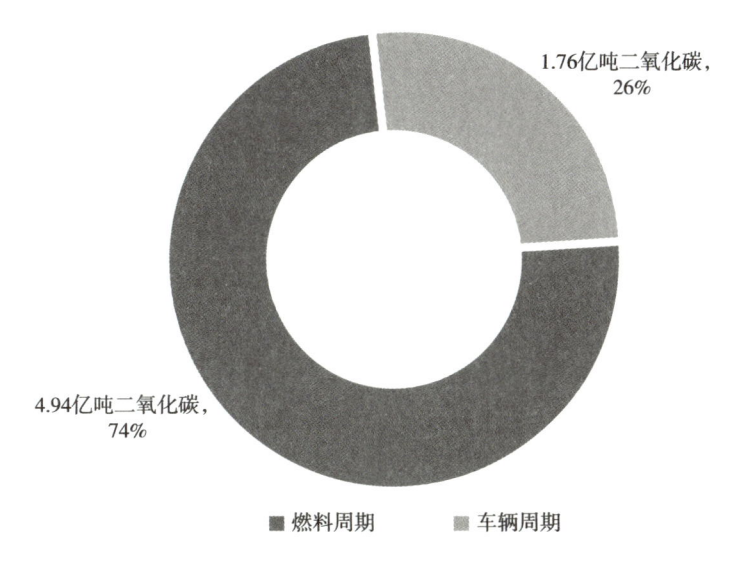

图 1.3　2020 年乘用车车队生命周期碳排放

参考文献

[1] 博鳌亚洲论坛可持续发展的亚洲与世界2023年度报告——亚洲发展融资：政府社会共行动[M]. 北京：对外经济贸易大学出版社，2023.

[2] IEA. 全球能源回顾：2021碳排放[EB/OL]. https://www.sohu.com/a/580356568_121323794.

[3] 工信部. 乘用车燃料消耗量限值[EB/OL]. https://www.gov.cn/xinwen/2021-02/23/5588420/files/102c596abb8c4280bc26d317827103fd.pdf.

[4] 乘联会. 2022年7月乘用车数据月报[EB/OL]. https://mp.weixin.qq.com/s?__biz=MjM5ODk1NzUxMw==&mid=2658008667&idx=2&sn=5851303c341d3d5f1790767839919802d&chksm=bd5b86fd8a2c0feb1c933f26aa88dea6f877a4bae05a64d38915e7f7cca5b86a96c7b715f778&scene=27.

[5] 乘联会. 2021年动力电池数据年报[EB/OL]. http://cpcaauto.com/newslist.php?types=news&id=9479.

[6] NE时代. 2021年电驱系统数据年报[EB/OL]. https://baijiahao.baidu.com/s?id=1724448357021480168&wfr=spider&for=pc.

[7] 乘联会. 2022年1—8月乘用车数据月报[EB/OL]. https://baijiahao.baidu.com/s?id=1743408186736766075&wfr=spider&for=pc.

[8] 工信部. 中国汽车产业发展年报2022[EB/OL]. https://auto.gasgoo.com/news/202209/21I70314991C601.shtml.

第 2 章 纯电动、插电式混合动力、增程式混合动力汽车

新冠疫情加速世界经济转型，绿色低碳发展成为世界共识。在低碳经济的时代背景下，交通行业碳中和至关重要，促进了全球新能源汽车产业的迅猛发展。2021 年全球新能源汽车销量突破 690 万辆（图 2.1），渗透率提升至 8.3%；中国 2021 年新能源汽车销量 352.1 万辆，市场占有率 13.4%，中国和欧洲成为全球两大主要新能源汽车市场。这也是 2012 年以来全球电动汽车销量的年增长率首次突破 100%，截至 2021 年年底全球电动汽车的累计销量达到 1860 万辆，较 2020 年年底增长了 58%。

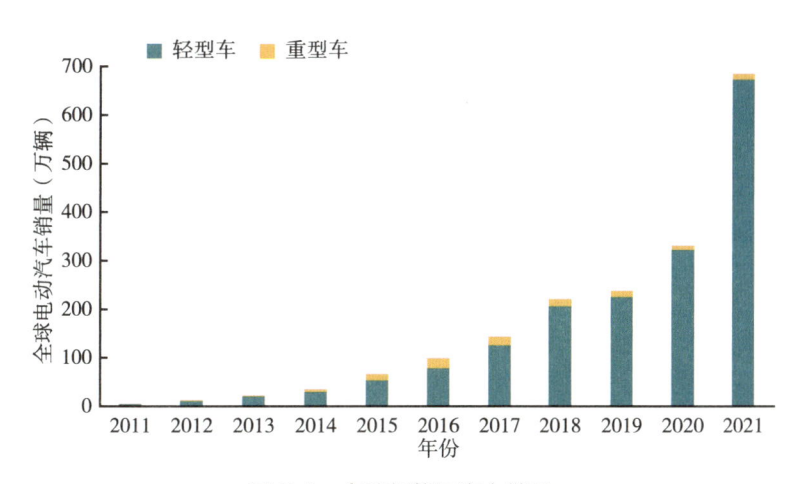

图 2.1 全球新能源汽车销量

数据来源：国际清洁交通委员会。

在全球能源革命、互联网革命和智能革命的推动下，汽车产业与相关产业跨界融合，内涵和外延不断丰富，汽车的设计理念正变得更加数字化和互联化，这些发展趋势使汽车行业发生了充满活力和前所未有的变革。充满科技时尚和超强

竞争力的新能源汽车产品一改传统"油改电"电动汽车的性能和体验，促进新能源汽车由政策驱动到市场驱动的转变。2021年纯电动汽车仍然是全球汽车电动化转型的主流技术路径，全球电动汽车销量中纯电动汽车占比71%、插电式混合动力汽车占比29%。

2.1 纯电动汽车整车技术

2.1.1 概念

纯电动汽车是指车辆的驱动力全部由电机供给，电机的驱动电能来源于车载可充电蓄电池或其他电能存储装置的汽车。纯电动汽车整车主要包含先进电驱动系统，高性能、高安全、低成本动力电池及其高精度电池管理系统，整车控制系统，高低压电气平台，电动化底盘平台，整车热管理系统，以及智能座舱系统等。

纯电动汽车的驱动构型较为灵活，随着电机驱动与控制技术的快速发展，纯电动汽车在驱动系统的布置上有了更多的灵活选择，根据不同的结构要求与性能特点，车辆可以采用不同的驱动方式。按照电动汽车电机驱动模块中电机与机械传动装置的连接与空间布置的差异，将驱动结构大致分为传统驱动结构、电机—驱动桥驱动结构、轮毂电机驱动结构[1,2]。

传统驱动结构在传统汽车油改电的时期出现过，可以取消离合器装置，沿用变速器和减速器的形式。其主要特点是易于改装、驱动轴力矩分布平衡、开发周期短。驱动电机和驱动轴间传动装置的连接和切断由离合器来控制，变速器中装有不同速比的变速齿轮，驾驶员通过采用不同的变速比来控制输出到车轮的力矩大小。省去离合器装置后，采用固定速比变速器，从而减小了动力传动系统机械装置的质量，使纯电动汽车更加轻量化。

电机—驱动桥驱动结构是由传统燃油汽车发动机前置前驱的驱动结构演变而来，将驱动电机、固定速比变速器和差速器集成在一起，通过两个半轴来驱动车轮，具有空间小、排布灵活、装配简易等特点。

轮毂电机驱动结构是将驱动电机直接安装在汽车驱动轮上，驱动电机到驱动轮的空间距离进一步缩短，可有效提高动力系统传动效率。

高电压等级关联电气平台系统主要包含动力电池、电驱动系统、配电系统、热管理系统、线束系统；主要零部件包括动力电池、电驱动系统、DC/DC（直流－直流）变换器、PTC（正温度系数，泛指正温度系数很大的半导体材料或元器件）加热器、车载充电机、电源分配模块、电动压缩机以及其他高压系统上的其他零部件（如高压接插件、高压线束等）。车载充电机是安装在电动汽车上的电气装置，起到将电网的交流电转化为直流电的作用。DC/DC 变换器是将车载动力电池高压转换为直流低压，供车载 12 伏或者其他电压等级的底盘部件、车载电气设备使用。除此之外，由于纯电动汽车没有发动机作为热源，需要电动压缩机（ACP）和 PTC 加热器进行乘员舱及整车热管理。

2.1.2 纯电动汽车发展现状

2.1.2.1 政策和法规双重驱动激活新能源汽车产业快速发展的转折点

2020 年以来，欧盟通过提高补贴额度、推行严苛的碳排放法规以及疫情后绿色复苏政策，积极支持新能源汽车产业发展。一方面，欧盟自 2021 年起要求境内新乘用汽车的平均二氧化碳排放量不得高于 95 克/千米；2025 年欧盟境内新车平均二氧化碳排放量在 2021 年基础上降低 15%，并建立 200 万个公共充电站。德国在 2020 年加大了对新能源汽车的购车补贴，4 万欧元以下纯电动汽车和插混动力汽车可享受 6000 欧元/辆和 4500 欧元/辆的政府补贴，补贴额度增长了 50%；车价高于 4 万欧元的纯电动汽车和插混动力汽车则分别可获得每辆 5000 欧元和 3750 欧元补贴。另一方面，欧盟境内的"排放超标"整车厂将为超过限额的二氧化碳排放值支付 95 欧元/克的罚款。不少国家规划禁售燃油车政策，挪威目前规划 2025 年全面禁售纯内燃机动力车辆，另外荷兰、奥地利、瑞典、丹麦、英国等国计划 2030 年全面禁售纯内燃机动力车辆。德国 2021 年动议通过一项联邦气候行动法案，将德国实现碳中和比原计划提前 5 年，提前到 2045 年，同时提出 2030 年温室气体排放较 1990 年减少 65%，高于欧盟减排 55% 的目标，这表明德国政府比其他欧洲国家更有雄心。美国总统拜登上台以来，将新能源汽车作为战略必争领域，从研发、产业化、购置补贴、基础设施建设等各环节全面布局。2021 年 8 月拜登通过总统行政命令，提出到 2030 年新能源汽车销售份额达到 50% 的目标，并要求国会拨款 150 亿美元用于安装 50 万个电动汽车充电站。2021 年 12 月美国修订了《面向 2023—2026 车型年的轻型车温室气体排放标准》，要求车队平均二氧化碳排放量每年降低 8%。2022 年 4 月美国国家公路交通安全管理局宣布了 2024—2026 年新车燃油经济性标准，要求 2026 年乘用车和轻型卡车的全行业车队平均油耗为 49 英里/加仑。

在政策市场的双重驱动下，2021 年全球新能源汽车销量突破 670 万辆，渗透率提升至 8.3%；中国 2021 年新能源汽车销量 352.1 万辆，市场占有率 13.4%。中国和欧洲是全球两大主要新能源汽车市场，其中中国占比 52%、欧洲占比 34%，紧随其后的是美国（占比 10%），其他国家为 4%。

从车企来看，特斯拉的份额最大，其次是比亚迪、上海汽车集团、大众、宝马、奔驰、沃尔沃、奥迪、现代、起亚。值得注意的是，有两家中国企业进入前三名。特斯拉2021年新车销量为93.6万辆，较2020年增长87%，明显高于原定的75万台目标，即使在半导体供需短缺的情况下也是如此。特斯拉虽然也受到全球半导体短缺的影响，但通过采取改写软件等技术措施，将产销量的影响降到最低。进入2022年，中国新能源汽车渗透率稳稳超过20%，欧洲整体进入缓慢发展阶段，美国通过政策驱动新能源汽车发展逐步提升市场份额。在全球范围内，2022年比亚迪超过特斯拉成为全球新能源汽车销量最高的企业。

2021年欧洲新能源汽车市场销量迅速增长，2020年新能源乘用车销量占整个欧洲乘用车市场的份额已达到11%，这是欧洲新能源汽车市场份额首次突破两位数。欧洲插电式混合动力技术成熟度和市场推广成熟度更高，2021年欧洲累计销量达到约221万辆，其中纯电动汽车占比54%、插电式混合动力汽车占比46%。挪威依然是全球新能源汽车市场渗透率最高的国家，挪威的新能源汽车市场渗透率已经达到86%。同时，2022年小型纯电动汽车开始受到欧盟市场的关注与欢迎，斯特兰蒂斯（Stellantis）旗下的菲亚特500e超过大众ID.4，这款意式小车与国内的五菱Mini EV十分类似，售价低廉但性价比高。在其他欧洲国家，与菲亚特500e类似的小型汽车同样销量出色，截至2022年1—7月销量达到38213辆，仅次于特斯拉在欧洲的销量。

2015年以来，我国新能源汽车的渗透率不断提升，主要原因在于国家层面和各省（自治区、直辖市）都制定了明确的新能源汽车发展目标。2020年11月我国发布《新能源汽车产业发展规划（2021—2035年）》，围绕提高技术创新能力、构建新型产业生态、推动产业融合发展、完善基础设施体系、深化开放合作等方面提出发展要求，同时提出新一阶段发展目标，即到2025年新能源汽车新车销售量达到汽车新车销售总量的20%，力争通过15年努力使纯电动汽车成为新销售车辆主流。2021年我国新能源汽车渗透率已达13.4%，而自主品牌新能源乘用车的渗透率更是高达26.33%，已经超过了我国制定的2025年新能源汽车占比20%的目标。新能源汽车市场已经从政策驱动转向市场拉动；同时也带动中国品牌汽车份额提升，受新能源、出口市场向好带来的拉动作用，我国自主品牌市场份额已超过44%。其中纯电动是主要技术路线，纯电动乘用车平均续驶里程从2016年的253千米提高到2021年的400千米以上，消费者质量满意度与燃油汽车持平，多款纯电动汽车月销过万。2021年成为中国乃至全球新能源汽车进入市场加速增长的关键转折点。

2.1.2.2 全球汽车巨头加速电动化进程，密集布局电动汽车型产品

国外汽车巨头加速推进纯电动汽车转型进程，一方面加大电动化与智能化领

域研发投资，另一方面密集发布全新高端智能化电动平台和车型。

大众汽车集团采用电动化产品战略，基于 MEB 平台 ID.X 系列（ID.4/ID.6/ID.4CROZZ/ID.6 CROZZ/ID.3）于 2020 年下半年至 2021 年在中国纷纷完成公告并上市；奥迪品牌在 MEB 基础上升级开发了 PPE 高端纯电动平台，并发布了奥迪 e-tron 高性能轿车和下一代 GrandSphere/Sky Sphere/Urban Sphere 等系列概念车。随后又规划用单一的可扩展系统机电一体化平台架构取代所有现行平台（包括 3 个燃油车平台和 2 个电动汽车平台），Trinity 将成为大众基于可扩展系统平台生产的首款车型。奔驰宣布电动化战略升级，由"电动为先"向"全面电动"转型，相继推出基于奔驰 EVA 纯电动平台打造的 EQE 概念车、EQG 概念车、梅赛德斯-迈巴赫 EQS 概念车等。通用集团也加速电动化平台战略转型，提出电动汽车平台和数字平台的双平台战略，立志在 2035 年实现所有轻型汽车零排放，并基于研发的奥特能（Ultium）电动汽车平台与 VIP 智能电子架构，开发了凯迪拉克 LYRIQ 纯电动 SUV 和纯电动悍马皮卡。在日韩车企中，丰田在中国率先推出纯电动汽车，并发布最新纯电动平台产品概念车丰田 bZ4X，正式开启"EV 元年"，计划到 2025 年在中国市场推出 10 款 EV 车型。日产发布"日产汽车 2030 愿景"，未来五年将投资约 2 万亿日元以加速电动化进程；到 2030 年推出 23 款电动汽车，其中包括 15 款纯电动汽车，并将全球电动汽车的车型组合扩大到 50% 以上；为了实现这一目标，日产计划 2026 年之前推出 20 款电动汽车，包括纯电动汽车和配备串联混动技术 e-POWER 的车型，目前已面向市场推出日产 Ariya 和日产 Sakura。此外，雷诺推出基于纯电动平台开发的搭载无磁电机的 Megane E-Tech 梅甘娜车型。现代全新量产的 IONIQ 5 也是基于纯电动平台 E-GMP 开发的高端 SUV 产品，并在此车型基础上和 Motional 联合打造出自动驾驶出租车 IONIQ 5 RoboTaxi 车型。

2.1.2.3 纯电动乘用车行业格局变化，中国自主品牌获得市场青睐

特斯拉 Model 3/Model Y 和宏光 MINI EV 带动企业销量规模提升，自主品牌市场份额已超过 44%，改变了市场格局。根据 2021 年中国市场销量车型分析，在新能源汽车市场结构中，A00 级占比 32%，A0—A 级占比 26%，B 级及以上占 36% 以上，仍然是呈哑铃型分布。以特斯拉为代表的长里程高端智能化产品和五菱宏光 MINI EV 的"人民代步车"在新能源汽车市场上一骑绝尘，两个截然相反的造车理念都引领了新车型研发的时尚风潮。一方面，传统自主品牌纷纷推出高端品牌，比如上汽智己、吉利极氪、广汽埃安、东风岚图、北汽极狐，部分高端电动汽车达到 700 千米以上甚至出现 1000 千米超长续驶里程产品，接近甚至超过燃油车续驶里程水平；另一方面，长城欧拉纯电动时尚品牌推出更新换代系列，定位在 A00 级，还有长安、奇瑞在此级别上都有车型布局，2021 年比亚迪发布的 e 平台 3.0 上的

海豚公告300千米续驶里程也是在这个级别车型上进一步提升品质和性能。

2.1.3 纯电动汽车发展趋势

2.1.3.1 底盘平台电动智能化

平台化的整车开发策略已经广泛应用在汽车产品设计制造过程中，通过平台化实现更高集成度和零部件共用率，降低开发成本、缩短开发周期、减少零部件数量，共用工艺装备和流程。理想化的平台架构能够同时满足产品零件工艺的共享，又能创造出满足不同人群的个性化需求。传统汽车平台化战略的主要关联系统为底盘、动力、下车体，之后又扩展到空调系统、座椅骨架、电子电气架构。汽车平台全面电动化带来了设计理念和技术变迁：高压动力电池集成在乘员舱下部这一主要焦点需要全新的设计架构和方法以满足动力平台的变化，驱动系统的进步也颠覆了传统动力系统对底盘结构部件的需求[3]。

除了新势力造车为纯电动汽车开发专属平台，传统车企为了争夺纯电动汽车市场的战略制高点，进行"双碳"目标下产业升级和软件转型，纷纷针对纯电动汽车开发专属平台，不断提升产品竞争力，加快产品迭代速度。新一代纯电动汽车围绕动力电池布置空间最大化，形成高轴长比（长轴距）、短前后悬、动力系统模块化、底盘智能化、热管理系统一体化、域集中式全新电气架构、多样轻量化技术手段应用的全新纯电动乘用车专属平台。

随着整车智能化的快速发展，底盘也迎来从传统底盘到智能电动底盘的技术变革与深化，通过对电制动、电动转向、电驱动系统甚至是动力电池的集成设计，实现纯电动汽车产品的平台化、一体化设计，逐步形成新一代动力系统的底盘平台化技术，提升纯电动汽车的整体性能和智能化水平。

2.1.3.2 整车能量管理优化技术不断提升

纯电动汽车重点围绕整车能量流优化匹配、高效驱动系统、高效能量回收、热管理优化集成、整车低阻力集成、轻量化设计等技术展开低能耗集成技术应用。

在能量流匹配方面，基于实际道路工况提取进行仿真模型搭建，构建包含整车、热管理、控制系统功热耦合系统模型，进行参数匹配寻优和控制系统参数标定，包括电驱动系统电流精细化标定、基于工况识别的整车驱动扭矩和制动能量回收扭矩驾驶风格标定、水泵和风扇变频控制及温控回路阈值标定等。除此之外，部分高校和企业开始研究基于车路云融合控制系统，结合道路交通信息预测的新型能量管理技术。

虽然整车能耗水平持续下降，但是行业平均水平与节能和新能源汽车技术路线目标还存在一定差距，仅个别车型达到目标。车型级别越小，能耗达标越困难，成本敏感度高使先进节能技术的应用较为缓慢。B级车先进技术应用迭代速度较快，2022年丰田bZ4X整备质量为1870—1910千克，两驱版本中国轻型汽车行驶工况能耗达11.6千瓦·时/100千米，四驱版本达13.1千瓦·时/100千米；特斯拉Model 3由于采用基于碳化硅的电机控制系统，整备质量1745千克，工况能耗实现12.6千瓦·时/100千米，而长里程版本整备质量达1836千克，中国轻型汽车行驶工况能耗为13.2千瓦·时/100千米，达到B级车2025年能耗水平目标。A00级车能耗正在向2025年目标9千瓦·时/100千米逼近，根据公告可查数据，东风EX1整备质量921千克，工况续驶里程321千米，能耗9.6千瓦·时/100千米；销量冠军五菱宏光MINI EV整备质量700千克，工况续驶里程170千米，能耗9.3千瓦·时/100千米。

2.1.3.3 整车电子电气架构变革

新能源汽车促进了整车电子电气架构从分布式到域集中式、逐步向中央集中的转型发展（图2.2）。博世发布了汽车应对电动化、自动化、互联化的电子电气架构发展趋势：从模块独立到功能集成、到域控制，再到域控制融合，然后到整车融合中央处理，最终到达云计算。在域控制的全新架构下，汽车智能化升级的研发边际成本将递减，从而满足智能汽车的迅速发展需求。汽车产业正面临电动化和智能化的大变革，相应产生了更多的功能，软件复杂度逐步提高，面向服务的应用、域控制器等一系列新技术应运而生。

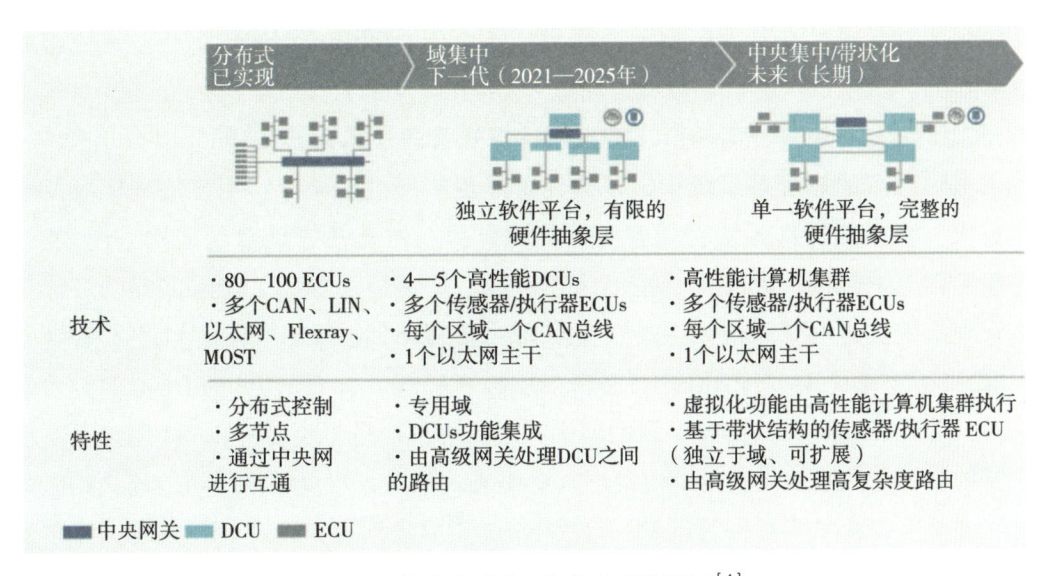

图 2.2 汽车电子电气架构技术路线图[4]

对于智能化电动底盘平台，域控制技术将会是一个明显的发展趋势，并且动力域与底盘域随着通信技术的发展逐渐融合，形成驱动、制动、转向等深度融合的动力底盘域控制器。未来，随着智能驾驶技术的成熟，动力底盘域与智驾域或许会进一步融合，成为整车中央域控制大脑。

2.1.3.4 动力平台高效化，高端车型高压化

高集成、高速化、高电压化、扁线绕组技术、油冷热管理技术、碳化硅控制器等技术是当前电驱动系统的热点技术，也是未来提升驱动系统性能指标的关键技术路径。目前电驱动总成逐步采用6—8层甚至更多层扁线绕组以提升槽满率、降低铜损和趋肤效应；采用0.25—0.27毫米硅钢片技术降低涡流损耗，未来将向更薄、低损耗硅钢片、10层扁线绕组和换位式绕组方向发展进一步以提升电机效率。在电机控制器方面，特斯拉Model3在行业内率先在400伏驱动系统上使用了碳化硅功率器件，结合高压大功率充电技术趋势，电机控制器的功率器件开始逐步升级。

为了进一步提升充电便捷性、降低充电时间，目前普遍的120千瓦最大充电功率将逐步增加到350千瓦以上。为此，整车电气平台高压化、大功率充电电池技术和超级充电站成为关键技术手段。在保时捷首次推出800伏高压平台电气系统后，2020年比亚迪量产650伏电压平台，现代E-GMP首款车型IONIQ 800V平台也相继量产；2021年广汽发布电池超级快充技术和超级充电生态，吉利路特斯800伏、华为高压系统全栈解决方案在长安阿维塔11和北汽极狐车型上量产落地。高压化的电气平台在高端车型已经逐步量产应用，随着车型推广、产业链完善和成本降低，该项技术的市场渗透率将逐步提高。

2.1.3.5 高集成、高耦合、宽温域整车热管理技术逐步应用

电动汽车的热管理系统提出了比传统车更高能效的要求、更多应用场景的功能需求，整车热管理系统将朝着多热源耦合的一体化热管理系统架构方向发展，构建包含电池温控回路、动力总成余热回收、空调降温回路、采暖回路的一体化热管理系统。针对热泵空调系统，重点研究新型环保工质技术，目前主要有超临界R744（二氧化碳）、R290或者混合工质技术路线。针对R744和R290两类自然工质，需要分别解决其高压中温的超临界运行和可燃问题，其中R744用热泵系统需要重点研究低温强化密封结构，可以从集成式阀岛、自动切换阀组、超级膨胀水壶等多角度解决工质泄漏等问题；针对R290工质需要重点解决可燃问题，可以从整车集成布置方案、制冷剂回路设计、降低燃料充注量、生产安全控制装置多个维度进行研究。

2.1.3.6 纯电动汽车专用平台发展趋势[3]

高集成度、模块化动力总成，动力资源可以灵活配置；为实现大功率快充，高端车型开始搭载 800 伏高压动力平台；悬架构型采用更有利于集成电驱动总成布置的技术方案，针对电机低速大扭矩高速响应特点进行悬置、框型副车架及其连接等承载系统设计；最大化动力电池系统搭载空间，电池系统模块化，电池车身集成设计保证地板平整化，实现不同动力系统和不同续驶里程配置；满足全球化车型碰撞安全要求的车身底盘结构设计，针对平整后底盘、下车体结构传力路径和短前后悬吸能空间的特征，进行整车传力路径重新分配优化；线控制动、线控转向系统搭载应用，支持高级别智能驾驶需求；采用乘员舱、动力电池、驱动系统一体化集成热管理系统，实现多温度场能耗耦合控制，搭载一体化多阀多通道冷却回路和高效热泵空调系统；通过智能热管理技术应用不断提升电动汽车环境适应性；多种轻量化技术手段应用，如钢铝耦合车身、全铝车身、铝制底盘结构件、镁铝合金轮毂等；整车软硬件朝着逐步解耦的方向发展，机械实现模块化，软件实现数字化平台。整车电气架构向"区域＋集中"式发展，通过以太网技术实现高性能通信带宽，构建车云一体大数据平台，功能可定制和快速迭代。

2.2 增程式混合动力汽车及插电式混合动力汽车整车技术

2.2.1 增程式混合动力汽车

增程式混合动力汽车是指一种在纯电模式下可以达到其所有的动力性能，而当车载可充电储能系统无法满足续驶里程要求时，打开车载辅助供电装置为动力系统提供电能以延长续驶里程的电动汽车，且该车载辅助供电装置与驱动系统没有传动轴（带）传动连接。

增程式混合动力汽车与传统燃油汽车相比，发动机排量较小、噪声低，工作效率较高；驱动电机能够有效回收车辆制动和下坡能量，减少能量损失；与普通混合动力汽车相比，动力电池容量较大，车辆在起步、加速、爬坡等工况下有较好的动力性，并且可以长时间工作在纯电动模式；与纯电汽车相比，所配备的车载增程器可以为动力电池充电，增加车辆的续驶里程。同时增程式混合动力汽车配备的车载动力电池远远小于同类车型的纯电动汽车动力电池，这样也使车辆的制造和生产成本降低。另外，增程器开启后，可分担动力电池组过度放电风险，有利于延长电池组的使用寿命。

国内市场方面，受品牌和产品数量增加以及理想 ONE 和小康赛力斯等车型的高销量拉动，近年市场增速较快。国外品牌中，目前仅日产有串联混动的量产产品，且刚开始向全球市场推广，预计未来海外市场发展空间仍相对较小。

2.2.2 插电式混合动力汽车

插电式混合动力汽车是指车辆的驱动力由驱动电机及发动机同时或单独供给，具有外接充电功能，纯电动模式下续驶里程符合我国相关标准规定的汽车。该类型的车辆与传统混合动力汽车具有相同的部件，包括发动机、电机、电池、动力耦合装置和变速箱等。插电式混合动力系统构型除上述增程式串联式动力系统构型，常见的插电式混合动力还包含并联式和混联式。

并联构型与其他两种构型相比，只需一个电机，但需要简单的动力耦合装置。该构型发动机和电机都可以驱动车辆，低速时主要采用电机驱动，高速时主要采用发动机驱动。该系统避免了多重能量转换，且可以优化发动机工况点，在高速工况下的经济性明显优于串联结构。

混联构型复杂，兼有串联模式与并联模式的优点。与其他构型相比，该构型具有良好的动力性、经济性以及舒适性，适应性更广泛。混联式系统是当前技术发展和产品应用的主要方向，可进一步细分为功率分流和串并联形式。混联系统融合了串联和并联式混合动力模式的优势，具有更加灵活的能量分配和调节能力，可以适应更加复杂的行驶工况，并获得更低的综合油耗水平。目前混合动力汽车领域 70% 的车型均采用双电机混联的方案。

2.2.2.1 功率分流混动系统

采用功率分流混动系统的车辆，通过功率分流装置（行星齿轮机构等）可以实现纯电、串联、并联、直驱等多种驱动方式。20 世纪 60 年代，由美国天合公司的工程师研制出第一款功率分流驱动系统。1997 年丰田推出全球首款量产的混合动力车型 Prius，采用了单行星排输入式功率分流系统。

功率分流系统运行时，通过分流机构实现了发动机转速扭矩与车辆工况的解耦，发动机输出功率一部分通过发电机和电动机形成串联混动，另一部分通过直接参与驱动车辆形成并联混动。优点是通过分流机构实现了发动机转速扭矩与车辆工况的解耦，发动机易控制在高效区运行，且发动机的大部分能量通过机械路径传递到轮端，效率损失较小。缺点是系统复杂度较高，控制系统设计难度较大，单纯的功率分流系统动力性不是很足，不太适用于 B 级以上车型，因此需要在功率分流的基础上对变速箱进行二次开发。功率分流产品主要集中在丰田和美系品牌上。丰田是全球最早开展混合动力汽车大规模量产的企业。自 1997 年第一代 Prius 车型搭载功率分流混动系统面世以来，至今已经发展到了第四代技术，具有较为成熟的技术和出色的油耗表现。同时随着丰田核心专利陆续达到专利权期限，其已逐步扩大和其他企业的技术合作。功率分流凭借较强的综合技术优势，在中、美、日市场未来都具有较大市场潜力。国内市场的主要产品和销量几乎全部来自丰田，丰田已与广汽先期开展合作，搭载丰田功率分流混动系统的广汽GS8已于2021年年底上市，伴随合作面扩大，预计丰田有望保持1/3的混动市场份额。在美国市场上，由于本土品牌和日本品牌在美国市场的良好基础，功率分流系统占据了美国的主要市场份额。

2.2.2.2 串并联混动系统

采用串并联混动系统的车辆，通过耦合系统（同步器、离合器等）可以实现纯电、串联、并联、直驱等多种驱动方式。2010—2012年比亚迪和本田先后推出了基于串并联方案的混动技术和量产车型。

串并联系统运行时，可根据车辆运行工况在串联与并联模式中切换，并配合不同挡位的使用（部分车型），使系统在全工况下拥有更好的综合能效。优点是在全速域全负载工况下具有较好的动力性和经济性性能，变速器挡位数量大幅减少，减小了控制系统开发难度；可拓展的架构方案多样，有利于创新设计和专利规避。缺点是考虑动力性需求，双电机双电控的功率扭矩需求较高，零部件成本较高。国内目前主要以串并联构型为主，如比亚迪 DM-i、广汽 GMC、长城柠檬 DHT、吉利 3DHT。从目前国内上市产品公布的油耗数据看，串并联系统已经具有一定的领先优势，将是国内市场最具发展潜力和市场空间的技术路线。

2.2.3 汽车整车技术发展现状

高热效率混动专用发动机和高效机电耦合系统是插电混合动力核心关键零部件，也是节能减排的重要技术手段。国内供应商在传统车盛行的时代，由于起步晚、新技术投入少、技术成熟度低以及部分基础材料与生产工艺落后，导致其在基础材料领域多为追随状态。另外，从产业链角度看，如扁线电机、智驱可变气门正时系统等混动系统核心零部件产品依赖进口的现象尚未得到根本改善，国内目前虽有同类产品供应商，但其产品性价比相较于进口产品还有一定差距。随着新能源汽车在中国的大力发展，2021—2022年自主机电耦合系统和混动专用高效发动机实现市场突破，混动技术品牌化逐步实现从跟跑到并跑的转变。2022年4月比亚迪全面停止燃油车业务，进一步深化这一进程。2021年比亚迪插电式混合动力汽车车型销量达到27.3万台，市场份额达到45.3%；2022年1—4月比亚迪插电式混合动力汽车车型销量达到19万台，市场份额进一步提升到60%。

提高发动机热效率是提高燃油经济性最有效的技术途径。当前国际上单缸发动机指示热效率最高水平为本田的48%，但国外市场量产在售发动机最高热效率未达到43%。而比亚迪研制的混合动力专用发动机——骁云插混专用1.5L发动机，采用阿特金森循环工作模式和15.5∶1的超高压缩比，最高热效率可达43%。广汽集团最新研发2.0 ATK发动机，有效热效率已突破42%，在2022年投入生产。2021年10月31日吉利最新发布的雷神动力产品中BHE系列发动机的热效率高达43%。高效多模混合动力专用机电耦合系统是混合动力的重要核心，是实现发动机转速转矩与轮端转速转矩的双解耦，通过切换工作模式移动发动机工况点，使其工作在高热效率区间。

日本企业以丰田、本田、日产为代表的机电耦合系统和混动架构技术发展历史最长，也最具代表性，可充分诠释主流混合动力系统架构的发展和演进过程。丰田是最早将混合动力汽车商品化量产的车企，1997年搭载第一代THS混动系统的Prius车型面世，并从第三代产品开始逐步扩大了THS系统的车型应用范围。丰田THS系统一直在功率分流领域不断精进，主要是在传动机构、系统集成、集成电机、降阻增效等方面进行设计优化和先进技术应用，并未对核心架构原理进行较大调整。现已发展至第四代THS系统，增加了对插电式混合动力汽车的支持，通过增加单向离合器，使插电式混合动力汽车车型在纯电模式下最高车速提升至135千米/时、纯电动力输出提高1.8倍。此外，通用汽车虽在早期与丰田在功率分流领域齐头并进，但已于2019年宣布将研究重点从混合动力转向纯电动方向。同时科力远的CHS联擎系统除了在2017年首次搭载在帝豪混动车型上，后续未有更多成熟产品应用。在当前功率分流领域中，除部分美系品牌产品外，全球市场上仅剩丰田一方霸主。

本田布局混合动力汽车产品同样较早，并早于丰田在美国市场推出混合动力车型产品。早期基于并联方案的IMA系统在问世14年间完成了7次技术迭代，但单电机系统综合性能仍难以匹敌丰田THS系统优势，于是本田在2012年放弃了IMA系统，推出了目前主打的i-MMD系统，凭借串并联架构实现了不同工况下的模式切换，并匹配了高效的专用发动机，综合能耗水平已不输THS系统。同时由于串并联架构较低的技术门槛和专利壁垒，串并联架构已成为越来越多企业研发混动系统的优先选择，是混合动力架构方案收敛趋势的主要方向。

在功率分流领域，由于丰田长期积累的技术和专利优势已形成了较高的技术壁垒，后来者很难与之抗衡；在串并联领域，以本田为代表的串并联架构方案在全工况下的节油水平都具有一定优势，并且由于其系统复杂程度相对较低，技术门槛更低，目前正受到更多企业的青睐；以日产为代表的串联式系统，其机电耦合系统设计和控制相对简单，虽然高速工况节油能力一般，但具有相对较好的城市工况油耗表现。

国内车企多种混动架构同时在研发，以比亚迪串并联为标志的插电混动系统逐步占领市场。其他的自主品牌也在频频发力，如长城柠檬DHT、上汽EDU、奇瑞鲲鹏DHT、吉利GHS2.0、广汽GMC2.0、东风马赫MHD、上通五菱擎DHT、北汽魔方DHT、长安IDD。国内主机厂多采用双电机串并联单挡、两挡甚至三挡机电耦合架构方案。

2.2.4 汽车整车技术发展趋势

插电混合动力汽车可以兼顾燃油车使用便利性和电动汽车零排放的优点，在欧洲有广泛的市场，且在中国的市场占有率逐步提升。全球主要车企均已大幅度下调了未来几年传统动力系统的研发数量，并提高了应用插电混合动力系统研发的占比。在中短期，插电式混合动力汽车将成为纯电动汽车的有力补充。

未来要通过加强在动力系统上的创新寻优设计，不断提高其节能潜力的发挥，同时加快扩大其在市场的应用比例，充分发挥好在汽车产业低碳绿色转型进程中作为关键过渡性产品的重要作用。主要涉及的核心研究和发展方向包括以下两个方面。

2.2.4.1 专用高效发动机技术

已量产上市的混动专用发动机有自然吸气和增压两种类型，自然吸气发动机采用阿特金森循环，增压发动机采用米勒循环，发动机技术整体向高热效率、电气化、低摩擦、智能化、低排放方向发展。混动发动机热效率提升的主流技术为高压缩比、长冲程、高效燃烧系统、高滚流气道、高压喷射系统、冷却废气再循环、高能点火系统、燃烧室绝热、预燃烧室等。电气化率将继续提高，电子水泵、电动可变气门正时技术、电动压缩机、电子真空泵等开始大批量应用。低张力活塞环、低摩擦涂层活塞和轴瓦、变排量机油泵、内置式曲轴皮带轮、低黏度润滑油、低张力正时系统、凸轮轴滚动轴承、缸筒喷涂等减摩技术大量应用。智能热管理技术发展加快，以实现更加精准的快速暖机、温度分区控制。降低气体污染物排放是发动机研发的重要课题，电加热催化器、带涂层的颗粒捕集器技术将是适应严苛法规的重要技术路线。

汽油机主动式和被动式预燃室的应用可以显著提高发动机对稀薄燃烧和高废气再循环的容忍度。瓦伦西亚理工大学和法国雷诺公司合作研发的预燃室技术可以使空气稀释60%、废气稀释最高约为20%，提高发动机燃烧效率。马勒公司采用预燃室燃烧技术，配合高压缩比、米勒循环和外部冷却废气再循环技术，显著提升了发动机热效率，同时还可有效抑制氮氧化合物排放。沃尔沃采用低压冷却废气再循环，在高负荷降低排温，以实现更大的当量比工况。

2.2.4.2 动力系统智能控制系统

强化系统性的设计开发思路和方法,在整车、发动机、机电耦合装置、电机、电池、多能源管理等多个层面对技术开展纵向的拆解优化和横向的协调整合,最终实现混合动力系统整体的技术升级突破。探索混合动力能量控制策略与智能网联技术相融合的场景化应用方案,基于"行驶场景大数据+人工智能云计算平台+蜂窝车联网"的智能能量管理系统,通过环境信息的实时获取,实现可预测控制的实时能量管理策略,自适应选择最佳的动力系统运行模式、能量回收强度等,最大限度地优化整车运行效率。改进混合动力系统的技术评估模型和考察工况,提高系统设计阶段的模型仿真精度,缩小仿真工况与用户实际使用工况的差异,融合地理环境、温度场等因素,实现复杂环境工况下能耗水平的精准预测。

2.3 整车热管理技术

随着电动汽车市场化的到来,更需要在整车各项性能和用户体验等方面全面追赶甚至超越传统汽车。但与传统汽车相比,纯电动汽车仍需进一步攻克低温环境适应性、充电便利性、安全性和耐久衰减性等技术瓶颈。特别是低温环境适应性越来越成为用户使用的痛点,其根本原因是动力电池、功率器件和电机绕组等动力部件的工作特性与温度强相关,性能受温度影响大。此外,伴随电动汽车快速发展,自动驾驶智能座舱等智能化技术、新型电子电气架构技术、车路云协同网联化等技术的新发展对电动汽车各个系统尤其是热管理系统提出了更高的功能需求、更迫切需要解决的新课题、更广阔的新赛道。

2.3.1 概念

电动汽车热管理由电池热管理、汽车空调系统、电驱动及其他电子功率件冷却系统构成(图2.3),传统汽车热管理系统则包括动力系统热管理(发动机、变速箱)与驾驶舱空调系统。对于制冷,电动汽车与传统汽车原理差异有两点:一是传统汽车压缩机可由发动机驱动,而电动汽车由于动力源变为电池需使用电动压缩机;二是在系统耦合上,传统汽车动力系统与空调制冷过程较独立,而电动汽车电池与空调冷却系统通常耦合联动。传统汽车热管理系统架构复杂度和功能需求维度低于电动汽车且有发动机余热利用,使得纯电动汽车热管理系统更为复杂、功能需求更多,成为电动汽车重要的子系统。

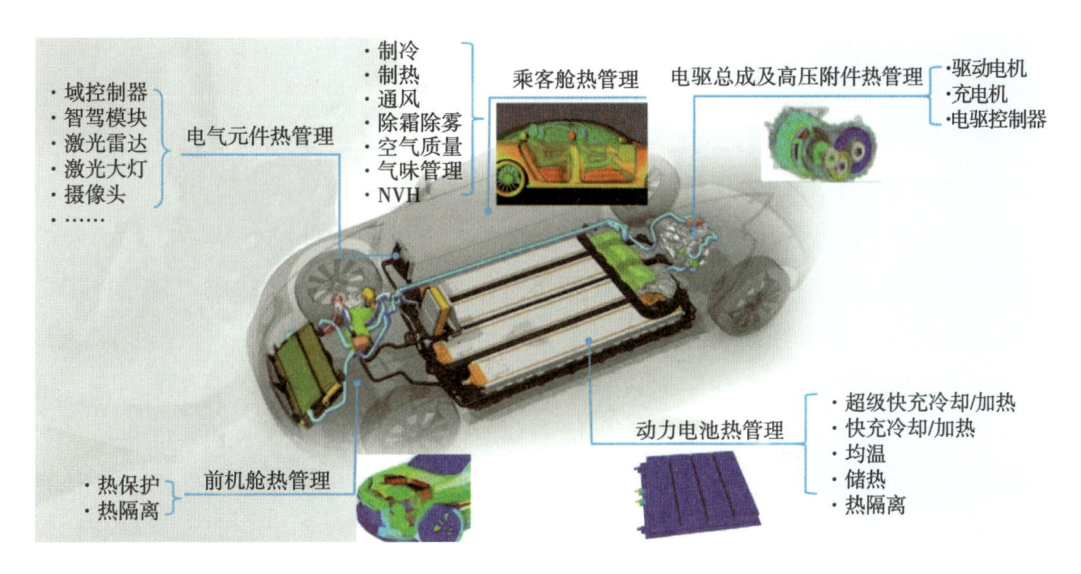

图2.3 电动汽车整车热管理系统组成

2.3.1.1 电池热管理技术

电动汽车每个零部件的工作温度和耐受温度都不尽相同，需要通过汽车热管理系统采取有效的散热、加热、保温等措施，将电池温度、功率器件、电机等各个系统保持在适宜的温度范围内，发挥电池和驱动系统最优性能，保证整车功能性、安全性以及耐久性。电池性能老化衰变直接影响整车的续驶里程、使用寿命和安全性，且老化速率很大程度上取决于温度管理水平。目前的基本要求是使动力电池的高效工作温度控制在15—35摄氏度、电池包内温差小于5摄氏度。电池整体温度水平和温度梯度的高低都会对其容量衰减和内阻增加产生影响，其中整车温度水平对电池衰变速率的影响相对较大，尤其对于快充模式，热管理措施的实施对延长电池寿命显得更为突出。

高效的电池热管理系统主要要求包括：① 高温环境中或电池大电流工作时及时对电池进行冷却，防止热量积聚造成热失控；② 低温环境中及时对电池进行预热，保证其充放电性能；③ 降低电池单体之间及电池内部的温度差异，保证组内良好的温度均匀性和一致性；④ 在实现电池包精准热控的同时，要满足轻量化和控制成本等要求。

2.3.1.2 电驱动系统热管理技术

电子功率器件和电机绕组温升是驱动系统峰值特性和安全可靠性的重要因素。其中硅材料功率器件工作温度通常控制在120摄氏度，驱动电机根据磁钢耐温性可以满足极限160—180摄氏度温升，有些高性能应用场景温升更高。超过耐温条件，绕组高温会引起永磁体退磁风险，所以驱动系统整体温升特性决定了电动汽车整车峰值动力性能的衰减特性，而低温环境下动力电池温度放电性能决定了整车低温环境动力性。

驱动电机冷却类型主要有两种，即液冷和风冷方式。采用风冷散热方式的电机自带同轴风扇，形成内风路循环或外风路循环，通过风扇产生足够的风量，以带走电动机产生的热量。其介质为电机周围的空气，空气直接送入电机内，吸收热量后向周围环境排出。风冷的特点是结构相对简单、电机冷却成本较低，但散热效果和效率都不太好，工作可靠性差，并且对天气和环境的要求较高。采用水冷散热方式的电机会将冷却液通过管道和通路引入定子或转子空心导体内部，通过循环的冷却液不断流动，带走电机转子和定子产生的热量，达到对电机冷却的目的。虽然水冷的成本比风冷略高，但其冷却效果比风冷更加显著，而且散热均匀、效率高，工作可靠性强，噪声也更小。只要保证整个装置能拥有良好的机械密封性，就可以在各种环境下使用[5]。

近些年由于电机系统功率密度不断提升，油冷电驱成为目前电驱系统热管理系统的一个重要发展方向。油冷电机是相对传统的水冷电机而言，其电机冷媒介质以及热交换方式与水冷电机不同，具备功率密度高、扭矩密度高、尺寸小、结构紧凑（一般同时具备与减速装置共壳体的特点）的优点。控制住电机的热量，才能最大程度挖掘电机的最大输出潜力，同时提高电机的可靠性（尤其是绕组绝缘），加上目前电机向着高转速方向发展，电机轴承的可靠性面临巨大挑战，而油冷电驱可以很好地解决轴承润滑冷却的难题，因此各个整车厂和一级供应商均在进行油冷电驱的开发和应用。

油冷系统并非最近几年才出现，早在2000年日本丰田Prius就采用了油冷电机，日本本田和美国通用也量产了油冷电机。随着纯电动汽车车型的快速发展，特斯拉以新势力的身份将油冷电驱带到了大众面前。从结构上可以看出，日系（丰田THS、本田IMMD、Nidec）和通用的油冷路径十分相似，而特斯拉Model S/X也采用了同样的喷淋、滴淋路线，但在Model 3上，特斯拉的冷却方式更加高效。另外，雪佛兰Bolt/Opel、大众MEB和华为电驱动总成也采用电机油冷方案。奥迪e-tron电机主要特点是转子内部进行充分冷却，在持续功率和峰值功率方面有典型意义。

2.3.1.3 乘员舱空调系统

乘员舱空调的目标是保障乘员的舒适性，包含以下四种功能：① 空调系统的采暖和制冷功能，对车内空气或由外部进入车内的新鲜空气进行加热或冷却，将车内温度控制到保证乘员舒适的水平；② 空调系统的过滤空气和通风换气功能，可以排除空气中的灰尘和花粉，又可以吸入新风，保证车内空气的清新度；③ 空调系统的湿度自动控制功能，使车内相对湿度保持在50%—70%，给乘员提供舒适的环境；④ 空调系统的除雾除霜功能，通过空调出风清除前挡风玻璃因车内温差大而产生的雾或霜，为驾驶员提供清晰的视野，保证安全驾驶。

总体来说，乘员舱空调制冷系统均由压缩机 - 冷凝器 - 膨胀阀 - 蒸发器四大件式蒸气压缩式制冷剂循环系统和空调风系统组成。制冷剂循环系统包括压缩机、冷凝器、储液干燥器、膨胀阀、蒸发器、调节阀、管路和制冷剂等，空调风系统包括风道、风机、空气过滤器、调节风阀、新风口、回风口和送风口等。

2.3.2 整车热管理技术发展现状
2.3.2.1 电动汽车热管理系统发展历程[6]

电动汽车热管理系统主要经历了三个阶段。

第一代：分体式热管理。分体式热管理将驱动电机冷却系统、动力电池冷却系统、空调系统等作为独立的子系统进行设计和研究，忽视了这些系统之间的能量耦合关系。早期的纯电动汽车续驶里程要求不高（一般 <200 千米），电池能量密度低，电池温控系统采用自然风量或主动风冷技术。

第二代：空调 - 电池一体化热管理。随着电池容量和电池能量密度的增加，电池在充放电过程中产生的热能增加（电池整体最大发热量 >5 千瓦），传统的风冷技术已经不能满足电池散热需求。第二代温控系统的特点在于保持电机 / 电控系统水冷的基础上，电池温控系统采用更为高效的温控方式，针对电池制冷采用与空调系统进行耦合，同时考虑到保证电池低温性能，引入电池加热技术方案。电池温控系统具有制冷和加热功能，制冷通过引入电池冷却器来实现；针对电池低温下的采暖需求，系统设定单独的水暖 PTC。

第三代：非热泵式整车一体化热管理架构。该热管理架构可实现电机及电力电子器件废热再利用，降低系统能耗，有研究表明在整车环境舱内采用中国电动汽车整车性能测试评价体系测试条件，-7 摄氏度乘用车中国轻型汽车行驶工况续驶里程可以提高 7% 以上，电池温度提升 10 摄氏度。其中，新增阀结构可实现电池回路和电机回路的串并联；串联回路模式可以使用电机系统的余热为电池系统进行加热或冷却，减少高压 PTC 和空调系统为电池加热、冷却所需要的能量消耗；并联回路模式可以实现电机和电池回路的独立控制。另外，增加阀回路对外置低温散热器的短接，可在不需要散热的情况下避免多余热量的散失，为电机余热回收利用提供基础。

基于热泵空调的一体化整车热管理系统。热泵空调是降低 PTC 制热系统能耗最优潜力且效率最高的解决方案。热泵空调在环境温度为 -10 摄氏度的制热工况下，制热量大于 2 千瓦，能效比大于 2（PTC 系统能效比小于 1）。但目前的热泵系统存在超低温环境下制热能力差等问题，无法完全取代 PTC，需要进一步扩展其环境适应性范围和低温能效。

2.3.2.2 国内外车企一体化热管理系统现状

比亚迪宽温域高效热泵系统。比亚迪一体化宽温域高效热泵热管理系统主要集成了乘员舱、动力电池、电动力总成深度集成以及乘员舱热泵采暖、电池直冷直热、电驱动余热回收和主动产热、整车能量梯次利用控制方法等关键技术，使得热泵即使在零下 30 摄氏度的极端天气下仍然能够正常工作，通过降低热管理能耗损失，整车能量利用率和热效率得到提升，从而实现整车续航保持率的极大提升。动力电池采用直冷直热板方案，与热泵系统结合实现电池相变冷却和加热，缩短传热路径，提升了换热效率；回收电动力总成余热，为热泵系统提供辅助热源；同时，控制电动力总成以低功、低效的方式使电机绕线、铁芯主动发热，为热泵系统提供辅助热源；基于整车多模式下不同热管理目标，按照能力利用率梯次控制，实现整车能量利用率的提升，热效率最大可提升 20%。

长安补气增焓一体化热管理架构。采用三换热器热泵空调系统、压缩机补气增焓技术和余热回收技术，实现较宽广的温度应用范围（–20—55 摄氏度），有助于提升乘员舒适性、增加行驶里程，实现高效率的能量利用。冷却液回路设计方案，在电池冷却工况下借助空调系统、专门开发的换热器进行电池水路冷却，在热泵工况下借助热泵系统、换热器来回收电机、电池冷却水路的热量，提升系统制热量和制热效率；专门开发的换热器在余热回收工况下具有较小的制冷剂侧阻力和冷却液侧阻力，从而有效减小了热泵工况下制冷剂和冷却液通过该换热器的压力损失，提升了热泵工况下的系统效率；补气增焓压缩机确保 R134a 热泵空调系统在 –15 摄氏度工况下工作的可靠性，并提高系统制热量；构建基于独立乘客的微区域气候管理，突破电池包脉冲加热、双层流空调箱及多分区空调等技术，对电驱、电池、乘员舱进行精准化热管理控制，可实现 –12 摄氏度下整车能耗比 PTC 方式降低 35% 以上，同步大幅提升低温充放电和电池寿命性能。

特斯拉 Model Y 车型上的热管理系统体现了一体化、集成化、高耦合设计思想。通过高度集成歧管模块、八通阀模块、超级水壶模块实现 12 种工作模式切换，构建全耦合热力循环，实现整车能量统筹和热量二次分配。在使用驱动电机运行低效制热模式为电池系统加热的基础上，新增空调系统压缩机和鼓风机电机的低效制热模式，取消高压 PTC，其高度集成化模块设计引起了行业的广泛关注。特斯拉热泵应用策略是在满足乘员舱舒适性需求的前提下，采用能效比较高的模式运行，减少能耗、提高续航。根据环境温度和电池温度的关系，从能效比来划分，规划热泵系统参与加热的程度以及启动不同模式的加热级别，定义了9种工况，每一种工况的温度范围与控制策略不同，以充分发挥热泵空调的能效比优势，达到降耗目的。特斯拉 Model Y 热泵空调系统采用了整车热管理预调节工作模式，可通过特斯拉 Mobile App、车载循环日程 App 和自适应推断程序进行控制，其中自适应推断程序可识别用户上班时间，同时推断出典型的驾车出发时间。

2.3.3 整车热管理技术发展趋势

新能源汽车整车热管理呈现空调系统、动力电池、电机及电力电子元件热管理强耦合的一体化趋势。其中超低温热泵空调压缩机、超级水壶、集成阀岛、空调箱总成等部件成为重点新形态新增部件。热泵空调压缩机以宽温域、低能耗、环保工质为发展趋势；超级水壶、集成阀岛涉及的冷却回路、制冷剂回路控制以满足余热利用、轻量化、低成本为需求的高度集成设计为发展趋势。

2.3.3.1 能耗与环保新要求加速制冷剂变革

汽车产业的绿色低碳转型对电动汽车生产、使用过程等全生命周期的节能减排提出了更高的需求。一方面，近两年，企业在低阻力集成设计与控制技术方面取得长足进步，但是在冬夏季空调能耗等实际道路使用能耗上亟须进一步提升。另一方面，欧盟 MAC 指令（2006/40/EC）规定从 2011 年 1 月 1 日起所有新批准型号汽车禁止使用含有全球变暖潜值超过 150 氟化气体的空调系统，从 2017 年 1 月 1 日起所有新出厂的车辆禁止使用含有全球变暖潜值超过 150 氟化气体制冷剂的空调系统，违反规定的新车将不予注册、销售或使用。指令的出台意味着 HFC-134a 将从 2011 年起禁止被新车使用，加速全球环保制冷剂的替代进程。

大众 ID.4X 首先量产二氧化碳热泵系统，制冷剂充注量为 420 克，相对传统冷媒，制冷剂量大大降低。热泵空调架构主要采用直接式架构，制冷蒸发器与热泵冷凝器直接进入乘员舱，配合舱内空气侧高压 PTC 实现对乘员舱温度的调节；为实现制冷和热泵的冷媒换向，采用电磁阀和电子膨胀阀的组合方式对制冷剂回路进行控制。电池与电机回路通过三通阀的切换实现水路的串联和并联，使电池散热可以采用自然散热和主动制冷两种方式；在低温情况下，采用水路热力阀旁通散热水箱利用电机余热对电池进行加热，降低电池制热模式下对水路高压 PTC 的需求，进一步降低整车热管理能耗，提升低温续航。此架构采用三通阀实现电机和电池水回路直通余热利用，无热泵加热电池模式。

2.3.3.2 低温适应性促进新型热管理技术发展

"低温焦虑"已成为影响电动汽车市场化进程的用户体验痛点。由于低温性能的制约，我国电动汽车保有量的 84% 局限在长城以南地区。2021 年年底，行业媒体和中汽中心分别采用 –20 摄氏度实际道路低温性能测试和 –7 摄氏度环境舱内标准工况续驶里程能耗测试，结果发现多款主流纯电动汽车低温续航都出现大幅下降情况，实际道路部分车型续航缩水 50% 以上，环境仓标准工况里程保持率平均为 61%。因此，需要从动力电池本身低温性能和整车热管理两个角度不断优化（图 2.4）。

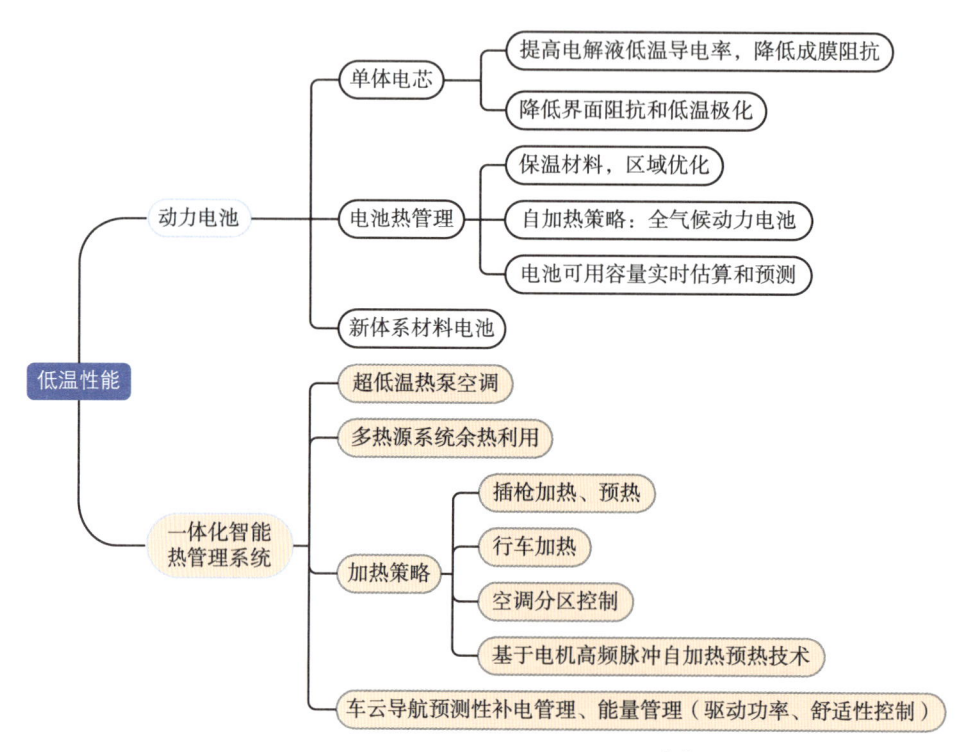

图 2.4　电动汽车低温性能应对策略[6]

全气候动力电池是在现有锂离子电池的基础上结合第三极（0.1—0.2 毫米自加热金属箔高功率加热片）构成。通过在锂电池中嵌入一块锡箔，加热片通过串并方法形成一组夹层结构加热装置，并增加一个加热开关，在镍箔上产生热效应，通过加热片发热和电池内阻发热快速加热电池，实现内阻—外置加热片双源自加热构型，加热片与电芯形成大传热面积、短加热距离，电池温升 30 摄氏度仅消耗 5% 电量。北京理工大学在全气候动力电池结构基础上研究了采用功率控制开关实现间歇式极速加热控制系统。当开关闭合时，动力电池进行大电流自放电，通过控制开关的关断频率和占空比调整自放电持续时间与频率，实现可控加热。

基于电机高频脉冲自加热预热技术。高频脉冲自加热理论依据动力电池在低温下内阻较大，且当充电电流频率越高时出现电池析锂的电流阈值越大，即越高频充电越不易产生析锂现象。动力电池脉冲速加热技术利用上面两个原理,依托电机电感储能特性控制电池在低温下高频充放电,电流通过电池内阻产生热量,直接加热电芯。采用动力电池脉冲速加热方式的电池包加热速率快、能量损失小、温度分布均匀。

2.3.3.3 个性化乘员舱舒适性温控管理

乘员舱空调主要目标是保障乘员的舒适性,主要包含以下四种功能:采暖和制冷功能;过滤、通风和换气功能;湿度控制与调节功能;除雾与除霜功能。内饰温控系统在技术演进中跟随智能化脚步,逐步植入"个性化"这一特质,做到"控的是温度,暖的是人心"[7]。不同市场的消费者对温度的需求各有偏好,如北美消费者喜欢快速制冷的感觉,中国车主更青睐通风的舒适感。特别是针对电动汽车低温能耗与舒适性温控的矛盾,需要研究新的舒适性温控体系和评价方法。

2.3.3.4 新技术应用对热管理的新需求——长里程、大功率充电、智能化

自2021年下半年至今,陆续有1000千米+续航电动汽车发布。埃安LX PLUS、蔚来ET7、智己L7等1000千米续航版产品开始上市发布,电池包容量配备高达150千瓦·时,能量密度持续提升。一方面由于电池单体材料升级、体积增大,电芯容量和密度大幅提高,导致电池化学热敏感性提升,对电池冷却系统提出更高要求;另一方面大功率充电对电池热管理提出更高要求。电动汽车单次充电用时长的问题仍然是制约电动汽车发展的关键因素,且电池容量越大充电时间越长。为解决用户单次充电时间长、缓解用户充电和里程焦虑问题,发展大功率充电技术是国内外行业参与者的普遍共识,当前充电功率已达350千瓦且呈现逐渐上升趋势。电池温度是限制快充的关键因素,所以对电池热管理系统结构、热管理系统散热能力、充电线散热设计等环节提出巨大挑战,充电功率350千瓦以上的动力电池冷却功率需提升至15—20千瓦量级(22千瓦充电功率电池散热需求小于1千瓦;120千瓦以下充电功率电池散热需求小于5千瓦),压缩机排量和冷凝器散热能力也要增强。

2.4 先进动力底盘技术

随着电子信息技术的飞速发展,汽车在智能网联领域所能提供的舒适性功能和配置越来越丰富,并且迭代出新速度越来越快,也越来越受到汽车生产企业和消费者的关注。而汽车作为重要的交通工具,支撑其实现关键行驶功能的动力底盘系统也伴随着汽车产品的电动化、智能化转型,迎来了新的发展机遇,

未来将作为一块重要基石，保障汽车产业低碳化、智能化的发展进程不断稳步前进。

2.4.1 概念

汽车线控底盘技术的本质是由电线或者电信号实现传递控制，而非通过机械连接装置操作。传统的操纵汽车方式是制动、加速、转向都通过机械机构来操纵汽车，而线控技术则是将动作转化为电信号，由电线来传递指令操纵汽车。线控技术是在控制单元和执行器之间用电子装置取代传统的机械连接装置或液压连接装置，由电线取代机械传动部件，取消了机械结构，赋予了汽车设计新的空间。汽车线控底盘系统颠覆了传统的控制和反馈方式，也对自身提出了全新的技术要求，驾驶员的操纵指令通过人机接口转换为电信号传到执行机构，控制执行机构的动作；传感器感知功能装置的状态，通过电信号传给人机接口，反馈给驾驶员。线控系统在人机接口通信、执行机构和传感机构之间，以及与其他的系统之间要进行大量的信息传输，要求网络的实时性好、可靠性高且具有安全冗余功能，以保证在故障时仍可实现装置的基本功能。

现阶段新能源汽车智能驾驶线控底盘系统包含了线控制动、线控转向、电控悬架以及底盘域集成控制等基本要素，其主要结构与基本原理如下。

2.4.1.1 线控制动

线控制动的主要特征是取消了制动踏板和制动器之间的机械连接，以电子结构上的关联实现信号的传送、制动能量的传导，分为液压式线控制动系统和机械式线控制动系统两种。线控转向系统包含制动踏板、行程传感器、车速传感器、控制器电子控制单元、执行器和相关信号传输线路（图2.5）。其中，液压式线控制动系统以传统的液压制动系统为基础，用电子器件替代部分机械部件的功能，使用制动液作为动力传递媒介，同时具备液压备份制动系统，是目前的主流技术方案；在机械式线控制动系统中，电子控制单元根据制动踏板传感器信号及车速等车辆状态信号，驱动和控制执行机构电机来产生所需要的制动力，无液压备份制动系统。线控制动系统的优势主要有以下几点：一是系统结构简单，可以精简部分或全部管路系统和零部件，实现了轻量化并提升了系统可靠性；二是响应快、精度高，可以更加灵活地实现对每个车轮的独立控制，系统性能得以有效增强；三是能耗水平低，可减少系统内部驱动能量传递的环节和距离，在整车层面可大幅度提高能量回收功能的潜力，综合改善能量利用效率[8]。

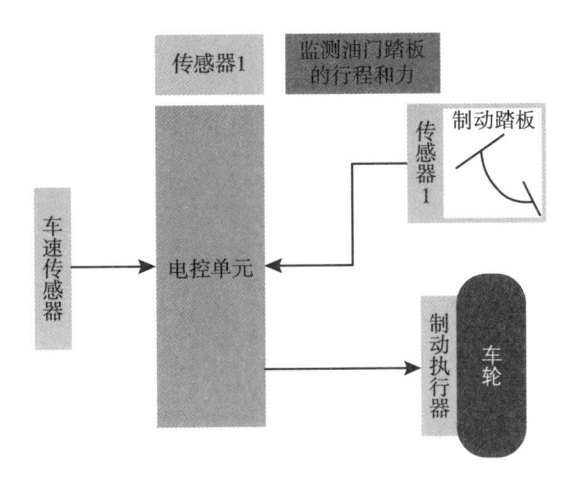

图 2.5 线控制动系统控制原理图

2.4.1.2 线控转向

线控转向系统直接取消了汽车方向盘和车轮间连接的机械系统，通常包含转向盘模块、转向机模块以及整车传感器模块。转向盘模块详细划分为方向盘、转向盘传感器以及路感模拟电机；转向机模块主要有转向机与执行器；整车传感器模块则可细分为车速传感器、加速度传感器、横摆角传感器和控制器。转向控制系统的主要功能在于利用转矩、转速传感器把驾驶人做出的转向动作转化成电信号传输到控制器，通过控制器再将信号传递到执行器，随后控制转向轮动作，进而实现转向流程。方向盘以及转向轮借助控制信号实现有效连接，传动比能够利用软件合理调整，能够与线控底盘系统的其他模块之间进行协调统一控制。

2.4.1.3 电控悬架

电控悬架系统能够根据车身高度、车速、转向角度及速率、制动等信号，由电子控制单元控制悬架执行机构，使悬架系统的刚度、减振器的阻尼力及车身高度等参数得以改变，从而使汽车具有良好的乘坐舒适性、操纵稳定性和通过性。电控悬架系统的最大优点在于能使悬架随不同的路况和行驶状态做出不同的反应。按控制理论不同，电控悬架系统可分为半主动式、主动式两大类。半主动悬架由可变特性的弹簧和减振器组成，其基本的工作原理是：用可调弹簧或可调整减振器组成悬架，并根据簧上质量的速度响应、加速度响应等反馈信号，按照一定的控制规律调节可调弹簧的刚度或可调减振器的阻尼力。主动悬架可以根据汽车的运动状态、路面状况以及载荷等参数的变化，对悬架的刚度和阻尼进行动态的自适应调节，使悬架系统始终处于最佳减振状态，目前市面上主流的主动悬架有空气悬架、液压悬架、电磁悬架以及电子液力悬架四种形式。

2.4.1.4 底盘域集成控制

感知、决策、执行是自动驾驶汽车的关键技术,其中底盘域控和线控制动、线控转向、线控驱动、线控悬架的智能底盘被称为自动驾驶的"小脑"和"四肢"。

传统底盘对车辆纵向控制、横向控制以及垂向控制相对独立,不同方向的电子控制系统往往围绕其控制方向的某一个或几个指标实施算法,横纵垂三向电子控制同时作用存在相互影响和耦合作用。底盘域控制负责承接智能驾驶请求,整体协调底盘制动、转向、悬架甚至耦合驱动系统控制,实现整车性能和效率最优,是底盘线控智能化发展与传统底盘的重要区别。目前,线控制动和线控转向系统仍处在技术和产品的快速发展阶段,随着汽车电动化、智能化的不断发展,进一步推进实现转向和制动系统的线控技术、助力先进动力底盘技术的不断升级已成为汽车底盘产业当前主要的发展方向。

2.4.2 先进动力底盘技术发展现状

面对汽车产业不断提高的节能减排与智能化发展需求,汽车的转向和制动系统经历百余年的发展,正在加速朝向新的发展阶段快速迈进,尤其是当其应用在新能源汽车时。新能源汽车在近十年的快速发展中,为了更好地满足消费者使用需求,不断提高新能源汽车在二氧化碳减排上的贡献,通过技术升级使产品性能不断提高。在智能化方面,具有L2级别辅助驾驶功能的新车产品渗透率已经达到30%。而无论是续驶里程的提升、能耗的降低还是高级别智能驾驶功能的应用,都离不开线控底盘技术所提供的重要基础支撑。

2.4.2.1 线控制动系统

汽车制动系统发展至今,按照力传递方式以及助力方式的不同,可大致分为三个阶段,分别是机械制动、真空/电动助力液压制动系统以及分布式电子制动。其中最原始的制动系统是通过驾驶员操纵一组简单的机械装置向制动器直接施加作用力,初期车辆质量比较小、速度比较低,机械制动能够满足车辆制动的需要。随着车辆越来越重,机械制动已经无法满足基础制动需求;再加上科学技术的发展及汽车工业的发展,让车辆制动系统设计有了新的突破,液压制动是继机械制动后的一项重大革新,并沿用至今。

液压制动系统可细分为真空助力+液压制动、真空助力+电子调节、电动助力+电子调节三个阶段,目前主流技术已处在液压制动系统发展的后期阶段。当前市场绝大部分产品采用的是真空助力＋液压制动系统，其液压动力来源除了驾驶员对制动踏板施加的操作力外，绝大部分是通过真空助力器腔室内两侧的压力差提供的制动助力，其原理是利用发动机运转过程需要从外界吸气，从而天然地给真空助力器提供低压环境。

而对于纯电动汽车和插电式混合动力汽车而言，由于没有发动机或者发动机并非持续运转，无法获得稳定的真空源，因此结合新能源汽车的新特征新需求，制动系统的助力实现方式发展出两种解决方案：一种是继续沿用真空助力，通过增加电子真空泵以提供持续的真空源，优点是技术改造成本较低，但具有能耗高、噪声大等问题，且依然无法摆脱环境对其性能的极大影响（高原地区无法获得足够的真空助力）；另一种是利用电动机＋减速机替代真空泵和真空助力器，实现高度电动化的助力方式，构成了一套机电液一体化的复合制动系统，又称液压式线控制动系统，是线控制动技术的其中一种，也是现阶段线控制动技术研发的主要方向（图2.6）。其原理是位置传感器监测踩下踏板的位置信息并向电脑传递，计算出所需的制动力，将信号传递至伺服电机，通过齿轮转化后推动制动主缸，进而为液压制动系统提供动力。

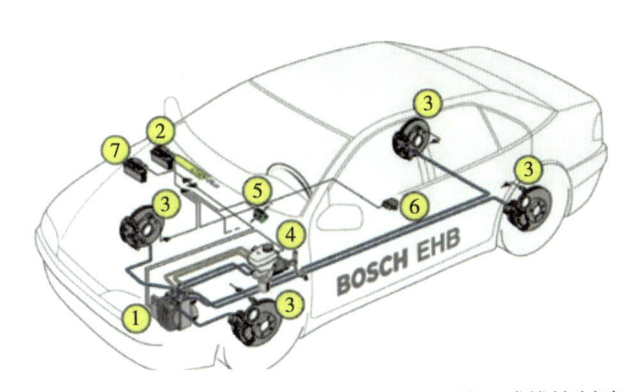

① 电控液压执行单元，电子液压制动系统、制动防抱死系统、电子稳定控制系统
② 电子液压制动系统电控单元
③ 轮速传感器
④ 制动踏板与助力器总成
⑤ 方向盘转角传感器
⑥ 横摆与纵向加速传感器
⑦ 动力系统控制单元

图2.6 液压式线控制动系统构成

传统动力汽车在制动减速过程中，主要通过制动器摩擦产生制动力，将车辆的动能转化为热能耗散，这部分动能在城市行驶工况下约占整车能耗的1/3。而新能源汽车的储能（电池）和动力（电机）装置均具有实现能量双向流动的能力，进而使新能源汽车具有了在制动减速过程中通过电机产生再生制动力对电池充电，从而回收汽车动能并重新利用的能力，在不同行驶工况下可以使车辆的续驶里程增加10%—20%甚至更高，能量回收已成为新能源汽车制动系统中的核心功能之一。

在新能源汽车所采用的这套复合制动系统中，电机再生制动力与机械摩擦制动力的分配决定了新能源汽车在行驶过程中制动能量回收的多少,再生制动力占比越大,能量回收效率越高,续驶里程和能耗改善越明显。根据电机再生制动的介入方式,复合制动系统可分为并联式(也称叠加式)和串联式(也称协调式)两种基本类型。这两种类型的控制策略对复合制动系统的硬件需求有所不同,根据制动操作机构与执行机构之间是否能够实现解耦,又可将复合制动系统分为非解耦型与解耦型。并联式分配控制策略的实现基于非解耦型复合制动系统,在几乎不改变传统液压制动系统的前提下,将再生制动叠加在摩擦制动上,二者按照固定或可变的比例分配。串联式分配控制策略的实现则基于解耦型复合制动系统,对传统液压制动系统进行改造,在制动过程中优先使用再生制动;当无法满足制动需求时,不足部分再由摩擦制动来承担。相比之下,并联式控制策略更易实施,但制动感觉较差、能量回收率低,是新能源汽车发展早期基于传统液压制动系统所采用的主要方案,而随着新能源汽车对能量利用效率的要求越来越高,串联式复合制动系统是目前行业主要的研究应用方向。

2.4.2.2 线控转向系统

汽车转向系统的发展总体上同样经历了三个大的发展阶段,包括机械转向系统、液压/电动助力转向系统、线控转向系统。其中助力转向系统又可细分为机械液压助力转向系统、电控液压助力转向系统、电动助力转向系统。目前,机械液压助力转向系统和电控液压助力转向系统已广泛应用于商用车,电动助力转向系统则大量应用于乘用车上,而线控转向系统的市场渗透率最低,仍处于起步阶段。

与制动系统的技术发展路线相似,转向系统主要通过提高系统的电动化程度来实现更高效率和更加精准的操控性能。传统机械液压助力转向系统的动力来源主要是发动机,车辆无论是否进行转向操作,液压系统均处于工作状态,一定程度上浪费了能耗,综合系统效率一般只有60%—70%。而电动助力转向系统可适时介入工作,系统效率普遍在90%以上,具有显著的降低能耗和减少排放作用。电动助力转向系统的工作原理是通过传感器测量采集作用在输入轴的力矩大小,然后电子控制单元根据转矩传感器与车速传感器采集过来的有关信号去控制电动机的转向和助力电机的电流大小,最后电动机的力矩通过减速机构和离合器等作用到转向器上,从而实现车辆的电动助力转向。此外,电动助力转向系统还会通过电子控制单元进行实时分析控制,为车辆在不同行驶工况下提供最佳的助力特性,实现随速助力转向功能。车速较低时,助力会增加,以减小转向操作力;而车速较高时,助力会减少;当车辆的行驶速度超过规定范围的数值时,电动助力转向系统就会关闭电动助力,并通过控制电动机来反向制动汽车，从而在较高车速下增加车辆驾驶员操作方向盘的手感，确保车辆在行驶过程中的行车安全。

根据助力电机搭载并提供助力的位置不同，电动助力转向系统已发展出适合于不同车型和使用场景的多种类型，包括管柱式电动助力、小齿轮式电动助力、齿条式电动助力。

管柱式电动助力：助力电机和蜗杆蜗轮减速机构安装于转向管柱上，减速增扭机构与输出轴、转向传动轴相连，并通过转向传动轴把助力传递到转向器上。其结构简单紧凑、制造成本低，但由于电机离转向器较远，同时需要考虑转向轴的承载上限，因此助力能力有限，当前在紧凑型车上有广泛应用。

小齿轮式电动助力：助力电机和减速机构与小齿轮相连，直接驱动齿轮实现助力转向。由于助力电机安装于乘员舱外，对电机的噪声敏感度降低，因此可以使用较大的电机以获得更高的助力扭矩，使其具有了更好的助力能力。根据助力电机布置和传动机构形式，又可细分为单小齿轮式电动助力和双小齿轮式电动助力，可适用于紧凑型到中大型车辆。

齿条式电动助力：助力电机和减速增扭机构直接驱动齿条提供助力，由于助力电机安装于齿条上的位置相对自由，因此空间布置方便，并可提供相较管柱式电动助力和小齿轮式电动助力更大的助力能力，因此适用范围可拓宽至大型乘用车和货车等。

2.4.3 先进动力底盘技术发展趋势

先进智能线控底盘是高级别自动驾驶技术落地的基础和载体，是智能汽车安全可靠性能的重要系统。线控技术的出现变革了传统观念中关于汽车电子的认识。随着汽车电动化、智能化的不断发展，未来汽车动力底盘技术的总体趋势特征将呈现出线控化、智能化、集成化和平台化。

在线控化方面，线控技术实质上是让汽车的制动系统、变速、悬架和转向系统等实现相互作用、相互结合，从而使各个子系统的性能发挥最好，以便获得汽车整体的最佳性能，提高汽车的安全性、稳定性与操纵性，使汽车获得一定程度上的智能化，并最终达到无人驾驶的状态。虽然部分线控相关技术还不是非常成熟，但是随着电子相关设备可靠程度的不断提高以及相应技术的发展，未来大部分汽车将会采用线控技术。

在智能化方面，未来智能底盘将从分布式控制向集成式控制转变，分散式底盘系统的各个子系统独立控制已经无法满足人们对于汽车驾驶性能日益提升的要求，汽车的底盘控制从传统的横、纵、垂三向独立运动控制的平台逐步过渡到以底盘一体化协同控制为核心的平台。此外，软硬件解耦也将带来功能的提升和功能升级的便利性。

在集成化方面，通过高度集成电驱、动力总成、热管理系统以及车身一体化铸造技术，在降低成本和重量的同时，将带来最佳的乘坐空间和更高的能效。以一体化轮边驱动技术为例，它是一种集制动、转向、驱动、悬架为一体的模块化方案，其依托于目前已有的轮毂电机驱动技术以及电液线控技术，可以得到大转角的独立转向结构和依靠磁流变阻尼器以及空气弹簧提供支持的主动悬架结构，进而得到一体化电动轮模块，可支持四个车轮独立实现驱动、制动、转向以及悬架调节。同时由于拥有相互独立的电控系统，不仅能够进一步提升车轮的控制性能，降低不同性能指标可能存在的相互影响，还能使相关功能的执行器产生有效的补充效应，确保当某个环节出现故障状态后能够继续保持系统和整车的稳定性与可靠性。

在平台化方面，下一代底盘将是线控化、集成化、智能化的有机结合体，并将以解耦的方式为未来汽车带来更多可能。随着汽车动力、底盘系统间融合程度的不断加深，当前动力底盘系统的平台化演变趋势正朝向滑板化的方向发展。滑板底盘技术的开发利用在行业内已初现端倪，其最大的技术特点是依托全线控技术，将整车的动力、制动、转向、热管理和三电等模块全部集成于滑板底盘之上，从而形成独立的功能区，达到上下车体解耦的目的。因此能够实现乘员舱空间的极大释放，乘员舱和下车体之间的所有控制和能量传递均通过接口完成，不再受传统机械连接结构的限制，改变了传统汽车的设计方式，为上下车体实现更具想象力和创造力的独立开发提供了可能。

参考文献

[1] 赵云. 电动汽车结构布置及设计 [J]. 汽车电器, 2006（6）: 4-11.

[2] 周厚建, 柯江林, 张光慧. 纯电动汽车关键零部件的布置研究 [J]. 汽车工业研究, 2016（4）: 60-63.

[3] 曲婧瑶. 电动汽车产业技术创新联盟 [EB/OL]. 2021-11-26, https://mp.weixin.qq.com/s/_l3eOvfqcLNPlA5Gzfvojw.

[4] 罗兰贝格. 汽车电子革命的四大核心技术趋势 [J]. 汽车与配件, 2021（1）: 26-30.

[5] 曹锋, 田长青, 王从飞, 等. 中国新能源汽车热管理技术发展 [M]. 北京: 北京航空航天大学出版社, 2022.

[6] 曲婧瑶. 电动汽车产业技术创新联盟 [EB/OL]. 2021-12-27, https://mp.weixin.qq.com/

s/4zvAkbFr2NSoc8wSIJ8aHQ.

[7] Chao-Yang Wang, Yongjun Leng et al. Lithium-ion battery structure that self-heats at low temperatures [J]. Nature, 2016. DOI: 10.1038/nature16502.

[8] 刘建铭, 刘建勇, 张忠发. 新能源汽车智能驾驶线控底盘技术应用研究 [J]. 时代汽车, 2022 (3): 101-103.

第 3 章 燃料电池汽车

氢能具有来源多样化、驱动高效化和运行零排放的特征，是全球能源技术革命和能源转型的主要方向，发展氢能与燃料电池产业已成为全球共识。燃料电池汽车是我国战略性新兴产业，是推进我国汽车产业转型升级、加快汽车强国建设的重要支撑。我国先后出台了《新能源汽车产业发展规划（2021—2035年）》《关于开展燃料电池汽车示范应用的通知》《氢能产业发展中长期规划（2021—2035年）》等一系列政策规划，为促进氢能与燃料电池汽车产业有序高质量发展提供了指引和保障。

3.1 燃料电池汽车

3.1.1 概念

燃料电池汽车（图3.1）是以燃料电池系统作为动力源或主动力源的汽车。燃

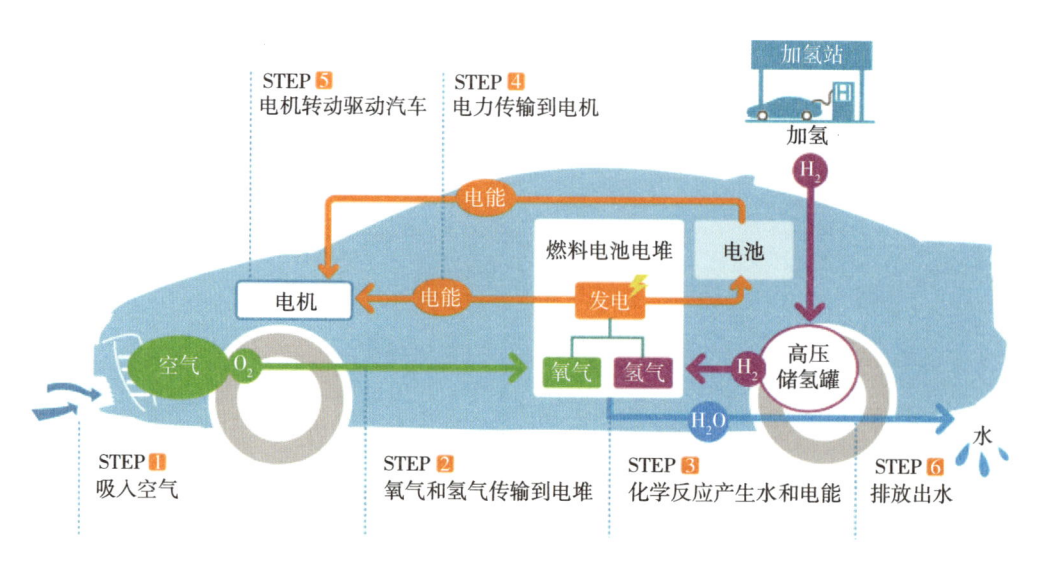

图 3.1 燃料电池汽车工作原理

料电池系统将车载氢气蕴含的化学能转化为电能，然后经由驱动电机将电能转化为机械能驱动车辆行驶，仅有反应生成的水排放。

根据电解质不同，燃料电池可分为五类，即碱性燃料电池、熔融碳酸盐燃料电池、磷酸燃料电池、固体氧化物燃料电池以及质子交换膜燃料电池。从商业化角度来看，目前各类燃料电池中应用最广泛的是熔融碳酸盐燃料电池、固体氧化物燃料电池和质子交换膜燃料电池。其中，熔融碳酸盐燃料电池和固体氧化物燃料电池主要用于固定式燃料电池电站、家用热电联产，且商业化较为成熟，每年的量在不断增加；而质子交换膜燃料电池以其功率密度大、体积小、质量轻、室温下即可工作、启动迅速等优点，被大量应用于燃料电池汽车领域。本书主要介绍质子交换膜燃料电池。

燃料电池汽车一般包括纯燃料电池驱动或燃料电池加上动力电池的电-电混合动力驱动，由于后者相对前者可以实现制动能量回收，可以实现更好的经济性和耐久性，因此被越来越多地采用。目前的燃料电池电动汽车基本是指燃料电池加动力电池的混合动力汽车。如图3.2所示，燃料电池汽车技术包括了由燃料电池系统和电池储能单元构成的混合动力系统、逆变器与驱动电机构成的电驱动系统、整车控制器与管理算法构成的控制系统，以及车载储氢系统四大系统技术。本书将重点介绍燃料电池电堆系统以及车载储氢系统技术，在车型方面则包括了商用车和乘用车等不同用途车辆。

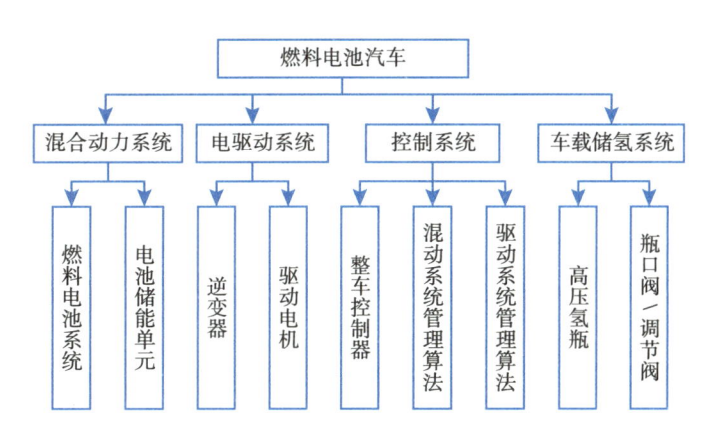

图 3.2 燃料电池汽车技术架构

3.1.2 燃料电池汽车发展现状
3.1.2.1 燃料电池汽车市场情况
燃料电池汽车不仅具备电动汽车的所有优点，同时兼具传统内燃机汽车的性能：可以在几分钟内补充燃料；续驶里程达到数百千米；能量转换效率高达60%—80%，比内燃机高2—3倍；燃料来源多样，可以不依赖石油燃料而从可再生能源获得；整个过程中燃料电池的化学反应主要产物是水，属于零排放或近似零排放，因此具有非常好的节能降碳潜力，在低碳发展的大背景下，燃料电池汽车成为全球汽车产业发展的重要方向。欧洲及美、日、韩等汽车强国积极制定氢能国家战略及路线图，明确燃料电池汽车发展目标和路径，并出台政策支持燃料电池汽车技术的研究与示范。在各国政府的支持下，燃料电池汽车已经进入了示范应用阶段。

从年度销量来看，2021年全球主要国家共销售燃料电池汽车16313台，同比增长68%。受强势补贴政策驱动，其中韩国市场延续了2020年的增长势头，全年共售出8498台燃料电池汽车，约占全球总销量的一半；美国燃料电池汽车销量为3341台，较2020年激增2.5倍，主要原因是2020年疫情导致销量基数过低；日本全年共售出燃料电池汽车2464台，同比增长67%，主要受益于2020年年底新一代丰田Mirai的上市；德国共售出燃料电池汽车424台，同比增长38%；我国全年燃料电池汽车销量为1586台，同比增长35%。我国燃料电池汽车销量基本为商用车，乘用车占比仅为0.58%，其中客车销量占比56.88%、货车销量占比42.54%。

从全球保有量来看，截至2021年年底，全球氢燃料电池汽车保有量为49562台，同比增长49%。按国别来看，韩国、美国、中国、日本为主要国家，其燃料电池汽车保有量占比分别为39%、25%、18%、15%，四国保有量占全世界的97%以上[1]。受韩国较为激进的推广措施影响，其燃料电池汽车保有量的集中度较2020年有所提升。

从燃料电池乘用车市场品牌来看，主要为韩国现代和日本丰田，两者累计销量分别为22337辆、12015辆，占乘用车整个市场的95%以上，占全球燃料电池汽车总量的81%。其中，现代汽车自2019年以来市场销量上升趋势明显，在2020年超越丰田成为乘用车销量最多的品牌。

3.1.2.2 燃料电池汽车技术进展

（1）乘用车

国际燃料电池汽车主要以乘用车为主，现代、丰田、本田、宝马等整车企业均开展了燃料电池整车的开发和应用。目前市场化的产品主要有丰田Mirai、现代NEXO，在全球市场占据绝对优势。截至2021年年底，现代在全球累计投放量达22337台，占全球总量的45%，其中本土市场占比高达86%；丰田在全球累计投放17933台，占全球总量的36%，其中海外市场占比63%。早在2013年，现代汽车就推出了全球首款量产氢燃料电池车 ix35，2018 年新一代氢燃料电池 SUV 车型 NEXO 投放市场。NEXO 通过对发动机舱盖下的电机、驱动单元和燃料电池堆进行优化和高度集成，不但让系统体积和质量都有所下降，还把系统效率大幅度提高到了 60%，输出功率也从 95 千瓦提高到了 112 千瓦，提高了车辆的续驶里程（达到 800 千米）和加速能力。2022 年 4 月，现代汽车氢燃料电池车 NEXO 中国版正式获得中国新能源汽车牌照，并于 8 月正式登录工信部《免征车辆购置税的新能源汽车车型目录》。现代 NEXO 中国版在前机舱内部装配了最大功率为 95 千瓦的氢燃料反应堆，乘用车中国轻型汽车行驶工况续驶里程达 596 千米，与传统燃油车满油续航相当，注氢时间只需 5 分钟便能加满。2014 年 12 月，丰田汽车公司推出全球首款面向普通市场发售的燃料电池车 Mirai，2020 年年底推出第二代 Mirai 汽车，续驶里程达到 850 千米，在燃料电池电堆和系统方面取得较大提升。其中，燃料电池系统最高输出功率由 113 千瓦提升至 134 千瓦，电堆最高输出功率由 114 千瓦提升至 128 千瓦，体积功率密度由 3.1 千瓦/升提升至 5.4 千瓦/升，保持行业领先水平。2015 年本田首款燃料电池汽车 Clarity 电池堆最大功率达 130 千瓦，最大扭矩为 300 牛·米，在车身后方拥有 70 兆帕的高压储氢罐，可储存 5 千克氢气，每次加满氢只需 3 分钟，加满氢后的续驶里程高达 750 千米。不过，本田 Clarity 从 2021 年 8 月开始正式停止生产这一车型，但这并不意味着本田放弃氢燃料电池车，从其布局动作看，未来还有望继续推出新的 FCV 燃料电池车型。

与国际相比，我国燃料电池乘用车产业化发展缓慢，但近几年技术提升较为明显。2020 年上汽发布的 EUNIQ7 电堆功率密度达到 3.7 千瓦/升，百千米氢耗达到 1.18 千克，电堆额定功率、体积功率比、耐久性、低温冷启动等性能指标达到国际一流水平。2022 年长安深蓝 SL03 氢能源版正式上市，为首款量产氢燃料电池轿车，其搭载 160 千瓦功率输出的电机，电堆功率密度达到 4 千瓦/升，整个系统核心部件实现 100% 国产化，系统氢电转换效率大于 60%，1 千克氢气可发电 20.5 千瓦·时，氢耗低至 0.65 千克/100 千米以下（中国轻型汽车行驶工况），新车的综合工况续驶里程可达 730 千米。除上汽、长安外，广汽、东风、一汽、长城等企业也在加快推进燃料电池乘用车研发。自 2020 年 10 月，上汽大通 MAXUS EUNIQ 7、广汽集团首款氢燃料电池汽车 Aion LX Fuel Cell、东风风神燃料电池产品陆续发布。

（2）商用车

对于续驶里程较长、动力性能要求较高、汽车体积较大的商用车，燃料电池是公认的优选技术方案。由于商用车运行在相对固定的线路上，对加氢站的依赖性低于乘用车，因此在燃料电池产业发展的初期，发展燃料电池商用车的价值高于乘用车，我国也是以发展燃料电池商用车为主，同时采用电－电混合技术路线，技术较为成熟，在续驶里程和整车成本方面具有明显优势，已广泛应用于城市公交、城市物流等多个领域。至 2021 年推广的车辆中，客车和货车分别为 4119 辆和 4391 辆，市场占比 99% 以上。

近年来，随着燃料电池系统技术的持续进步，燃料电池逐步开始在重型卡车上应用，解放、东风、红岩、陕汽、江铃、大运等已经推出相关氢燃料电池重卡产品，部分企业已经开始小规模示范应用。我国燃料电池重卡系统额定功率基本达到 100 千瓦，部分车型达到 150 千瓦以上，续航整体上与国外车型相当。

虽然国外市场以乘用车为主，但丰田、现代、沃尔沃、尼古拉等多家国外整车企业也在积极开展燃料电池商用车的测试验证和研发布局。2017 年丰田推出首款燃料电池卡车 Alpha，在美国长滩港、洛杉矶港及周边地区进行近 1 万英里（1 英里 ≈ 1.6 千米）的测试和示范运营。2018 年推出第二代燃料电池重型卡车 Beta，2019 年与肯沃斯（Kenworth）公司在 Alpha 和 Beta 两个概念验证原型卡车基础上推出了燃料电池重型卡车 FCET，2020 年宣布联合日野共同开发面向北美市场的 8 级氢燃料电池重型卡车。2020 年，现代向瑞士交付 46 辆首款量产燃料电池重型卡车 XCIENT Fuel Cell，截至 2021 年 5 月车辆累计行驶里程超过 75 万千米，新车 2021 年 5 月进行了升级并于 8 月量产，计划 2025 年之前向欧洲累计投放 1600 辆，2023 年发布基于氢燃料电池重卡 XCIENT Fuel Cell 打造的牵引车。现代汽车还计划在全球市场推出氢燃料电池和纯电动的客车和重卡等全种类新型商用车，到 2028 年率先成为全球首个旗下所有商用车型均搭载氢燃料电池系统的汽车制造厂商。尼古拉计划 2024 年推出面向区域性物流市场的 Nikola Tre 和面向长途物流市场的 Nikola Two。戴姆勒卡车和沃尔沃计划在 2025 年投产燃料电池重卡，共同呼吁到 2025 年在欧洲范围内建设大约 300 座可供重型卡车使用的加氢站，并在 2030 年时达到 1000 座。2020 年 1 月，本田宣布与五十铃汽车合作开发燃料电池卡车，这是本田首次对外共享自家的燃料电池技术，并且应用到乘用车以外的领域。目前我国燃料电池汽车的主要技术瓶颈在于车载工况下燃料电池系统的可靠性需进一步提升，部分关键材料依赖进口、成本较高。

3.1.3 燃料电池汽车发展趋势

从全球燃料电池汽车发展来看，车用燃料电池汽车技术发展方向已经明确，今后的研究重点将集中在提升燃料电池汽车的经济性和可靠性、耐久性以及推动燃料电池汽车的商业化示范。

当前我国氢燃料电池汽车市场处于示范导入期，主要以客车和城市物流车为主。商用车运营线路相对固定，便于加氢站布点及统筹管理，能够满足重载条件下的行驶工况，加氢时间快、续驶里程长，而且我国氢燃料电池商用车比国外的商用车具有很大的成本优势，因此我国将发展氢燃料电池商用车作为整个氢能燃料电池行业的突破口。2020—2025 年氢燃料电池汽车将进入商业化提升期，城市内和城际旅游客运和中大型物流车及专用车等车型为主要推广车型；2025—2030 年氢燃料电池汽车将进入快速发展期，在原来车型的基础上，推广车型将增加乘用车和载重量大、长距离的中重卡、长途客运、牵引车、港口拖车等，实现氢燃料电池车的全面推广。

3.2 燃料电池系统

3.2.1 概念

燃料电池系统是以燃料电池堆为基本单元，增加必要的辅助零部件构成的一套完整的发电系统，只要有连续的氢气供应，便能长期连续输出电能[2]。如图 3.3 所示，燃料电池辅助零部件包括空气子系统、氢气子系统、水热管理系统和电力电子系统等。

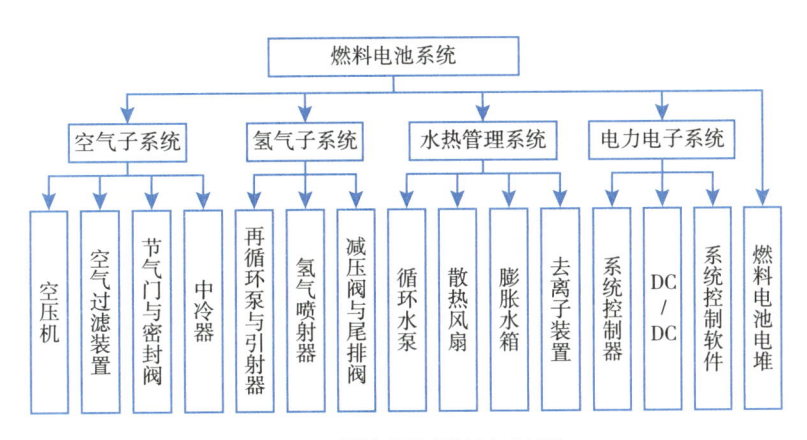

图 3.3 燃料电池系统技术架构

空气子系统的主要作用是对即将进入燃料电池的空气进行过滤、加压、加湿等处理，保证燃料电池堆阴极侧的温度、压力、湿度及流量处于正常工作范围内，由空气过滤装置、空压机、节气门与密封阀以及中冷器等组成。其中，空气滤清器的作用是将空气中的杂质灰尘过滤掉，为燃料电池阴极提供纯净的空气；空压机的作用是将空气增压，为燃料电池提供适当压力的气体，使燃料电池阴极侧的压力始终处于较为高效的区间，通常通过电子节气门与空压机配合。与一般的空气压缩机不同，燃料电池用的空气压缩机需要完全无油，以防止燃料电池催化剂中毒，影响燃料电池的输出性能。中冷器的主要作用是对压缩空气进行冷却，空气经压缩机压缩后，温度会急剧升高，为使燃料电池高效运行，需要燃料电池阴极侧始终处于合适的温度区间，因此需要用中冷器对压缩空气进行适当冷却。

氢气子系统的主要作用是对储氢瓶出来的氢气进行一定的处理，转化成适于燃料电池堆内化学反应的气体（流量、压力、温度、湿度等），使燃料电池堆处于合适的工作条件下。氢气子系统主要包括氢气喷射器、氢气循环泵、氢气引射器等部件。氢气喷射器用来控制进入燃料电池堆的氢气压力及流量，并根据工况需求进行相应调整。氢气循环泵将燃料电池堆出口未发生反应的氢气循环至燃料电池堆入口，同时将出口处的水汽循环至入口，起到进气增湿的作用，同时增加氢气利用率并减少氢气排放，降低安全隐患。氢气引射器的作用与氢气循环泵的作用类似，与氢气循环泵的不同之处在于氢气引射器是纯机械件，当按照燃料电池堆的额定功率设计时，引射器只能在一定的工作区间内起作用，尤其是在燃料电池低功率时，引射器的作用较小。为解决该问题，可设计大、小两个引射器配合使用，或者配合一款合适规格的氢气循环泵使用。

水热管理系统的主要作用是维持燃料电池系统的热平衡，回收多余的热量，并在燃料电池系统启动时能够进行辅助加热，以保证燃料电池堆内部能够迅速达到适合的温度区间，同时保证阴极与阳极两侧处于最佳的工作区域。水热系统主要由循环水泵、散热风扇、膨胀水箱以及去离子装置组成。去离子装置的主要作用是去除冷却液中的离子，在燃料电池工作过程中，双极板上会产生高电压，但同时要求该电压不能通过双极板中间的冷却液传递到整个冷却流道，因此要求冷却液具有极低的电导率。

电力电子系统的作用是保证氢气子系统、空气子系统以及水热管理系统能够协调高效运行，使其发挥出最优性能，主要由各类传感器、流量计、阀组件、控制逻辑等组成。

3.2.2 燃料电池系统发展现状

3.2.2.1 燃料电池系统发展状况

从国内外燃料电池系统发展现状来看，全球主要燃料电池系统厂商基本完成了燃料电池系统的性能研发，系统性能已经满足使用要求。我国燃料电池系统功率、质量比功率、冷启动温度等技术水平不断提升，整体性能已经接近国际先进水平，形成了一批代表性重点企业，产品已经在乘用车、客车、物流车、重卡等多领域实现多场景应用。

随着政策、示范和燃料电池产业内在的驱动，一方面车用燃料电池系统装机量正在不断攀升。据统计，2021年国内燃料电池装机量达148兆瓦，2022年仅上半年燃料电池系统装机量就达到了2021年的68.4%，约为101.55兆瓦。另一方面系统装机功率逐年增长。2019年燃料电池系统功率绝大部分低于50千瓦；2020年燃料电池系统功率有所上升，50—80千瓦逐渐成为主流；到2021年，50—80千瓦、80—110千瓦、110千瓦以上这三个功率区间的燃料电池系统均分市场，而50千瓦以下的燃料电池系统基本没有新增装车，其背后的原因主要是受到国家奖励政策的影响。目前政策仅对50千瓦及以上额定功率系统车型给予补贴，并且由于2021年政策中80千瓦以上产品有一定的补贴系数加成，因此2021年80千瓦以上系统的装机量占比同比增加62%。另外，由于大于110千瓦的产品有更高的补贴系数加成，因此2021年超过110千瓦系统的装机量突飞猛进，达到了总装机量的46%。从配套企业来看，燃料电池系统装机企业数目逐年增加，且市场集中度逐年降低，但整体燃料电池系统装机市场集中度仍然较高，2021年TOP10企业占全国市场份额超90%[3]。

从新发布的产品来看，燃料电池系统向高功率、高功率密度、高寿命方向发展，且自主化程度不断提升。2021年4月，亿华通发布了120千瓦、80千瓦两款新一代高功率燃料电池发动机系列产品G120和G80Pro，该系列产品攻克了高功率性电堆开发、智能水管理、系统抗氧化等技术难点，采用具有完全自主知识产权的国产电堆，零部件国产化率高达100%。其中，G120质量功率密度突破700瓦/千克，实现-35摄氏度低温启动、-40摄氏度低温储存，可广泛适用于城际客车、重卡、环卫车、渣土车等车型，具有高可靠、长耐久、大功率、低噪声、快响应、高集成、高效率、高耐受等诸多优点，已经在福田、金龙等车型上实现应用。2021年12月，亿华通向市场发布新品G20+燃料发动机，成为国内首款额定功率达到240千瓦的车用燃料电池系统，具有高功率、高响应、高集成、高经济性等特点，质量比功率密度达到820瓦/千克，能够真正实现长途重载领域不同道路应用场景的全覆盖。重塑科技在2021年6月推出"镜星十二+"燃料电池系统，功率达到130千瓦，设计寿命达到了3万小时，在多项技术指标上均有进一步提升，包括质量功率密度702瓦/千克，提升30%；系统额定功率下BOP功耗减少近10千瓦，系统效率提升约10%；电堆体积功率密度4.4千瓦/升，较上一代产品提升26%。2021年10月，捷氢科技发布捷氢启源P4H燃料电池系统，系统额定功率130千瓦，功率密度722瓦/千克，该燃料电池系统能使整车动力性能更强、氢耗更小，可在25秒内实现-30摄氏度无辅热的低温启动，具有高可靠性、高效率、长寿命等优势，可应用于燃料电池乘用车、客车和中重卡等领域，目前该产品已通过电磁兼容第三方认证[4]。

3.2.2.2 燃料电池核心辅助部件发展状况

（1）空压机

空压机在燃料电池系统中起着重要的作用，可对进堆空气进行增压，提高燃料电池系统的功率密度和效率，属于燃料电池空气供给系统中最重要的部件。适用于燃料电池的空压机需要满足以下要求：一是无油，润滑油会使电堆发生中毒，因此空压机需要采用水润滑轴承或空气轴承；二是高效，空压机的寄生功率巨大，其效率直接影响燃料电池系统的性能；三是小型化和低成本，受燃料电池功率密度和成本的限制，小型化和低成本有助于燃料电池汽车的产业化；四是低噪声，空压机是燃料电池系统最大的噪声源之一，空压机的噪声必须被控制；五是喘振线在小流量区，这样可以实现燃料电池在小流量高压比工况下高效运行；六是良好的动态响应能力，当需求功率发生变化时，空气流量和压力需要进行无延迟调整，以跟踪输出功率的变化。

根据燃料电池的空气进气压力，可分为低压（30千帕）、中压（60—100千帕）和高压（150—300千帕）燃料电池。低压燃料电池一般用于通信电源、备用电源、无人机等领域；中压燃料电池一般应用于客车、物流车等交通领域；乘用车一般配置高压燃料电池。由于不同的燃料电池系统所需性能要求相同，目前常用的空压机类型有螺杆式、涡旋式、罗茨式和离心式等。离心式空压机由于采用空气悬浮轴承技术，无须使用润滑油，摩擦较低，在体积、性能、寿命、成本等方面综合表现最好，已逐渐成为行业首选。丰田第一代Mirai采用的还是罗茨式空压机，但2020年12月发布的第二代Mirai已开始采用离心式空压机；现代NEXO是第一个采用离心式空压机的量产车型。

国外燃料电池空压机研发主要集中在美、欧、韩、日等，车用燃料电池专用空压机的技术已经产业化并在多款汽车上经历长时间的运行。罗茨式空压机的主要研究单位有美国伊顿公司和日本丰田；螺杆式空压机的主要研究单位有瑞典OPCON公司；离心式空压机的主要研究机构包括美国盖瑞特、德国博格华纳、日本IHI、英国Aeristech、瑞士费希尔及韩国现代等整车企业。其中，盖瑞特和现代对燃料电池离心式空压机的研发较早，开发的产品代表了国际水平，已经实现与整车配套和批量生产，基础成熟度较高。

我国空压机的研究起步较晚，但发展较快，已实现自主可控。国内燃料电池离心式空压机的研发进程大概经历三个阶段：一代机是2010年开始的罗茨/增速单级离心；二代机是2017年开始的高速直驱无油离心空压机；三代机是2020年开始应用的涡轮端能量回收辅助技术，其标志是碳化硅功率器件的应用以及大功率机组能量回收技术的研发。从 2018—2021 年国内空压机技术路线市场份额分布可以看出，离心式空压机份额逐步提升，由 2018 年的 29% 增长到 2021 年的 95% 以上，市场占比增长超 3 倍。2018 年之前，国内空压机基本为螺杆式，代表企业为雪人股份。2018 年之后，随着金士顿科技、势加透博和伯肯节能等企业陆续研制成功离心式空压机产品，离心式空压机逐渐成为主流并实现自主可控，产品性能已达到国际同等水平，最大压比 ≥ 3，流量 ≥ 1400SLPM，满足路线图 2.0 中 2020 年空压机的目标要求。从产业集中度来看，空压机集中度较高，主要企业有势加透博、金士顿科技、东德实业、蜂巢蔚领，其中势加透博占据了将近 60% 的市场份额。

（2）氢气循环系统

氢气循环系统对整个系统的燃料利用率、耐久性和电堆内部水平衡都有重要作用，直接影响电堆的性能和可靠性。目前，氢气循环系统有两种主流技术路线，分别是氢气循环泵和引射器，二者各有优势，其中氢气循环泵相比于引射器的主要优势是产品控制更成熟且内部反应更均匀，对于不同的应用场景适应性更强，但是在体积和成本方面不如引射器。

氢气循环泵市场也是国外技术发展较早、较为成熟。2020 年之前，我国氢气循环泵主要依赖进口，从 2019 年市场应用来看，进口份额占据国内约 90% 的市场，国外品牌以德国普旭为主，价格为 3 万元 / 台以上。普旭是一家德国公司，产品在瑞士生产，在国内上海拥有全资子公司。普旭氢气循环泵采用爪式，与丰田旗下子公司丰田自动织机、日本小仓（Ougra）等技术路线类似。

与氢气循环泵相比，氢气引射器具有结构简单、体积小、无寄生功率、能耗低、成本低等优点，特别是在实现氢气循环利用方面优势明显，其体积可以缩小到氢气循环泵的 1/3，叠加能耗低，在燃料电池汽车领域具有广阔市场前景。但氢气引射器也存在环境适应性较差、适用范围较窄等缺点，无法工作在小功率场景中，否则氢气利用率会下降。目前，氢气引射器作为氢循环系统的重要路线取得了较大突破，特别是在实际应用过程中逐渐得到市场的认可，鸢鸟电气等企业的引射器产品已开始小批量投向市场。

3.2.3 燃料电池系统发展趋势

3.2.3.1 燃料电池系统发展趋势

（1）零部件高度集成化与系统结构简单化

基于零部件的高度集成化，燃料电池系统结构越来越简单，主要包括空气供应装置、氢气供应装置、冷却控制装置与电控接口装置四个辅助系统零部件和电堆，系统成本显著降低。其中，空气供应装置集成了空气压缩机、中冷器、组合阀门与相应的传感器等；氢气供应装置集成了比例阀或氢气喷射器、引射器、循环泵、水分离器、排水阀和传感器等；冷却控制装置集成了电子水泵、多路冷却液分配器、离子过滤器和传感器等；电控接口装置集成了高效 DC/DC、电气保护与分配装置、控制器和传感器等。

（2）高度智能化的大功率高性能燃料电池系统

基于高性能电堆和关键零部件的燃料电池系统单模块峰值功率将逐步达到100千瓦等级，通过模块化组合实现更大功率输出。未来，燃料电池系统额定工作温度将持续提高至90摄氏度以上，系统实际应用将长时间处于高效的能量利用区间和短时的峰值功率区间。基于燃料电池在线状态识别的可靠性保障和耐久性预测技术，燃料电池系统将实现全工况和完整生命周期的智能闭环控制，可靠性、耐久性和低温冷启动性能将得到全面提升，达到和内燃机相当的技术水平。

3.2.3.2 燃料电池核心辅助部件发展趋势

燃料电池功率的不断提升对空压机和氢气循环系统提出了更高的要求，空压机将向大流量、长寿命、高集成、低功耗、低成本方向发展。

（1）大流量

按照燃料电池示范推广政策，重卡将是重要的应用方向，将向150千瓦乃至200千瓦以上大功率系统方向发展，电堆高功率及高功率密度的要求对空压机大流量、高压比提出了更高要求。

（2）长寿命

满足车用要求，长寿命是必不可少的。要满足不同工况下的运行要求，电力电子部件以及轴承轴系的耐久性、可靠性需要持续升级。

（3）高集成

随着技术成熟度的逐步提升，系统集成化将是行业发展的趋势，包括空压机与控制器的集成、控制单元的集成、与空气系统中冷器等部件的集成，将提升整个电堆系统的功率密度。

（4）低功耗、低成本

空压机功耗是辅助系统中最高的，约占辅助系统的80%，占燃料电池输出功率的20%—30%，直接影响燃料电池系统的效率，可以通过降低计量比、系统最佳匹配等手段降低空压机的功耗。在氢气循环系统方面，适配高功率系统的氢气循环泵资源愈发稀缺，从成本、资源可及性、体积、技术成熟度等方面综合考量，引射器方案将成为氢循环系统市场关注的重点。为提高其性能，氢气引射器与氢气循环泵联合技术路线开始出现，可以同时满足小体积、低能耗、全功率工作范围等要求，未来有望逐步取代传统氢气循环泵。

3.3 燃料电池电堆

3.3.1 概念

燃料电池电堆是由数百个单电池通过一定的组装方式（串联）形成的一个发电单元。其中燃料电池单体主要由双极板、膜电极构成。而膜电极作为燃料电池系统非常关键且价格较高的一部分，主要由质子交换膜、催化层、气体扩散层三部分组成（图3.4）。

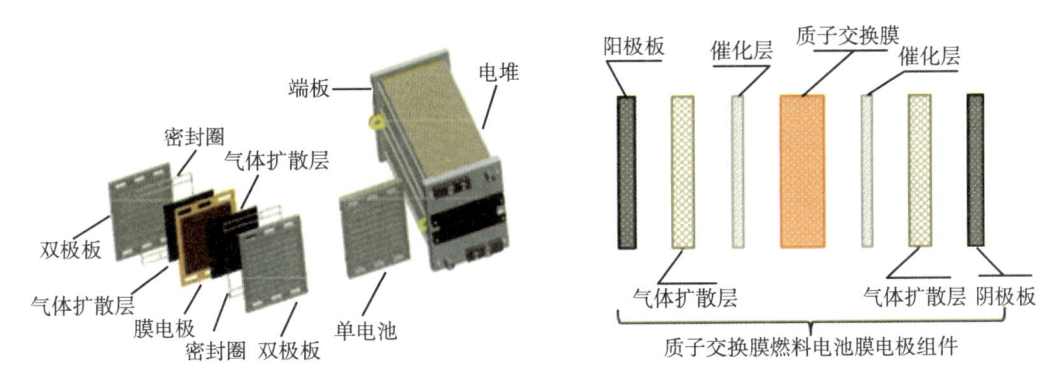

图 3.4 燃料电池电堆及膜电极结构示意图

双极板又称流场板，是燃料电池堆中用于收集电流、分隔氢气和空气并引导氢气和空气在电池内气体扩散层表面流动的导电隔板，主要起机械支撑、物料分配、热量传递和电子传导的作用。双极板是燃料电池堆的骨架，对燃料电池堆的性能和成本有很大影响。

膜电极是燃料电池发生电化学反应的场所，是燃料电池的核心部件，有燃料电池"心脏"之称。膜电极是由质子交换膜和分别置于其两侧的催化层及气体扩散层通过一定的工艺组合在一起构成的组件。其中，质子交换膜的作用是隔离燃料与氧化剂，传递质子；催化层的作用是降低反应的活化能，促进氢、氧在电极上的氧化还原过程，提高反应速率；气体扩散层的作用是支撑催化层、稳定电池结构，并具有质/热/电的传递功能。端板的主要作用是控制接触压力，因此足够的强度与刚度是端板最重要的特性，足够的强度可以保证在封装力作用下端板不发生破坏，足够的刚度则可以使端板变形更加合理，从而均匀地传递封装载荷到密封层和膜电极上。密封圈的主要作用是保证电堆内部的气体和液体正常、安全地流动，需要满足以下要求：① 较高的气体阻隔性，保证对氢气和氧气的密封；② 低透湿性，保证高分子薄膜在水蒸气饱和状态下工作；③ 耐湿性，保证高分子薄膜工作时形成饱和水蒸气；④ 环境耐热性，适应高分子薄膜的工作环境；⑤环境绝缘性，防止单体电池间电气短路；⑥橡胶弹性体，吸收振动和冲击；⑦耐冷却液，保证低离子析出率。

3.3.2 燃料电池电堆发展现状
3.3.2.1 燃料电池电堆发展情况

电堆是燃料电池系统的核心部件，其性能直接影响燃料电池系统性能。燃料电池性能指标主要包括额定功率、比功率、寿命以及冷启动温度等。随着技术进步和产业链成熟，燃料电池电堆新产品不断出现，性能有了明显提升，并逐步向大功率、高比功率方向发展。

国外方面，代表性企业主要有丰田和巴拉德，二者均推出了新一代产品。2020年12月，丰田推出新一代Mirai燃料电池电堆，最大输出功率达到128千瓦，体积比功率达到5.4千瓦/升（不包含端板），为世界领先水平。相比2014年发布的第一代Mirai产品，新一代Mirai燃料电池电堆采用了更薄的质子交换膜和双极板，电极单位面积的功率提高了15%，体积功率密度提升了50%，相比最初的试验车，功率密度在24年间提高了约50倍。同时，新一代Mirai燃料电池电堆单位功率铂载量降低58%，使电堆的成本较第一代Mirai产品降低了3/4。此外，新一代Mirai在制造环节也做了许多技术创新和工艺改进，通过采用新的密封材料，有效地加快了电极和极板的黏合速度，使生产效率极大提升，电池生产周期从第一代的十几分钟缩短到现在的几秒钟，满足了量产需要。

巴拉德作为全球燃料电池代表，一直专注于推动燃料电池技术的发展，其燃料电池电源产品不断推陈出新。2020年巴拉德动力系统公司宣布推出高功率密度燃料电池电堆FCgen®-HPS产品，最大功率可达140千瓦，体积比功率可达4.3千瓦/升，最高工作温度达95摄氏度，可在-28摄氏度实现冷启动功能，适用于轻型、中型和重型车辆。FCgen®-HPS电堆是巴拉德基于奥迪公司技术解决方案中的严格汽车标准进行设计和开发的，是巴拉德数十年质子交换膜燃料电池产品在功率密度创新中的又一个里程碑。

我国燃料电池电堆额定功率、功率密度、最低冷启动温度、寿命等指标均有大幅改善，自主化程度也不断提升。燃料电池乘用车代表企业上汽集团2020年发布了全球首款燃料电池MPV上汽大通MAXUS EUNIQ 7，其搭载的捷氢科技开发的M3H金属双极板燃料电池电堆峰值功率可达130千瓦（理论可支持的电机功率超过200千瓦），比功率3.8千瓦/升，寿命超过1万小时，支持-30摄氏度低温无辅助启动，电堆最高运行温度达到95摄氏度。同时，捷氢科技在电堆核心的58个一级零部件上全部实现国产化，其中最主要的金属双极板采用了高稳定和长耐久的贵金属涂层以及两板三腔结构设计，具有高功率密度（>1瓦/平方厘米）和超低铂载量（<0.3克/千瓦）。2021年，捷氢科技发布的最新燃料电池电堆——捷氢启源M4H，采用自制高性能膜电极，电堆额定功率为163千瓦、峰值功率为198千瓦，并可根据应用需求进一步拓展至200千瓦以上；电堆峰值功率密度达5.1千瓦/升（额定功率密度为4.2千瓦/升）。

3.3.2.2 燃料电池电堆关键部件发展情况

（1）双极板发展情况

双极板的主要作用是传导电子、分配反应气并协助排出生成水，从功能上要求双极板材料是电与热的良导体、具有一定的强度以及气体致密性等；从性能的稳定性方面要求双极板在燃料电池酸性（pH=2—3）、电位（约1.1伏）、湿热（气水两相流，约80摄氏度）环境下具有耐腐蚀性且对燃料电池其他部件与材料的相容无污染性，具有一定的憎水性，协助电池生成水的排出；从产品化方面要求双极板材料要易于加工、成本低廉。燃料电池常采用的双极板主要包括石墨双极板、金属双极板、复合材料双极板三大类。

石墨双极板目前最为成熟，国外供应商主要有美国POCO、SHF、GrafTech，日本Fujikura Rubber、Kyushu Refractories，英国Bac2，加拿大巴拉德（Ballard）等公司。我国的石墨双极板厂商主要有广东国鸿氢能科技有限公司、上海弘枫实业有限公司、上海弘竣实业有限公司等企业。石墨双极板耐久性较好，但石墨板的低强度和脆性使其厚度不宜太薄，导致体积比功率提升受到一定限制，主要应用于商用车，目前国内上海弘枫实业有限公司研制的石墨双极板在保证性能的情况下可以做到1.4毫米厚度。

金属双极板具有良好的导电性、导热性、阻气性以及机械加工性能，厚度可达到0.07—0.1毫米，大功率金属板电堆的体积更小、功率密度更大，成为车用电堆的主流，丰田Mirai、本田Clarity和现代NEXO等乘用车均使用金属双极板。目前，金属双极板的国外供应商主要有瑞典Cell Impact、德国Dana、德国Grabener、美国TreadStone等公司，国内主要有上海汽车集团股份有限公司、上海治臻新能源装备有限公司、上海佑戈金属科技有限公司、明天氢能、上海骥翀、新源动力等企业。2021年3月，上海治臻年产千万片级金属极板产线在常熟市投产，这是目前全球最大的一条金属极板产线，标志着我国金属双极板技术不断成熟、性能水平与国外相当。金属双极板技术的最大挑战是提高其在燃料电池环境下（酸性、电位、湿热）具有耐腐蚀性且对燃料电池其他部件与材料的相容无污染性，最有效的方法是对金属表面涂层改性，这是金属双极板的主要发展方向。涂层改性金属双极板在保证导电性下，可明显提高其耐腐蚀性，从而使燃料电池的寿命大幅提升，但金属表面镀层同时也会增加制造成本和工艺复杂性，因此降低成本、简化工艺、提高涂层寿命是金属双极板商业化面临的挑战。

复合材料双极板兼具石墨材料的耐腐蚀性和金属材料的高机械强度特性，但成本高、工艺复杂，难以批量生产，目前仍处于研发阶段，国内主要有大连新源动力和武汉喜玛拉雅等企业有所涉及。未来通过改进复合石墨板材料，提高其应用可靠性、降低成本是发展方向。

（2）膜电极发展情况

膜电极是燃料电池发生电化学反应的场所，为反应气体、尾气和液态水的进出提供通道，主要由催化剂、质子交换膜、气体扩散层构成。膜电极直接决定了燃料电池的功率密度、使用寿命和成本，是燃料电池的核心。根据美国能源部的测算，在大规模生产（50万台/年）情况下，膜电极占质子交换膜燃料电池成本的60%。

国际上膜电极供应商主要有戈尔、3M、庄信万丰（Johnson Matthey）等，丰田、本田等整车企业也都自主开发了膜电极。凭借多年技术积累，国外企业膜电极制备技术比较成熟，商业化产品功率密度达到1.4瓦/平方厘米以上，主要企业已具备膜电极批量自动生产线，单线年产能在数千平方米到万平方米级。

国内膜电极近年来发展迅速，国产膜电极产品自2019年逐步开始供应。国内膜电极厂家由整车企业和专业生产膜电极的厂家组成。在整车企业方面，2021年5月上汽集团子公司捷氢科技上海新园区首次增设膜电极自动化生产线，实现了从膜电极的自主研发到生产制造的全覆盖。该生产线使用全球最高效的"间歇式""卷对卷"直接涂布流水线，全方位实现了膜电极的"超高产能""全自动化"生产，年产能将达到500万片，有望推动燃料电池成本的进一步下降。长城集团子公司未势能源已具备全面的膜电极开发与评价能力，目前已完成第一代功率密度≥1.2瓦/平方厘米的自主高活性催化剂膜电极开发与测试评价，已应用于自主开发的电堆产品中。在专业膜电极供应商方面，代表性企业主要有鸿基创能、武汉理工新能源、擎动科技等，膜电极产品功率密度达到1.2瓦/平方厘米，测试使用寿命达到1万—2万小时，已基本满足产业化应用需求。从膜电极性能来看，国产膜电极性能与国际水平接近，但在铂载量、启停、冷启动、抗反极等方面与国际水平还有一定差距，高性能质子交换膜、碳纸等关键材料还需要依赖进口。

3.3.2.3 燃料电池电堆关键材料发展情况

（1）质子交换膜发展情况

质子交换膜是燃料电池的固体电解质，车用燃料电池对质子交换膜有很严格的要求，如必须具有良好的质子传导率、良好的热和化学稳定性、低气体渗透率、适度含水率、高机械强度和结构强度等，对氢氧化反应、氧化还原反应和水解具有稳定性，同时膜表面对电催化剂有强附着力，使用寿命长。

国外的燃料电池质子交换膜研究起步较早，已实现产业化的公司主要有美国戈尔公司、美国科慕、3M 公司、日本旭化成等。其中美国戈尔公司依托其在膨体聚四氟乙烯领域的专业积累，开发出了具有独特强化层的 GORE-SELECT 质子交换膜并不断迭代提升，得到了广泛应用，丰田 Mirai、本田 Clarity 以及现代 NEXO 车型均采用戈尔的 GORE-SELECT® 系列膜。其中戈尔新开发的新一代质子交换膜厚度减少了 30%，大大降低了质子传导阻力和欧姆极化，提升了水汽传导能力，从而使电堆的运行性能和燃料效率进一步提升，同时全新的强化层技术也显著增强了膜的机械耐久性，已成功搭载于丰田第二代 Mirai 燃料电池车型，成为新一代 Mirai 性能得以提升的关键。

国内燃料电池质子交换膜也大多使用戈尔的增强复合膜，2020 年其市场占比达 90% 以上。近年来，国产质子交换膜产业化和市场应用逐渐取得突破，主要代表性企业有山东东岳、科润新材料、国电投氢能科技等，其中东岳已经形成了完整的全氟质子交换膜产业布局，其生产的厚度为 15 微米的 DMR 系列复合增强全氟质子膜具有优异的性能和寿命，电导率≥4 西门子 / 米，透氢电流密度≤3 毫安 / 平方厘米；在化学耐久性方面，开路电压循环测试超过 1000 小时；在运行寿命方面，短堆循环寿命测试超过 6000 小时，通过了奔驰公司的技术考核；在机械耐久性方面，干湿循环测试的循环次数超过 2 万次。2020 年 11 月东岳集团 150 万平方米高性能燃料电池质子膜一期项目建设完成，质子交换膜年产能达到 50 万平方米。此外，2020 年 9 月采用科润新材料质子膜的氢途科技 NEPEM-3015 燃料电池系统通过国家强制性检验，目前科润新材料已建成年产 5 万平方米的中试产线，2021 年 2 月公司全资子公司江苏科润膜材料有限公司年产 100 万平方米质子交换膜项目顺利开工。

轻薄化薄膜制备是降低燃料电池欧姆极化的主要技术路线，也是发展的主要趋势。近年来，膜的厚度已经从数十微米降低到数微米，戈尔公司掌握了 5.0 微米超薄质子交换膜的制备技术。与国外相比，国内膜厚度较厚，目前以 15 微米为主，主流应用将逐渐切换至 12 微米。但同时也带来膜的机械损伤、化学降解问题，当前的解决思路包括：一是采用氟化物来部分或全部代替全氟磺酸树脂，与无机或其他非氟化物进行共混，如巴拉德动力系统公司的 BAM3G 膜具有非常低的磺酸基含量，工作效率高、化学稳定性和机械强度较好，价格明显低于全氟类型膜；二是采用工艺改性全氟磺酸树脂均质膜，以多孔薄膜或纤维为增强骨架，浸渍全氟磺酸树脂得到高强度、耐高温的复合膜，如美国科慕化学有限公司的 NafionXL-100、戈尔公司的 Gore-select 膜、中国科学院大连化学物理研究所的 Nafion/PTFE 复合膜与碳纳米管复合增强膜等。此外，高温 PEM、高选择性 PEM、石墨烯改性膜、热稳定 PEM、碱性阴离子交换膜、自增湿功能复合膜等成为近年来的研究热点。

（2）催化剂发展情况

催化剂是影响燃料电池活化极化的主要因素，是燃料电池的关键材料之一，决定着燃料电池车整车性能和使用经济性。

目前燃料电池中常用的商用催化剂是铂基催化剂，国外代表性企业有庄信万丰、比利时优美科、日本田中（Tanaka）、科特拉株式会社和日清坊株式会社等企业。催化剂对车用燃料电池系统制造至关重要，所以国外燃料电池车企都有相对固定的催化剂供应渠道。如丰田燃料电池汽车用自己旗下公司科特拉株式会社的催化剂，现代燃料电池汽车用优美科的催化剂，本田燃料电池汽车用田中的贵金属催化剂，奔驰、宝马、通用、大众等开发的燃料电池汽车多选用庄信万丰的催化剂等。降低铂用量一直是该领域研发的重点，目前铂用量已从 10 年前的 0.8—1.0 克 / 千瓦降至现在的 0.2—0.3 克 / 千瓦。日本田中（Tanaka）公司推出的催化剂同比含铂量最少，达到 0.12 克 / 千瓦，已搭载用于本田 Clarity。此指标达到美国能源部设定的 2020 年催化剂铂金属载量 0.125 克 / 千瓦的目标，但仍需要进一步降低，以使其催化剂用量达到传统内燃机尾气净化器铂金属用量的 0.05 克 / 千瓦水平。

与国外相比，国内电堆催化剂铂的含量普遍偏高，一般在 0.4—0.5 克 / 千瓦，较高水平能达到 0.3 克 / 千瓦。催化剂对活性、稳定性、耐久性等各项性能指标要求很高，需要经历长期的使用过程，才能慢慢形成可以规模化生产的商用产品，现阶段我国燃料电池催化剂优先选择国外已经通过验证的催化剂，主要是高质量活性、低铂载量的催化剂，当前国内市场主要使用日本田中贵金属和英国庄信万丰（Johnson Matthey）的催化剂。国内自主研发的燃料电池催化剂主要还处于送样测试及合作开发阶段，很多国内企业在迅速发展技术，如上海济平新能源、贵研铂业、喜玛拉雅光电、擎动科技等，已初步形成打破国外垄断之势。其中济平新能源 2020 年建成国内首条全自动化燃料电池催化剂生产线，日产量 5 千克，目前已经实现装车应用，部分性能指标与国外部分催化剂相比具有一定优势，2021 年济平新能源成为加拿大巴拉德动力公司供应商，实现产品出口，也是国产燃料电池催化剂产品首次出口海外市场。

成本和寿命是燃料电池催化剂商业化发展的最大问题。由于燃料电池催化剂采用铂基催化剂，成本较高，虽然电堆规模的扩大会带动成本降低，但由于燃料电池用催化剂的成本受制于贵金属铂，因而降幅有限，随着电堆规模的扩大，催化剂的成本占比将越来越高，成为燃料电池电堆降本的关键。同时随着使用时间的延长，在车用频繁变载的行驶工况下存在铂颗粒溶解、迁移、团聚现象以及活性比表面积降低问题，此时催化剂的耐久性就显得尤为重要。发展低成本、高性能、长寿命的新型非铂催化剂和低铂催化剂是实现燃料电池商业化的关键，可以从以下方面来发展：① 通过进一步改性催化剂的结构来降低铂用量，开发铂合金催化剂，优化催化剂的制备方法，简化催化剂的制备工艺，获得催化性能更好的催化剂；② 研发活性组分高度分散的催化剂载体，制备新型的复合材料载体，降低铂的负载量，提高载体抗腐蚀能力，提升催化剂的催化性能和稳定性。丰田第二代 Mirai 采用多孔碳载体，相比第一代 Mirai，单位功率铂金量降低 58%。

（3）气体扩散层发展情况

气体扩散层承担电堆中气体传输分配、电子传导、支撑催化层、改善水管理等多种作用，是影响燃料电池电化学性能的关键部件之一，通常由导电性能较好的多孔材料组成。气体扩散层主要采用碳纤维纸和碳纤维布以及石墨纸等为基材层，并在其表面上涂覆微孔层后形成电化学复合材料体系。目前，由于碳纤维纸在厚度、密度、强度、电阻率和透气性等方面表现更佳，成为基材层的首选材料，也是整个气体扩散层制备过程中的难点。

目前扩散层市场主要由国外垄断，日本东丽（Toray）、德国西格里（SGL）和科德宝（Feudenberg）、美国 AvCarb、韩国 JNTG 等均已经实现了气体扩散层的规模化生产，且有多种型号满足不同应用场景的产品销售。其中德国西格里（SGL）公司生产的气体扩散层市场占有率最高，其产品系列齐全、产量大且产品能力强，这归结于西格里（SGL）公司长期从事碳材料的开发积累；日本东丽（Toray）公司在碳纤维原料和碳纸方面占领技术制高点，在售产品需按照协议进行专属销售，约束条款多，市面上很难获得其气体扩散层产品；美国 AvCarb 为电堆制造商巴拉德的长期战略伙伴，巴拉德 9SSL 和 LCS 等电堆均采用该公司的气体扩散层。

国内气体扩散层代表企业主要有通用氢能、碳际科技、嘉资新材料、河森电气等，其中深圳通用氢能科技有限公司走在前列，产品性能已达到国际同等水平，已建成国内第一条卷对卷连续化生产气体扩散层产线，年产能 10 万平方米，并于 2020 年首次批量交付。但气体扩散层所用到的碳纸原材料核心技术掌握在日本东丽（Toray）和德国西格里（SGL）、美国 AvCarb 等少数企业手中，碳纸及原材料仍依赖进口。

3.3.3 燃料电池电堆发展趋势

开发基于新材料体系的低成本、高功率密度燃料电池电堆技术，提高燃料电池的功率密度仍是燃料电池电堆的发展重点，要从性能提高与体积减小两方面着手。在性能方面，从降低活化极化、欧姆极化、传质极化等方面入手，改进催化剂、膜、双极板等关键材料的性能。研制高活性、高稳定性催化剂，建立新型催化剂体系；研制高性能、长寿命、低成本质子膜技术，通过提高聚合物材料的玻璃化转变温度，增加电解质材料的耐高温性能；通过膜的超薄化，提高膜质子导电性；通过增强材料的结构与性能研究，提高增强材料的性能及其与树脂材料的浸润性，为高性能质子交换膜的制备提供性能优异、价格合理的重要原材料保障。同时，开展质子交换膜与基膜的界面性能的可调控研究，满足不同膜电极制备过程对膜的使用要求，并发展导电耐腐蚀双极板及有利于传质的新型流场。在体积减小方面，需要降低极板等硬件的厚度，提高集成度等。

3.4 车载储氢系统

3.4.1 概念

车载储氢系统是燃料电池汽车的关键组成部分，主要功能有两点：一是储存氢气，二是在车辆行驶过程中向电堆（即化学能转化为电能部件）提供满足压力、流量需求的氢气。

储氢方式主要有气态储氢、液态储氢、固态储氢三种。气态储氢是在氢气临界温度以上通过高压压缩的方式存储气态氢，采用气罐作为容器，其优点是简便易行，储能耗低、成本低（压力不太高时）；可以通过减压阀调控氢气的释放，充放气速度快、动态响应好，能在瞬间提供足够的氢气保证高速行驶或爬坡，也能在瞬间关闭阀门，停止供气；同时，工作温度宽泛，既可在常温下进行放氢，也可在零下几十摄氏度低温环境下正常工作。基于以上优点，高压气态储氢已成为较为成熟的车载储氢方案，也是目前主流的车载储氢方式。液态储氢是将氢气压缩后冷却到 −252 摄氏度以下，使之液化成液氢，然后存放在绝热真空容器中，与高压气态储氢相比，其体积能量密度和储氢质量大幅度提高。从质量储氢密度和体积储氢密度分析，液态储氢是比较理想的储氢方式，近年来我国液氢逐渐由军用和航空航天工业向民用领域应用，目前已推出液氢燃料电池汽车样车。固态储氢相对于高压气态和液态储氢，储氢容量高，不需要高压或者隔热容器，而且没有爆炸危险，是非常理想的储氢方式。固态储氢材料主要有储氢合金、纳米材料和石墨烯材料，其中储氢合金的研究从 20 世纪 60 年代开始，其研究和应用已经较为成熟；纳米材料和石墨烯材料的研究较晚，成果相对较少。从实现方式来看，固态储氢主要分为物理吸附和化学氢化物储氢。前者通过活性炭、碳纳米管、碳纳米纤维碳基材料进行物理性质的吸附氢气,以及利用金属有机框架物、共价有机骨架这种具有微孔网格的材料捕捉储存氢气。而化学氢化物储氢利用金属氢化物储氢。固态储氢目前还没有形成大规模应用,成本相对较高,有待进一步发展。

车载高压储氢系统包括高压储氢瓶、集成瓶阀、加注口、单向阀、过滤器、减压阀、高压与低压压力传感器、氢气管路等零部件(图3.5)。氢气由高压储氢瓶释出,经瓶口阀检测温度压力、限流阀检测流量,以确保这些气体参数在设计允许范围内,否则启动温度紧急泄控装置或过流泄压装置。之后,高压过滤器净化气体,保障气体品质满足电堆使用要求。减压阀主要作用是调节氢气压力,以提供足够流量、合适压力的氢气。阀后设置了过压泄压阀以防止减压阀失效导致高压气体损坏阀后器件,手动排放阀则为了实验结束后在电堆前有泄放管内残余气体的出口。

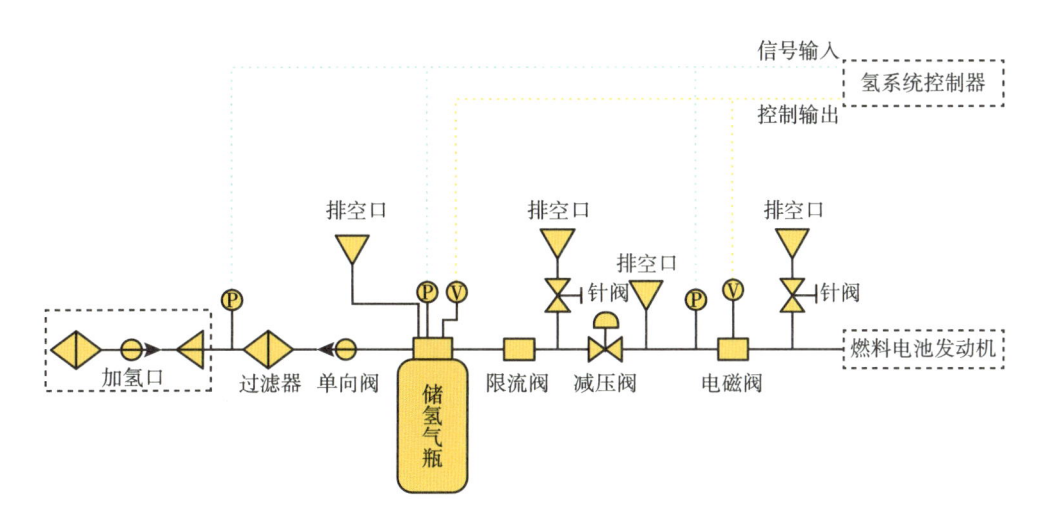

图 3.5 车载储氢系统的原理

用于气态高压储氢的储氢瓶分为四个类型:钢瓶(Ⅰ型)、纤维环向缠绕钢瓶(Ⅱ型)、金属内胆纤维全缠绕复合材料气瓶(Ⅲ型)和塑料内胆纤维全缠绕复合材料气瓶(Ⅳ型)。其中,Ⅰ型瓶和Ⅱ型瓶重容比大,难以满足单位质量储氢度要求,不适用于车载供氢系统;Ⅲ型瓶和Ⅳ型瓶因采用了纤维全缠绕结构,具有重容比小、单位质量储氢密度高等优点,已广泛应用于氢燃料电池汽车。高压储氢瓶的工作压力一般为35—70兆帕,目前国内车载高压储氢系统主要采用35兆帕Ⅲ型瓶,而国外燃料电池汽车均采用70兆帕Ⅳ型瓶。

3.4.2 车载储氢发展现状

3.4.2.1 高压气态储氢

目前车载储氢应用还是以气态储氢为主，随着燃料电池汽车产业逐步发展，车载储氢系统市场快速增长，形成了一批有竞争力的企业，市场格局从集中逐渐走向分散。据统计，2021年中国车载储氢系统市场规模为9亿元，同比增长12.50%。预计未来市场保持快速增长趋势，2025年市场规模将达到48亿元。2021年中国车载储氢系统出货量前五企业集中度（CR5）为80.23%，相较2020年下降7.33%，比2019年下降17.31%（图3.6）。

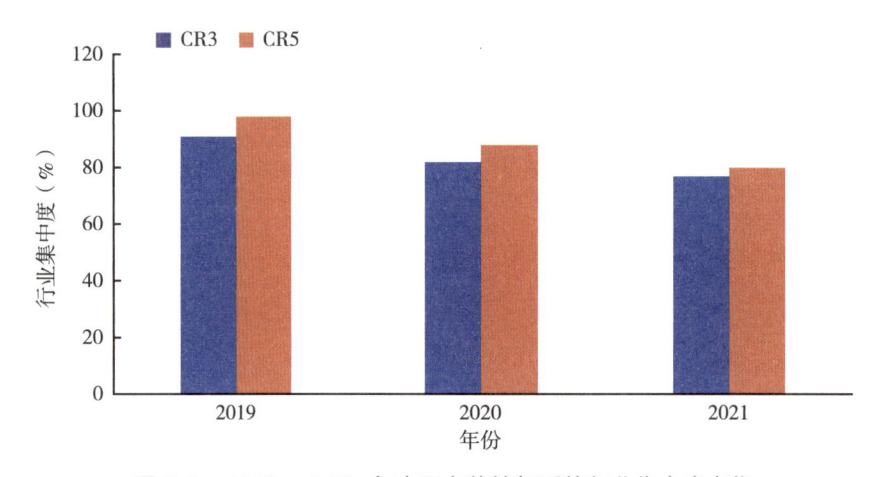

图3.6　2019—2021年中国车载储氢系统行业集中度变化

数据来源：20220608车载储氢系统（储氢罐/储氢瓶）行业现状分析。

在车载储氢瓶方面，主要有35兆帕、70兆帕两种规格，高压储氢瓶生产企业主要有美国昆腾（Quantum）、法国彼欧、法国弗吉亚和挪威Hexagon等，已研制成功多种规格型号的纤维全缠绕高压储氢气瓶，其高压储氢瓶设计制造技术已处于世界领先水平，已开发出质量储氢密度达到7wt%的产品。2020年年底丰田发布了第二代Mirai，最大的改变在于搭载了3个70兆帕Ⅳ型瓶，分别为64升、52升、25升，合计质量为5.6千克，质量储氢密度达6wt%，由于Mirai二代较Mirai一代在氢瓶碳纤维强度上提高了约4%，从而实现了目前世界上最高储氢瓶容积效率。

我国主要以Ⅲ型瓶为主，其中35兆帕技术比较成熟、应用较多，高压储氢瓶主要企业有国富氢能、中材科技、科泰克、天海工业、斯林达安科、中集安瑞科等。70兆帕及Ⅳ型瓶因为成本及标准法规原因，发展较为缓慢。但自2020年以来，70兆帕Ⅳ型储氢瓶标准法规不断完善，2020年7月21日涉及车载储氢系统的两项国标修改后正式实施，均将原范围中的工作压力不超过35兆帕修改为70兆帕；2021年《燃料电池电动汽车加氢口》（GB/T 26779—2021）最新国家标准正式发布，新国标增加了70兆帕加氢口尺寸及耐臭氧老化、耐盐雾腐蚀、耐温度循环和兼容性测试等多项技术条目，并于2021年10月1日实施，至此制约70兆帕储氢系统发展的政策条件基本消除。此外，关于Ⅳ型瓶的国标《车用压缩氢气塑料内胆碳纤维全缠绕气瓶》（GB/T 42612—2023）也正式发布，70兆帕Ⅳ型瓶的发展具备了法规基础，目前斯林达安科、天海工业、中集安瑞科等企业已经开发70兆帕Ⅳ型样品，其中斯林达安科70兆帕/63升于2021年4月通过"三新"评审，成为国内首家通过"三新"评审的车用压缩氢气塑料内胆碳纤维全缠绕气瓶制造厂家，其质量储氢密度达到5.7wt%。

目前35兆帕供氢系统产业链绝大部分已经实现国产化或正在实现国产替代，而70兆帕供氢系统由于压力更高，对于产品质量和性能提出了更高要求，当前70兆帕供氢系统产业链零部件绝大部分为进口产品，如碳纤维缠绕复合材料储氢气瓶都是氢能储运领域的重要技术，但多年来这一技术为美国、日本等国垄断。近年来，包括上海石化、中复神鹰等制造企业已开启碳纤维国产化的进程，但产品整体质量稳定性仍需提升，储氢领域所需的碳纤维目前仍高度依赖进口。应用于70兆帕Ⅳ型瓶中的塑料内胆往往采用高密度聚乙烯或其他工艺较为复杂的塑料，但由于目前国内需求相对较低、生产成本相对较高，也主要依赖进口。此外，瓶阀和减压阀也基本依赖进口，需要推进产品的国产化应用。

3.4.2.2 液氢储氢

液氢作为一种高能液体燃料，具有体积小、热值高、供应足、排放低、更洁净等优点，在储氢密度上具有绝对优势，同时便于运输，在汽车燃料领域具有广阔的应用前景。欧洲、美国、日本分别对车载液氢储存系统进行了不同程度的研究，开发了数十款液氢动力型号汽车，涵盖乘用车、大巴车和载货车，并开展了一系列试验和测试工作，为液氢在车上推广应用积累了经验。

由于车载高压气态条件下，储氢效率与储氢密度都相对有限，而大功率长续驶里程的重卡往往需要50千克以上的车载储氢，因而突破以液氢为氢源的燃料电池动力系统集成技术，在重卡领域实现产业化成为液氢发展的重要方向，戴姆勒、福田、一汽、中国重汽都在推动液氢重卡的研发和产业化并取得一定进展。2020年9月，北汽福田正式发布其32T液氢重卡，该车型搭载亿华通大功率氢燃料电池发动机系统，采用液氢系统及大功率轮毂电机，功率可达109千瓦，为全球首款液氢重卡。同月，戴姆勒在德国柏林发布旗下首款全新氢燃料电池概念卡车——梅赛德斯-奔驰GenH2，该车拥有高达1000千米以上的续驶里程，有 2 个用于储存液态氢的不锈钢罐，每个罐的容量为 40 千克，该概念车计划于 2023 年在欧洲开始客户测试，2025 年后实现量产。此外，我国在液氢瓶试验上也取得重大进展。2021 年 6 月国富氢能公司提供的液氢瓶在北京航天试验技术研究所完成国内首例车载液氢瓶火烧试验。火烧试验是车载液氢瓶的一项重要试验内容，主要考核车载液氢瓶在火烧情况下压力泄放装置的工作能力和车载液氢瓶的耐火烧性能。火烧试验的成功，标志着车载液氢瓶的市场应用又前进了一步[5]。

3.4.2.3 固态储氢

固态储氢技术已经有较长时间的应用，早在 1996 年日本丰田公司就将金属氢化物储氢装置用于燃料电池电动汽车，该装置储氢量为 2 千克，使用了 100 千克 TiMn 系储氢合金，单次充氢可行驶 250 千米。2001 年年初，丰田公司成功开发新型燃料电池汽车 FCHV-3，其所使用的储氢合金金属储氢行驶里程达 100 千米，最高车速 150 千米 / 小时。我国在固态储氢技术方面总体与国际保持同步，但在示范应用方面相对落后。2019 年有研集团联合佳华利道、佛山飞驰等企业开发出首套基于固态储氢的燃料电池大巴车，并配套建立了低压加氢站。该固态储氢装置额定储氢容量 15 千克，以 5.0 兆帕氢压、1.5 千克 / 分速度加氢，15—20 分钟即可加满，截至 2021 年 6 月底，该燃料电池客车已实况运行超过 2 万千米。2020 年有研集团及其合作伙伴又开发出了基于低压合金储氢的氢燃料电池物流车和叉车，燃料电池物流车额定储氢量为 8.4 千克，实际运行数据表明该车可满足日均配送 160—180 千米的需求。

固态储氢安全性好，在车上已经示范应用，但质量储氢密度偏低，要发展成为商业车载储氢还必须进一步提高质量储氢密度、降低分解氢的温度和压力、降低生成热等。同时，车载储氢技术不仅与储氢材料有关，还与储气罐的结构有关，还需要解决储气罐的体积膨胀、传热和气体流动等问题。

3.4.3 车载储氢发展趋势

3.4.3.1 车载储氢系统将向高安全性、轻量化和高储氢密度方向发展

为了提高储氢密度，高压气态储氢瓶将向提高压力和容积、Ⅳ型瓶方向发展，氢瓶的压力等级从 35 兆帕提高到 70 兆帕将使储氢密度达到 4.5wt% 以上，如果采用大容积Ⅳ型瓶，储氢密度将进一步提升到 5.5wt% 以上。此外，采用深冷高压储氢技术可能会进一步提升系统储氢密度。

3.4.3.2 液氢将在燃料电池重卡车型上实现广泛应用

液氢在重卡车型的应用上具有天然优势，重卡作为我国燃料电池汽车示范应用的重要领域将迎来重要发展机遇。此外，国家《氢能产业发展中长期规划

（2021—2035 年）》也明确提出推动低温液氢储运产业化应用，液氢技术将得到极大发展。但目前液氢瓶还存在许多难点，如液氢储氢瓶绝热技术、轻量化技术需要进一步突破；液氢标准法规体系尚不完善，形成一套完善、成熟、确保安全的液氢运输、存储、汽化和实用技术，以及一套完善的液氢运输、储存和使用标准法规，将是液氢重卡的发展重点。

3.4.3.3 车载储氢成本将明显下降

车载储氢成本主要受规模、碳纤维关键材料、高压管阀件等要素影响，未来随着车辆规模的扩大、碳纤维关键材料和高压管阀件的国产化，车载储氢成本将大幅降低。深冷高压等新技术经过充分的技术验证后，有可能在提升商用车储氢密度、降低成本方面发挥重要作用。

参考文献

[1] 中国汽车工程学会. 节能与新能源汽车技术路线图 2.0 [M]. 北京：机械工业出版社，2020.

[2] 樊春艳，朱成，蔡国钦，等. 中国氢燃料电池汽车产业链分析研究 [J]. 科技与创新，2021（3）：24-27.

[3] 雷霆，高婧. 氢燃料电池乘用车国内外研究发展现状及趋势分析 [J]. 上海汽车，2022（2）：3-8.

[4] 洪晏忠，邓波. 我国氢燃料电池汽车发展现状及前景分析 [J]. 科技风，2021（4）：5-6.

[5] 马承恩. 提升氢燃料电池产业链竞争力 [J]. 中国投资，2021（Z7）：64-65.

第 4 章 整车节能技术

汽车节能是一项系统性工程，主要通过动力系统优化升级、提升传动效率、加强整车热管理、整车电器集成、轻量化、低阻力等技术手段，提升车辆每一部分的工作效率，实现汽车能耗经济性的整体提升。因此，在传统能源汽车中，整车节能技术就已成为汽车产业中重要的研究课题和发展方向。

新能源汽车时代对节能技术同样有着很高的发展应用需求。由于电驱动与传统燃油动力系统的技术特性存在较大差异，因此低阻力与轻量化技术是二者主要的共性节能技术领域；又由于现阶段动力电池的能量密度远不及化石燃料，新能源汽车的续驶里程与补能速度仍是制约其推广应用的因素之一，因此降低能量消耗率成为新能源汽车设计研发的关键目标，对低阻力与轻量化的极致要求也普遍高于传统能源汽车。

本章分为低风阻和轻量化技术两部分，分别系统性介绍各类技术的概念、发展现状和发展趋势。

4.1 低风阻技术

随着汽车产业的不断发展和科学技术的不断进步，我们有了更多先进的技术手段对汽车产品的造型进行优化设计，行业内已积累了大量的开发经验，同时汽车造型的设计理念也不再仅限于满足对审美和功能性的追求。在全球追求碳中和目标的大背景下，我国的碳排放总量到 2020 年已连续三年超 100 亿吨，占全球总排放量的约 30%，居全球首位，其中交通领域对碳排放总量的贡献比例约占 11.7%，而汽车行业约占交通领域碳排放总量的 78%，即汽车行业的碳排放量约占全国总体碳排放的 9.1%，涉及道路直接碳排放量近 9 亿吨，虽占比较低但总量较大且增速较快。因此在汽车产业面临电动化、低碳化转型的发展进程中，来自社会和市场端的需求都对汽车的造型和空气动力学设计提出了新的要求，尤其是在汽车空气阻力优化方面。

4.1.1 概念

汽车在行驶过程中会受到滚动阻力、空气阻力、坡路阻力、加速阻力以及内部摩擦阻力等各种阻力的作用，其中的空气阻力是指汽车行驶时受到的空气作用力在行驶方向上的分力。空气阻力主要是运动物体受到空气的弹力而产生的。汽车、船舶、铁路机车等在运行时，前面的空气被压缩、两侧表面与空气的摩擦以及尾部后面的空间成为部分真空，这些因素共同作用引起了空气阻力的产生。空气阻力主要细分为压差阻力、摩擦阻力、诱导阻力、干扰阻力和内部阻力五个部分。

4.1.1.1 压差阻力

压差阻力又称形状阻力，是作用于汽车外表面上的法向力的合力在行驶方向的分力，占空气阻力的55%—65%，是空气阻力的主要组成部分。汽车向前行驶穿过空气介质时，汽车前部的空气被压缩，使作用于汽车前部的压力升高；而汽车后部形成涡流区产生负压，使作用于汽车后部的压力降低，这种前后压力差便形成了压差阻力。压差阻力与车身形状有很大关系，包括车头和车尾的形状、风挡玻璃的倾角等对其都有影响，减小压差阻力主要通过降低逆压梯度、减小尾流区以减小形状阻力。一般三厢车的压差阻力要明显小于两厢车（图4.1），轿车的压力阻力也要小于SUV车型。

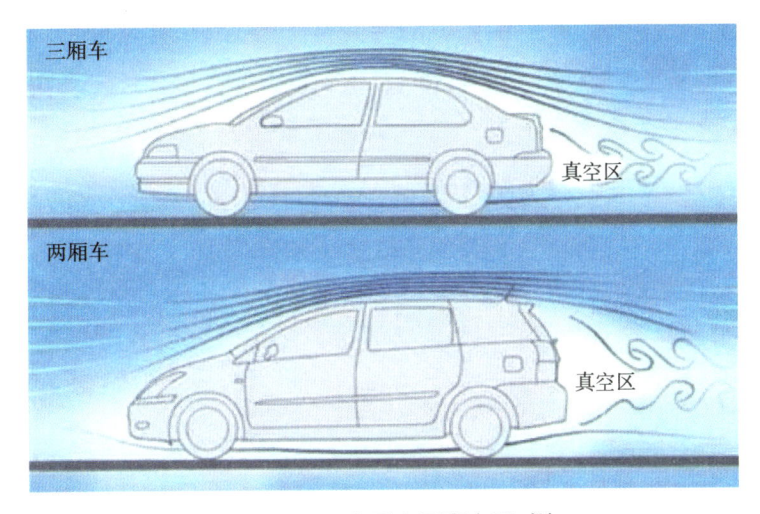

图 4.1 不同车型车尾真空区对比

4.1.1.2 摩擦阻力

空气高速流过车身，与车体表面发生摩擦作用，从而产生阻滞力。这种由于空气的黏滞性在车身表面产生的摩擦力在汽车行驶方向的分力，称为摩擦阻力，又称表面阻力，占空气阻力的6%—11%。摩擦阻力主要与车身表面面积和粗糙度有关，车体越光滑，摩擦阻力越小。

4.1.1.3 诱导阻力

汽车的总体造型与飞机机翼断面造型类似，呈现上部隆起底部相对平整的特征，在高速行驶时，流经汽车上部和下部的空气流速是不同的，上部的空气流速快，下部的空气流速慢，这样就导致了上部和下部的空气压力不同（下部的压力较大），因此会对汽车产生一个向上的升力，而其在水平方向上的分力即为诱导阻力，占空气阻力的6%—8%。底盘的平整度对诱导阻力有非常大的影响，平整度越高，下部空气流速越快，诱导阻力就越小。

4.1.1.4 干扰阻力

干扰阻力是汽车外表面的各种附件和孔眼、凹槽以及缝隙等影响气流流动所导致的阻力，包括门把手、后视镜、悬架导向杆、车轴、挡泥板、车外装饰件等，占整车空气阻力的12%—18%。现代汽车为了减小这个阻力，采用了隐藏式门把手、减小后视镜、取消挡泥板等措施。

4.1.1.5 内部阻力

内部阻力也称内部流体力，是指由汽车发动机和制动器冷却气流以及乘员区通风和空调的气流引起的阻力，占空气阻力的10%—18%。当前部分高端车型在发动机舱内部、车轮罩等部位设计有多处固定或可调节的导流板，目的就是既能保证良好的冷却效果，又可以降低空气阻力。

当前新能源汽车由于其节能环保的特点成为全球汽车行业的未来发展方向，而纯电动汽车的续驶里程仍是消费者重点关心的技术参数，续驶里程也成为厂家在设计研发电动汽车产品过程中需要重点保障和突破的性能指标之一。虽然动力电池技术处在日新月异的发展阶段，但为了快速和极致地提升续驶里程，就要求尽可能地减少能耗，因此降低空气阻力就成了行之有效的方法。相关数据显示，无论燃油车还是新能源汽车，每降低10%空气阻力，就能提高汽车5%的续驶里程；每降低汽车0.01的风阻系数，汽车就可以多行驶15—20千米[1]。

但目前市场用户端的实际反馈是纯电动汽车普遍存在高速行驶工况下续驶里程衰减过快的问题，不符合消费者的实际预期，究其原因是电动汽车与传统内燃机汽车的动力系统在运行效率特性上存在较大差异。传统内燃机汽车所使用的燃油发动机在中低转速和中低负荷下的热效率普遍只有30%以下，而随着巡航车速的提高，发动机转速和负荷通过变速器的合理匹配后，发动机的运行效率大幅提升，因此虽然高速行驶的空气阻力增大了，但由于系统综合效率有更大幅度的提升，使得传统内燃机汽车的经济车速一般在 80—100 千米/小时甚至更高。而纯电动汽车的情况则不尽相同，由于驱动电机系统的效率水平较传统内燃机高出许多，最高效率已达到 95% 以上，且高效率区间范围更加宽阔，高低效率区间跨度更小，因此纯电动汽车高速和低速行驶间的系统效率差异普遍小于传统内燃机汽车，其经济车速一般在 20—30 千米/小时，远低于传统内燃机汽车。以车辆由 A 点到 B 点的行程为例，平均车速越高所受到的空气阻力越大，在行驶距离相同的情况下，所需要的驱动能量就越大，因此在系统效率差异不大的情况下，纯电动汽车的能量消耗率将随着车速的提高一同快速升高，进而导致其高速续驶里程的严重衰减。所以当前厂家在产品的研发设计中正通过采取多种技术手段力求最大限度地降低空气阻力，在造型特征和细节设计上，新一代纯电动汽车产品相较传统燃油车已体现出了较大的差异，包括前进气格栅开口尺寸的大幅度减小、车门开启手柄普遍采用隐藏式设计、车轮加装封闭式轮辋罩、整车总体更加低矮、造型线条更加流线，归其原因都是为了进一步降低空气阻力以提高车辆的续驶里程。

4.1.2 低风阻技术发展现状

时至今日，汽车已经历百余年的发展，在造型上经过多个阶段的探索和演化，逐步形成了我们现在看到的现代汽车所普遍采用的造型特征。从历史上最先出现的"马车造型"轿车演变到 20 世纪初的"箱型车型"，区别仅在于车架上安装一个顶棚，装上门和窗，其安全性及舒适性严重不足；此后，圆滑"流线型"甲壳虫型演变而出，是具有历史意义的尝试；1945 年福特汽车公司将人体工程学的理论引入汽车整体设计，这种汽车的车身造型颇像一只小船，人们称它为"船型汽车"；1952 年通用汽车的别克牌轿车开创了"鱼型汽车"的时代；最终经过大量的探求和试验后，设计师找到了一种楔形方案并被沿用至今。如今，汽车企业对于汽车造型的研究和发展还在不断地持续中，而更低的空气阻力是其中一个重要的改进方向。

4.1.2.1 汽车低风阻造型设计理念

实际上，在现代汽车产业的发展过程中，对于极致空气动力学性能的追求和探索早就已经开始了，工程师们已经尝试了各种极端的车辆形状，以证明阻力与功率之间的固有关系。大众汽车于 1980 年采用多种激进的降阻措施，打造了一款具有极限低风阻造型的试验车 ARVW，空气阻力系数仅有 0.15，至今仍是大众最具空气动力学性能的汽车,其在意大利的纳尔多(Nardo)试验场以 362 千米 / 小时的最高速度创造了当时世界柴油车的速度纪录。

汽车的造型设计与降低空气阻力关系密切,如果能够在汽车造型的设计阶段就能够有效降低空气阻力,则可以在不增加制造成本的情况下产生节能的正向收益;反之,增大的能耗成本将影响汽车的整个使用周期。那么,如何通过造型的优化来进一步降低空气阻力呢?低风阻造型优化设计有外形优化和局部优化两种方式。外形的整体优化通常具有较大的自由度,造型风格可以结合空气动力学性能目标进行较大幅度的调整,包括从硬朗的棱角转向柔和的圆弧造型等。而局部优化的自由度较小,通常是采用局部改动增加降阻部件的方式,实际上许多车身设计参数的微小改变有助于减小风阻,而这些局部微小的改动并不影响造型设计风格(图 4.2)。

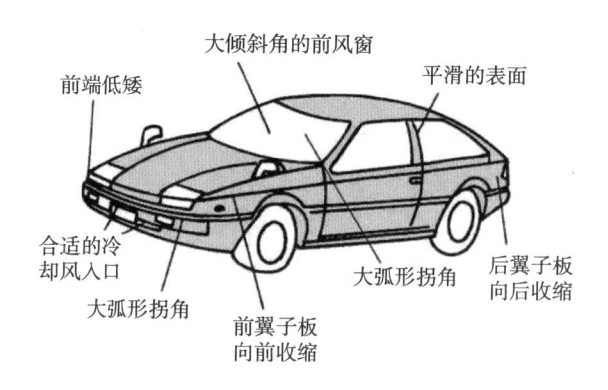

图 4.2 汽车低风阻造型设计趋势

随着空气动力学研究手段和技术水平的不断提高,工程师们通过大量的分析和测试研究总结出了造型趋势与空气阻力的关联特性以及多种行之有效降低空气阻力的技术优化方法,具体包括以下八个方面。

整车长宽高尺寸:长、宽、高是汽车造型最基本的尺寸,随着车长的增加,空气阻力系数先呈现快速下降(这是因为车长增加,虽增加了摩擦阻力,但是大大减少了压差阻力);而当车长继续增加,空气阻力系数减少幅度较小(因为增加的摩擦阻力与减少的压差阻力势均力敌);如进一步增加汽车长度,空气阻力反而升高(因为摩擦阻力已经占据主导地位)。

风窗玻璃角度:风窗玻璃角度对空气阻力的影响明显。当风窗角度在 55°—61° 变化时,汽车空气阻力系数不断下降且降幅明显。此外,影响风窗玻璃与发动机罩形状空气动力特性的主要因素有 3 个,分别是发动机罩与风窗玻璃的夹角、发动机罩的三维曲率及结构、风窗玻璃的三维曲率及结构。由于电动汽车并不存在发动机，汽车前部可以相对缩短，传统燃油汽车中存在的发动机罩在轻型电动汽车上几乎可以忽略，因此电动汽车前部从前脸至风窗玻璃的设计可以更加整体，更加符合空气动力学要求。

后窗玻璃角度：车辆尾部空气速度分离的严重性与后窗角度有直接关系。当角度达到12°—17°时，空气阻力系数达到最小值；当后窗玻璃角度进一步增加，空气阻力系数快速增加，直至角度为27°—33°时达到最大；此后进一步增加角度，空气阻力又急剧下降。

顶盖的上挠程度：顶盖造型对于气动特性也有较大影响。顶盖通常会设计成上鼓的形状，以使气流平顺地通过车顶。而顶盖上鼓的程度需要适当选择，因为汽车风阻与正面的投影面积成正比，顶盖上鼓过大，则汽车正面投影面积增加，这样并不能降低风阻。研究发现，当顶盖上挠距离与纵向跨度之比在0.065时，可获得最优的空气阻力系数。

车身侧面形状：与顶盖的原理类似，当侧面弧度在一定范围内会使空气阻力系数减小。采用弧度的侧身可降低风阻，但同时又会增大正面的投影面积，导致综合减阻效果并不明显，因此在优化设计中要着重考虑曲面弧度，在符合美学要求的同时尽量减小气动阻力。

底盘平整度：为降低空气阻力，要尽量对底盘采用封装技术，以减少包括悬架、排气管、油箱、轮胎等在内的底盘部件的高压区。同时，还可通过扰流板进一步加快车底的气流速度，这些措施均有利于降低风阻。

车轮扰流板：车轮作为汽车的重要组成部分，直接影响整车的外流场特性。由于车轮的作用，车身底部流场进一步复杂化，在整车阻力分布中，车轮带来的空气阻力占整车空气阻力的30%[2]，通常采用添加车轮扰流板的方式梳理车轮附近及车体底部气流，从而达到降阻的目的。添加前车轮扰流板，可阻止高速气流对前轮及轮罩的冲击，在一定程度上降低前车轮及前轮罩区域带来的空气阻力；同时也降低了气流对后轮的冲击，在一定程度上降低了后车轮带来的空气阻力，使整体降阻效果明显。

外后视镜：外后视镜所产生的空气阻力约占整车空气阻力的8%。受到当前法规限制，外后视镜仍需保留，但可通过优化后视镜相对车身的横向位置来降低风阻。当横向距离增大时，一方面增大了后视镜的迎风面积，使气动阻力增大；另一方面气流在该处速度减慢，后视镜与车身表面的干涉较小。根据经验数据分析，当横向间距与后视镜镜体长度之比在0.18时可获得较好的综合降阻效果。

4.1.2.2 汽车低风阻造型设计实践

目前主流家用轿车的空气阻力系数在0.25—0.30，其中规模化量产车型中的最低空气阻力系数已低至 0.20；空气阻力系数相对较高的 SUV 车型则一般在 0.32；重型商用车在挂载货箱的状态下普遍为 0.55—0.65。值得一提的是，纯电动汽车已在空气阻力性能上具有了明显领先于传统能源汽车的优势，在低空气阻力系数排名全球前 20 的车型[3]中，超过半数都是纯电动产品且均排名靠前，其中最具代表性的车型包括梅赛德斯 – 奔驰 VISION EQXX、大众 XL1、智己 L7。

（1）梅赛德斯 – 奔驰 VISION EQXX

2022 年 1 月，奔驰发布了全新纯电动概念车 VISION EQXX，其最大的技术特点是具有全球最低的空气阻力系数（仅 0.17）。在造型设计上，VISION EQXX 整车非常低矮，同时后轮的轮距比前轮窄了 50 毫米，整辆车呈现出一个向后收敛的"倒三角"形状水滴形流线，并且采用了长车尾、小型外后视镜、伸缩门把手、封闭式轮辋。凭借超低的空气阻力系数，其实测续驶里程已超过 1200 千米。

（2）大众 XL1

大众汽车于 2002 年推出了以燃油消耗率 1 升 /100 千米为设计目标和理念的 1L 概念车，其达成超低油耗目标的主要途径是在工程设计上实现极致的轻量化和低风阻，整车重量仅 290 千克，空气阻力系数更是低至 0.159。但由于其过于特殊的设计，并未能按计划投入量产，2011 年大众又推出了 1 升车理念的第三代概念车 XL1，该车采用插电式混合动力系统，空气阻力系数为 0.189，百千米油耗仅为 0.9 升，于 2013 年正式量产。

（3）智己 L7

在国产品牌产品中，智己 L7 和蔚来 ET7 均具有出色的低风阻设计，其中蔚来 ET7 通过造型上的多处细节优化，使空气阻力系数由发布时的 0.23 大幅下降至量产后的 0.208，追平了特斯拉 Model S 最新车型的成绩。首先在车身设计方面，智己 L7 车顶采用"水滴边沿曲线"设计，实现了低趴、顺畅的低风阻设计思路。通过先进的仿真计算机计算出了最佳空气动力学夹角，即 25.9° 前风窗倾角和 16° 尾窗顶夹角。其次，大量采用空气动力学部件优化其风阻表现，如主动式进气格栅、空气动力学轮毂、与尾翼一体的空气动力学尾灯。如外置主动进气格栅可根据行驶工况实现主动调整，在不同工况下达到最优风阻状态；通过为轮毂加装空动套件进行优化，改善车轮附近的乱流；空气动力学尾灯与尾翼融合，轻微上扬的造型可引导气流上扬，有效改善车辆尾部紊流。在车辆底部，全覆盖式的空气动力学底护板采用高尔夫球表面气动原理，设计排布规则的气动导流槽，在车辆行驶过程中起到引流增速的作用，有效提高整车底盘的空气流速，进而改善尾部涡流、减小空气阻力。同时，智己 L7 还对前大灯、后视镜、前翼子板、前轮眉、前唇、行李箱后边界、底盘前后护板、前后轮阻风板、后扩散器等15个关键部位进行了优化，以改善风阻表现，累计风阻系数相比初始值降低30%。除此之外，智己L7车顶在增加智能摄像装置的情况下，通过优化造型和接触位置，实现空气阻力贡献量为零。

上面主要提及的是乘用车领域空气阻力优化技术的发展情况，而商用车也是值得关注的重点领域。商用车空气阻力系数的降低总体上可以通过与乘用车相近的优化手段和改进方向来实现，如牵引车头尽量采用半长头流线型造型、弧形车顶、大倾角A柱和风窗玻璃以及大圆角过渡或包覆式机构等技术手段，使气流尽量贴服车辆表面，保证空气流动的顺畅。除此之外，由于商用车特殊的结构和布局，还可以通过增加空气附加装置等来有效降低风阻，主要包括：① 货箱导流板，通过在货箱尾部增加梯形导流板，在货车高速行驶时可改善尾部流场，以此降低压差阻力，实现对车辆的减阻，空气阻力系数相比原有货箱平头车可降低25%[4]；② 挂车车厢导流罩，货车车厢普遍高于驾驶室，导致有较大的气流从正面直接撞击到货箱，致使空气阻力增加，在车顶安装导流罩可以改变风的走向，使气流更为平顺地流过，减少正面来流冲击，有效降低气动阻力。

美国近年来大力支持其"超级卡车计划"，目标是让其重型运输卡车的能效提高50%，在包括发动机热效率提升、动力传动系统效率提升、低滚阻轮胎、能量管理与整车控制优化等在内的技术改进措施中，牵引车和挂车货箱的空气动力学性能优化为总体目标的达成提供了最大的贡献比例。以沃尔沃为例，其在2016年完成了超级卡车的一期项目，并推出了第一款超级卡车（SuperTruck）概念车（图4.3），货运效率提高了88%，远超美国能源部设定的50%目标，其中风阻减少40%、燃油经济性提高70%，百千米油耗仅19.6升。

图4.3 美国"超级卡车计划"——沃尔沃项目研究成果样车

在新能源卡车方面，特斯拉推出的Semi半挂型电动卡车的整车造型模仿高铁的子弹头外形，采用创新前卫的造型设计方案，大幅降低了迎风面积，其风阻系数仅为0.36。而吉利商用车推出的新能源智能豪华重卡远程星瀚H也具有超低的风阻系数,其驾驶室的前端造型同样类似于高铁的子弹头造型,A 柱的倾角接近 30°(目前主流车型 A 柱倾角为 15°),风窗玻璃使用大弧面过渡,并采用电子后视镜取代传统的物理后视镜,前格栅配有可调节进气格栅,全车带有全封闭式大包围侧裙板。此外,整个货厢呈鲸鱼型,货厢通过圆滑曲线过渡以减少货厢尾部的空气扰流,让气流更加顺滑地通过货厢。最终使该车型的空气阻力系数降低至 0.351,已可媲美普通 SUV 乘用车。

4.1.2.3 汽车空气动力学优化技术

汽车在空气动力学性能上的提升离不开精细化设计的加持,更离不开创新研发技术和工具的有力支撑。汽车空气动力学研究主要分为物理试验和仿真分析两种途径。物理试验通常在风洞实验室中进行,风洞实验室主要用于测量汽车行驶中的空气阻力,还可以用来研究气流绕过车身时所产生的各种效应(如升力和下压力等),模拟不同的气候环境(如炎热、寒冷、下雨或下雪等情况),这将允许工程师们不受地域、季节及时间的限制,复现自然条件及模拟极限环境条件,实现相同环境条件下重复性试验,有利于评估和精准分析试验数据。风洞试验可准确进行汽车各系统的研发测试,有效缩短新车开发周期,因此在新车产品造型设计阶段,通常会针对汽车的比例模型或整车实物开展风洞试验(图 4.4),以便改进汽车的外形设计、提高空气力学性能,风洞试验已成为研究汽车空气动力学性能最有效的手段。随着中国汽车企业自主研发和技术升级需求的提高,环境风洞作为技术研发的高端测试平台,国内汽车业的龙头企业、知名高校、测试研发机构纷纷投资建设环境风洞。

图 4.4 汽车空气动力学风洞试验

风洞最早只用于航空产品的开发,随着我国汽车产业的高速发展,2009 年 9 月作为国内首个整车风洞,上海地面交通工具风洞中心在同济大学嘉定校区落成启用,彻底结束了中国没有汽车整车实车风洞的历史[5]。上海地面交通工具风洞中心包括一座气动-声学风洞,一座热环境风洞,一个汽车造型、加工和设备维护中心,一个能用于模拟发动机高原低温启动的冷启动仓。气动-声学风洞喷口面积为27平方米,收缩比为6,试验段长度15米,风机直径8.5米,风机总功率4125千瓦,最大风速250千米/小时,风速160千米/小时时背景噪声为61分贝（A）。环境风洞喷口面积为14/7平方米,最大风速为200千米/小时,温度控制范围 –20—55摄氏度,湿度控制范围5%—95%,光照范围300—1200瓦/平方米。2010年该风洞被吸纳为国际风洞联盟中的一员,成为这一国际组织首个中国成员。

2012年3月,上海泛亚技术中心整车热力学风洞投入使用,是当时国内唯一拥有热力学风洞的整车制造与研发企业。风洞安装有底盘测功机、阳光模拟/雨雪模拟系统、冷却加热系统等设备,可最大限度模拟全球各地可能遇到的气候和路况条件。风洞喷口面积6.75平方米,最高风速为250千米/小时,温度控制范围 –40—50摄氏度,温度转换率为0.6摄氏度/分,湿度控制范围5%—95%,光照范围600—1200瓦/平方米。

2015年9月,上汽集团热能风洞正式启动,该风洞喷口尺寸7/5平方米,试验段长20米、宽12米、高6.3米,最大风速250/200千米/小时,温度模拟范围 –40—60摄氏度,湿度模拟范围5%—95%,光照模拟范围0—1200瓦/平方米（兼备日升日落模拟）,具备降雨/降雪等天气模拟功能,能够涵盖全球80%以上陆地的极端天气条件。

2015年,投入运行的长城汽车环境风洞是国内首家完成环境风洞实验室建设的自主品牌风洞。风洞主喷口面积8平方米,可变喷口6.4平方米,最高风速250千米/小时,驻室长27米、宽13.5米、高8米,具备2个高、低温浸车间和2个车辆准备间,占地约4000平方米,可开展热管理、空调系统、阳光、雨雪模拟试验。此后,还有包括中国汽车工程研究院、中国汽车技术研究中心以及东风汽车等单位建成的整车风洞实验室陆续投入使用。

在仿真分析方面,近年来随着计算机技术的迅猛发展,结构分析的技术已基本成熟,应用也日趋广泛,而对更为复杂的流动问题的模拟计算也在不断发展,计算流体力学在汽车设计的多个环节中得到了广泛应用。风洞试验测试的方法耗资大、成本高,得益于计算机技术的进步和模拟软件的日趋成熟及计算流体力学的发展,部分复杂、需要进行风洞试验的情况还可通过电脑进行数值模拟。

4.1.3 低风阻技术发展趋势

未来,伴随全球新能源汽车进入快速成长阶段,面向逐步实现的全面普及,电动汽车作为新能源汽车最重要的组成部分,必将继续向着节能减排的方向加速发展,同时由于电动化趋势的不断加深,新的动力系统、新的使用场景、新的发展阶段都将进一步推动汽车产品向着全新的形态不断演进。从新能源汽车未来形态的总体发展来看,其整体的布局演化方向是有利于满足低阻化需求的[6],主要体现在:① 动力电池。电动汽车已形成了底盘平铺式电池的布局方式,安装在车底的电池组使底盘相较传统内燃机汽车更加平整,有利于降低空气阻力。② 整车比例。在整车长度相当的情况下,电动汽车由于动力、传动系统的结构与传统汽车存在较大差异,因此普遍可以通过加大轴距而缩小前、后悬,空间利用率更高。③ 进气格栅。由于新能源汽车动力系统的能量转换效率较传统内燃机汽车高出许多,因此总体的冷却散热需求也要小很多,进而进气格栅的面积可以更小,前脸造型可以更加完整连贯,将有利于压差阻力和内部阻力的降低。④ 车头。电动汽车由于取消了发动机及其相关附件,同时得益于电机系统较高的功率密度,前机舱的空间可以大大压缩,从而进一步降低车头机盖高度,有利于降低空气阻力。⑤ 车顶前端。随着前悬的变短,车顶前部可以向前位移,同样有利于降阻。⑥ 车顶后端。随着轴距增加以及整车向低矮方向发展,后排乘员的坐姿也趋于更大的靠背角度,乘员头部位置随之降低,车顶后部高度可进一步降低并与尾部造型更加顺畅连贯,利于空气阻力的减小。⑦ 局部遮盖。虽然由于轴距的增加,部分车型为减小转弯半径将配置后轮转向系统,但对于中小型车,可通过遮盖后轮使车辆侧面造型更加完整,利于降低空气阻力。

从主流企业的新一代电动汽车产品中我们已可初步看到这种造型发展趋势的端倪。梅赛德斯-奔驰基于其全新 EVA 纯电架构平台打造的 EQ 系列车型采用了全新的设计理念,其中 EQE 车型轴距长达 3120 毫米、内部长度增加 80 毫米,车身造型呈弓形,前舱、后舱与乘员舱的线条高度融合,空气阻力系数仅为 0.2,是目前量产车中的最优水平。

随着汽车产品电气化、智能化、网联化技术的进步,创新科技也将为汽车的空气阻力优化提供更多新的思路、途径和机遇。其中,电子后视镜作为一套通过摄像机与监视器组成的系统,可以在规定视野内提供车辆后方、侧方或前方视野的间接视野。其最大的优势在于,除了能够提供更加宽广和自由的视野、免受天气和环境变化影响之外,还可以大幅降低整车的空气阻力,并适用于各类车型产品。奥迪 e-tron SUV 车型通过搭载虚拟外部后视镜,将空气阻力系数由 0.28 降至 0.27[7],优化幅度近 4%。在传统后视镜系统中,受镜片曲率的法规限值,驾驶员的视野与外后视镜镜片的面积是成正比的,为了保证更好的观察区域,外后视镜的体积无法进一步缩小。而这在电子后视镜上并不是难题,因为外置设备仅有摄像头机构,它的体积可以为传统后视镜的 1/3 甚至更小,使整车造型设计更加符合低风阻要求,同时高速风噪也会得到大幅改善。目前电子后视镜的法规在欧洲和日本已经放开，而我国的法规体系也已启动相关工作，相信在不久的将来可广泛应用于各类汽车产品上。

此外，传统的空气阻力优化主要是针对单车开展的，而与鸟类编队飞行节省体力的原理类似，当汽车进行列队行驶时，由于车辆近距离贴近行驶，前车的尾部气流必定影响后车的外流场，使其气动特性发生改变。相关研究显示，列队行驶中的头车、中间车和后车均可获得20%—40%不等的空气阻力降低以及5%—20%的节油率，而随着队列间距的减小，降阻降耗效果还会更好[8]。当然，列队行驶在实际应用环节还需要自动驾驶、车车互联、车路协同等技术作为其重要的安全保障和可行性基础，而随着汽车智能化、网联化技术的快速发展和示范应用的不断扩大，相信这些前沿技术将加快投入应用，助力汽车产业进一步向着绿色低碳化方向转型。

4.2 汽车轻量化技术

4.2.1 概念

汽车轻量化是在确保汽车各项性能不变或提升的前提下，通过结构优化设计和/或轻量化材料应用以及制造工艺优化的实施，实现整车整备质量最大限度地减少或保持在可接受范围。从这一意义上讲，实现轻量化不仅是一个产业链上下协同的系统工程，涉及整车集成优化、零部件设计和生产、原材料供给、工艺（成形和连接）和与之相关的装备（模具）、材料的回收再利用等产业链的各个方面，更需要构建贯穿汽车全生命周期的生态体系（图4.5）。同时，汽车轻量化是

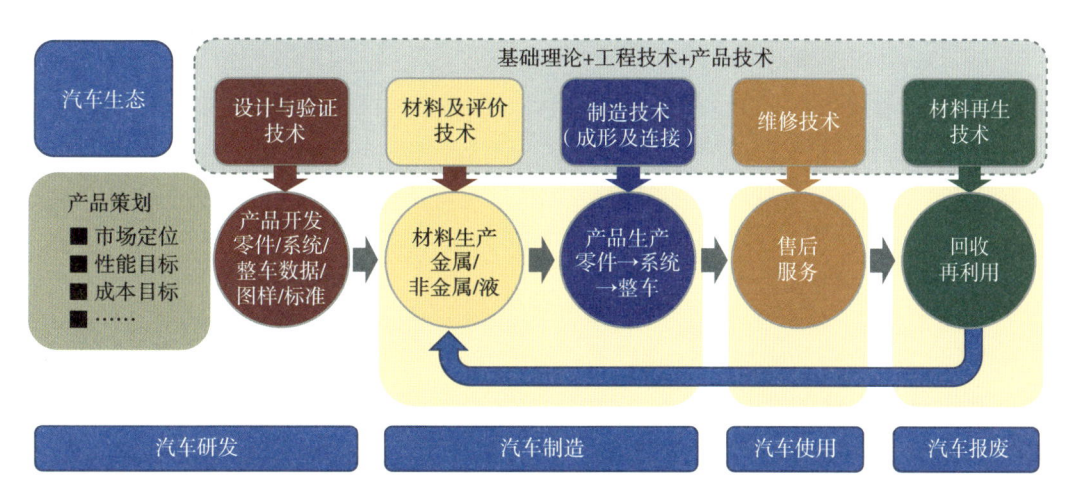

图 4.5 汽车轻量化技术生态体系

资料来源：《节能与新能源汽车技术路线图2.0》。

新能源汽车引领汽车产业绿色低碳转型 导论
Introduction of New Energy Vehicles Leading the Green and Low Carbon Transformation of the Automotive Industry

节能汽车、新能源汽车、智能网联汽车共有的关键核心技术，是汽车技术体系的重要组成部分，加强汽车轻量化技术研究与应用，不仅对汽车产业节能减排具有重要作用，也将有力带动汽车相关产业的绿色可持续发展。

首先，轻量化是汽车产业节能减排、实现"双碳"目标的有效途径之一。"质量越重、功率消耗越高、能量消耗也越大"是汽车的基本属性之一，在汽车的四大阻力中，滚动阻力、加速阻力和爬坡阻力与质量成正比。在不同道路行驶的车辆，市区行驶时约 92% 的汽车阻力都与质量相关，郊区行驶时约为 55%，而高速路行驶时则为 30%。国际能源署的研究表明，轻量化技术可以贡献汽车减排总量的 10%。《节能与新能源汽车技术路线图 2.0》基于中国车辆行驶特点所做的测算表明，对于燃油乘用车，三厢轿车、两厢轿车、SUV 和 MPV 4 种车型每降重 100 千克，节油量分别为 0.37 升 /100 千米、0.31 升 /100 千米、0.46 升 /100 千米和 0.45 升 /100 千米。因此，轻量化是汽车产业节能减排的重要有效途径之一，既是国内外汽车企业应对能源环境挑战的共同选择，也是汽车产业可持续发展的必由之路。随着新能源汽车和智能网联汽车的发展，轻量化的意义更加突出，将成为提升自主品牌汽车产品市场竞争力的重要基础。

其次，汽车轻量化是相关高耗能产业低碳发展的原动力。汽车轻量化涉及冶金、化工、零部件制造、装备、设计、维修、回收再利用等多个相关产业，是一个涉及多学科集成和上下游协同的系统化工程。因此，汽车轻量化技术的发展与进步能够带动相关工业产业结构和产品结构的调整，新的轻量化技术更可以催生新的产业链形成新的经济增长点，从而带动更多产业发展，更大发挥汽车产业在国民经济发展中的支持地位。同时，汽车轻量化也有利于降低单车用材量，进而对降低产业链上游冶金、化工、零部件制造等相关资源和能源消耗产生重要影响。以占整车重量 50%—80% 的钢铁和铝合金为例，根据国际能源署的相关数据，材料有效利用与减量化技术带来的减排约占钢铁减排总量的 20%、铝工业减排总量的 30%。据陕西汽车控股集团有限公司测算，燃油载货汽车每减重 200 千克，按每年生产 10 万台计算，每年可节约钢材 2 万吨，大约可减少成本 1 亿元；每年少用 2 万吨钢材，可减少钢材生产过程二氧化碳排放 3.66 万吨，相当于多种植 20 万棵树。由此可见，单车重量的降低不仅有利于汽车使用过程中燃油消耗量或用电量的降低，也将为上游产业节能减排作出贡献。此外，轻量化也减少了汽车报废处理的材料重量，进而降低汽车报废处理中回收再利用的能源消耗。

因此，汽车轻量化水平提高对汽车和相关工业的影响是巨大的，将带动汽车全生命周期的低碳转型升级，包括材料生产、汽车制造、汽车使用和回收再利用。

4.2.2 实现汽车轻量化的技术路径

结构、材料、工艺是实现汽车轻量化的三大技术路径，实现汽车轻量化要以轻量化设计与评价为引领、以轻量化材料制备及其成形连接等技术的集成应用为支撑。以车身用薄壁化铸造铝合金零件为例，需要铝合金零部件设计技术和性能评价方法、铝合金纯净化技术与装备、高效铸造工艺与装备、先进模具设计系统和高质量模具、先进连接工艺与装备等，缺一不可。

图 4.6 显示了汽车轻量化技术架构，横向分为研究开发、先行技术开发和产品开发 3 个层级，纵向分为基础部件、系统和车辆 3 个层级。其中技术成熟度是轻量化在产品工程开发中应用的基础，成本是汽车企业考量技术应用的关键要素，只有技术成熟度达到 7—9 才能在产品的工程开发中进行应用。

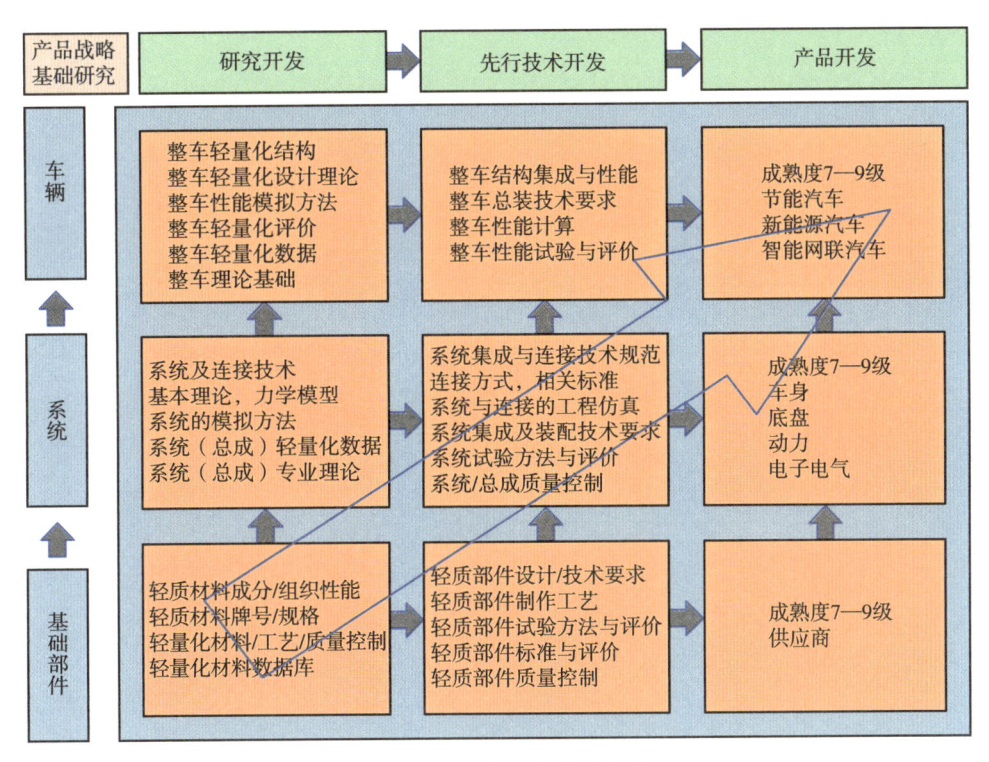

图 4.6　汽车轻量化技术架构

资料来源：《节能与新能源汽车技术路线图 2.0》。

这一技术构架对于新能源汽车实现轻量化同样有效，而这些企业采用轻量化技术的驱动力不仅来源于节能减排法规要求，更来源于对产品续驶里程的追求和对所用动力电池技术水平、成本等方面的考量。这些因素同时促使新能源汽车对轻量化有着更高的要求，而其具有的更大价格空间也使新能源汽车成为众多轻量化新技术、新材料和新工艺率先应用的平台。

4.2.3 国际汽车轻量化政策与研发部署

如前所述,在当前全球碳达峰碳中和战略环境下,轻量化被作为重要的减碳路径,在汽车产业可持续发展中所起的重要作用更加凸显。国内外普遍从国家层面进行轻量化技术的布局,加大了新材料、新技术方面的研发投入。

4.2.3.1 欧洲

欧盟委员会认为轻型材料有助于欧洲经济的可持续性,因此欧盟于2020年专门设立轻型材料公共资助基金,支持铝、镁、钛轻金属和碳纤维增强塑料、玻璃纤维增强塑料等聚合物复合材料先进技术的发展,并打造了从原材料供应商、材料制造商、部件加工企业、终端客户、回收企业的轻型材料价值链条[9]。

2020年以来,德国的《地平线计划2020倡议》先后资助了"汽车行业经济高效的铝模具铸造""高压模具铸造的镁铝合金及喷射技术"等轻量化研究项目。2021年德国发布《德国工业领域的轻量化战略》,提出开展搭建材料建模创新平台、标准化材料建模工作流程和相关基础数据系统,同时针对初始企业和中小企业等开展轻量化网络、职业技术培训工作,建立了标准化和协调机制以加强技术转移、数字基础建设,促进轻量化数字化方法的发展等[10]。在德国灯塔计划中,汽车产业价值链相关企业均参与了"电动汽车用多材料、一体化、轻量化设计"项目,该项目采用复合材料-金属多材料设计理念开发电动汽车地板模块。

在各国政府的引导下,欧洲主要企业正在加快轻量化技术开发与储备。例如,欧洲大型汽车制造商正在进行"超轻型汽车"工程,在稳定价格的基础上实现30%减重。再如,德国DLR车辆概念研究所正在研究面向2030—2040年的汽车重量优化技术,已定义和制定了城市模块化车辆、城市间车辆、安全轻型车辆三个基本车辆,系统研究纤维增强复合材料、铝泡沫夹层结构和具有模块化与多材料车身结构等技术。

与此同时,相关原材料企业也积极行动。如蒂森克虏伯(Thyssen Krupp)参与InCAR项目,对车身、悬架、动力总成三大系统的16个主要部件进行轻量化设计,推出了菜单式轻量化解决方案,明确了用材、重量、成本和排放等解决方案。再如,安赛乐米塔尔于2020年启动S-in motion项目,旨在用钢铁材料为汽车用户提供安全、轻量化、低成本、满足可持续发展的全面解决方案,同时利用其激光拼焊板及热冲压材料优势技术,提供了集22个激光拼焊部件和热冲压门环为一体的车身轻量化解决方案,高强度钢的应用比例达到64%,其中热成形钢占33%、2000兆帕热成形钢占9%。

4.2.3.2 美国

美国政府非常重视发挥汽车轻量化在节能减排方面的作用，由美国能源部车辆技术办公室成立了轻型材料和动力技术工作组，专注于开发轻量化结构材料和更高效动力系统的推进材料，重点开展材料建模和计算科学、改善材料特性和开发先进材料合金等研究。2013年车辆技术办公室组织汽车产业链相关企业研究编制了《轻型车辆对轻型及推进材料的技术要求及差异》，确定了2050年之前车辆的减重计划。2020年又发布了"车辆轻量化计划"，对2019年布局研究项目进行总结，同时发布新项目征集需求通知，其项目主要围绕铝、镁合金和碳纤维增强复合材料以及新材料开发、材料加工工艺优化、计算算法及预测模型、先进连接技术、材料模型及仿真等专业领域，如将镁合金、碳纤维复合材料降重成本分别控制在5.5美元/千克和11美元/千克以下。

4.2.3.3 日本

日本于2013年发布"创新结构材料项目"，规划了创新结构材料未来10年的发展目标与计划。该项目包含三个研究阶段：第一阶段完成高性能材料开发，涉及先进高强钢、镁合金、铝合金、钛合金、热塑性碳纤维、碳纤维基础研究等几个方面；第二阶段完成高性能材料/部件的设计，涉及结构设计技术、焊接和连接技术、材料技术、加工技术和评估/分析技术；第三阶段在汽车及轨道列车领域商业化。在创新结构材料方面的性能目标具体有：① 高强钢性能达成1500兆帕、延伸率20%，通过高强度与高塑性的平衡，解决成形问题并实现料厚减薄及提升碰撞安全；② 在铝合金方面，要创新加工工艺，最后实现屈服强度不小于700兆帕、延伸率不低于12%；③ 在镁合金方面，镁板目标达成抗拉强度360兆帕、延伸率15%，镁型材目标达成抗拉强度250兆帕、拉伸率15%；④ 在碳纤维复合材料方面，开发非连续碳纤维增强复合材料，平衡性能与成本，实现规模化应用。2017年之前，日本已完成了材料开发及相关焊接及连接技术研究，包括黏结技术、搅拌摩擦焊等。目前，正专注于多材料连接技术的研究，包括超高强钢/铝合金、超高强钢/碳纤维增强复合材料、铝合金/碳纤维增强复合材料三种连接方式的评估及仿真技术，研究引进了紧凑型中子技术对结构材料的微观结构进行无损分析。

4.2.3.4 韩国

2016年韩国将"后钢铁时代轻量化材料"作为国家九大战略项目之一，着力打造强度更高、重量更轻的材料，包括钛、镁、铝及碳纤维四类战略材料，要求到2022年之前开发电动汽车专用的镁合金和铝合金，并以汽车和飞机作为重点，开发具备成本优势的碳纤维材料。2018年韩国发布实施《韩国基础产业振兴基本计划》，发布了"13个领域的创新发展动力实施计划"，计划在2022年之前投入6880亿韩元，加快提升超高强钢成形技术、复合材料高速成形技术、多材料焊接技术、铝镁合金铸造技术等核心技术能力和汽车用铝板材等高附加值材料的开发。在政策和市场双重驱动下，浦项制铁等企业针对电动汽车开展了相关轻量化技术研究。PBC-EV是浦项电动汽车概念车身项目，采用了热冲压成形、变截面柔性辊压成形、液压成形、激光拼焊等先进成形技术，在实现轻量化的同时提高了安全性。

4.2.3.5 中国

2007年，汽车轻量化技术创新战略联盟成立，开启了中国汽车轻量化发展之路。10余年来，中国汽车轻量化技术实现了从无到有、从小到大的跨越，跟上了世界汽车轻量化技术的发展步伐。

我国在2015年发布的《中国制造2025》中明确提出提升轻量化材料、动力电池等核心技术的工程化和产业化能力，明确了轻量化材料在产业发展中的重要意义。在此之后，工信部、发改委、科技部、交通部等部委先后发布《汽车产业中长期发展规划》《"十三五"交通领域科技创新专项规划》《"十三五"材料领域科技创新专项规划》《新材料产业发展指南》等文件，高强度钢、高性能铝合金与镁合金、先进纤维增强复合材料和连接技术等被列为重点扶持和培育内容，为我国汽车轻量化技术的发展和汽车轻量化水平的快速提升提供了政策保障。

为贯彻落实国家战略规划，引导汽车产业开展轻量化研发，不断完善轻量化产业链，中国汽车工程学会于2016年发布《节能与新能源汽车技术路线图》，明确了汽车轻量化在推动汽车产业绿色低碳转型发展中的重要地位，提出了分阶段重点突破的核心关键技术和产业化应用目标。在2019年修订并发布的《节能与新能源汽车技术路线图2.0》中，进一步清晰了未来15年中国汽车轻量化关键技术及其应用体系构建发展目标：到2035年全面掌握整车一体化集成设计和轻量化零件结构设计、高精度成形、性能控制和评价、连接等关键技术，形成轻质材料低成本、高稳定性生产和高效制造能力，构建起完整的汽车轻量化技术开发和应用体系。以汽车轻量化多材料综合应用为基础，实现相对2019年，燃油乘用车整车轻量化系数降低25%，纯电动乘用车整车轻量化系数降低35%，载货汽车整车载质量利用系数和挂牵比提高15%，客车整车轻量化系数降低15%。在两版路线图的引领下，汽车制造业与相关产业紧密合作，轻量化产品开发、高强度钢技术链和产业链日臻成熟，轻质合金、复合材料应用和异种材料连接的技术链和产业链正在加紧构建，为自主品牌产品市场竞争力的提升提供了有力支撑，而新能源汽车和智能网联汽车的发展也为中国汽车轻量化技术的发展提供了新动能，大量新的轻量化产品开发技术、新材料和成形技术在新能源汽车上率先使用，进一步带动了中国汽车轻量化技术的快速提升和产业链构建。

4.2.4 国内轻量化技术发展现状

近二十年来，随着对汽车轻量化认识的不断深刻，轻量化理念已融入企业产品开发的各阶段，以产品开发为引领、以产品市场需求为目标，从关键零件、总成、整车的设计到产品验证、新技术和新材料应用，建立了比较完整的汽车轻量化产品开发与评价体系。与此同时，相关工业企业积极配合，为新工艺、新材料的应用提供保障，使中国自主品牌汽车产品的轻量化水平有了质的飞跃。

4.2.4.1 整车轻量化水平

作为传统燃油汽车、新能源汽车和智能网联汽车的共性关键核心技术，轻量化技术已经在各类汽车产品上得到广泛应用，直接反映在近些年来我国自主品牌产品整车轻量化系数的变化方面。

在纯电动乘用车方面，《2021年中国乘用车整车轻量化水平评价报告》显示：进口车型的整车轻量化系数最低（6.66），自主品牌车型的整车轻量化系数最高（7.80）。国产自主品牌纯电动乘用车的整车轻量化系数较进口和合资分别高出17.1%和14.0%，从侧面反映了自主品牌车型与国外在轻量化水平方面的差距。

在燃油乘用车方面，《2021年中国乘用车整车轻量化水平评价报告》显示，国内燃油乘用车的平均整备质量持续攀升，而轻量化系数不断下降，这说明虽然在这些年SUV、MPV销量大幅上升的影响下，行业平均车辆整备质量呈上升趋势，但是企业通过轻量化设计实现了配置、性能与重量的综合优化，整车轻量化系数逐步下降。具体而言，2021年我国整车轻量化系数为2.37，较2019年基线水平降低1.3%。与国际上各系车型相比，日系代表车型卡罗拉2.36；德系朗逸、速腾等车型2.4；美系福睿斯等车型2.4，足以证明我国汽车轻量化技术的进步。

在载货汽车方面，通过对载货汽车典型车型轻型卡车与重型牵引车进行轻量化水平分析发现，2021年轻型卡车载质量利用系数为0.62，较2019年的0.6提高了3.3%，说明我国轻型卡车的轻量化水平在逐步提升。从国外车型的载质量利用系数看，现代汽车典型车型在0.58，大众Delivery车型可达0.74，差异性较大，福田汽车部分车型可达到0.8以上的载质量系数。在重型牵引车方面，2021年我国挂牵比从4.53基线提升至4.62，提升2.0%，选取样本挂牵比80%在4.0—5.0。通过对雷诺、奔驰、斯堪尼亚（SCANIA）、MAN、BMC的车型进行分析发现，几家典型车型平均值为4.70，挂牵比分散度较中国典型车型大很多，BMC牵引车为2.57，雷诺Premium系列重卡为5.96。

在客车方面，选取样本主要为车长 6 米以上、燃料为柴油的公路客车。目前，客车轻量化系数从 2019 年的 5.17 降低到 2021 年的 4.92，近三年来降幅已达 4.8%。国外典型车型奔驰赛特拉整备质量与国内差异不大，但整车轻量化系数可达 3.5，远优于国内平均水平。

4.2.4.2 整车关键系统与零部件轻量化技术应用

车身、底盘和内外饰是传统汽车与新能源汽车共有的系统，轻量化的实现途径为结构优化、采用轻质材料和与之相适应的新工艺。对于新能源汽车而言，三电系统尤其是电池系统在整车重量中的占比举足轻重，其能量密度直接影响整车轻量化水平。下面从车身、底盘、内外饰和三电系统对各车型进行重点分析。

（1）车身轻量化技术

车身技术路线有钢制车身、铝制车身、碳纤维复合材料车身、多材料车身等几种。当前的乘用车车身用材仍以钢为主，先进高强钢应用比例及强度不断提升，钢铝复合车身的应用逐步扩大，碳纤维复合材料在典型车型车身开始应用。

比亚迪汉 EV 与吉利 ICON 先进高强钢以上用量分别达到了 62.2% 和 53.6%，其中先进高强钢和超高强钢应用比例达到 35% 以上，汉 EV 热成形钢最高达到 26.5%。再如，哈弗 H6 与比亚迪汉 EV 采用了 2.0 吉帕热冲压用钢，强度级别最高；先进高强钢最高级别为 1.2 吉帕。广汽新能源和北汽新能源在新发车型 Aion LX 和极狐阿尔法 T、阿尔法 S 上都采用了上钢下铝的车身技术路线，下车体采用大量的 5xxx 系和 6xxx 系铝合金部件，减振塔等部位采用压铸铝合金。蔚来 ES8 是国内自主设计开发全铝车身并量产的车型，车身用铝率达到 96.4%。奇瑞 eQ5 采用铝型材框架的技术方案，其车身铝合金用量超过 83%。ES6 及极狐车型实现了碳纤维增强复合材料在车身后地板、前端加强梁等部件上的率先应用。随着国内白车身应用材料种类的多样化，激光焊接和胶结、铆接技术应用更加广泛。

载货汽车车身目前仍以先进高强钢框架为主。上汽商用车部分车型大面积采用了铝型材与铝板，货箱以高强钢为主。江铃汽车货箱底板骨架采用高强度钢板折弯件焊接组成，在地板合件采用了蜂窝复合板进行轻量化。

公路客车车身目前仍以高强钢全承载骨架底架为主，公交客车车身骨架采用钢或钢铝复合结构，底架均采用高强度钢。在用材方面，部分车型 700 兆帕及以上高强钢应用比例可达 50% 以上，防撞梁部分采用了 1180 兆帕高强钢。东风 Sharing-VAN 车身铝合金用量超过了 83%，宇通部分高端客车骨架采用了铝型材，中通客车依托国家项目实现了镁合金车身的示范应用。

（2）底盘系统轻量化技术

尽管目前汽车底盘还是以钢制底盘为主，但随着铝合金控制臂、副车架、转向节设计和制造技术的日益成熟，越来越多的钢制部件正在被铝合金件所替代，铝合金转向节、副车架已在主流车型中得到较广泛应用，并开始向控制臂、悬置等部位延伸。同时，碳纤维复合材料也开始在底盘件应用。江淮汽车成功开发出薄壁压铸铝合金减振器支座和锻造铝合金轮毂，并在 iEV7S 和 iEVA60 等车型上应用。理想 ONE 采用了钢塑复合控制臂。东风汽车已实现半固态压铸铝合金技术在转向节、三角臂、卡钳部位的大批量应用。

载货汽车底盘系统中的车架以 700 兆帕级辊压或局部加强车架为主。欧马可采用铝合金车架，两侧 C 型纵梁采用焊接的方式打造。此外，欧马可还采用了铸铝壳体转向器，前 1 片、后 1+1 片玻璃纤维复合材料板簧、铝合金单根传动轴、铸铝飞轮壳、铝壳变速箱、轻量化后桥、铝合金轮辋等轻量化技术。江铃汽车贮气筒已采用铝合金、非金属油箱。凯运蓝鲸车型应用了可变截面式车架轻量化技术。东风商用车采用了单片前钢板弹簧和空气悬架导向臂，其材料为高强韧性弹簧钢材料和高强韧性高淬透性弹簧钢，传动轴、变速箱、轮辋等广泛采用了铝合金技术。

在客车底盘系统方面，高强度钢冲焊桥壳、塑料油箱、盘式制动器技术已在宇通客车上应用。同时，锻造铝合金已在多家车企车型轮毂上应用，个别企业在轴承盖等小部件上尝试应用。部分车型已采用高应力板簧和少片簧悬架。

（3）内外饰系统轻量化技术

在乘用车内外饰系统方面，压铸镁合金部件应用进一步拓展，微发泡技术得到应用。例如，一汽、北汽新能源及长安等将压铸镁合金的大批量应用范围拓展到仪表板横梁、副仪表板骨架及中控屏背板，微发泡技术已应用于副仪表板及乘员舱内装饰面板。

在载货汽车内外饰系统方面，主要通过薄壁化、轻质化材料选用和模块化设计路径实现内外饰的轻量化。前后保险杠蒙皮在满足低速碰撞行人保护等前提条件下进行薄壁化处理，壁厚从 3.5 毫米减为 2.6 毫米；主副仪表台本体及门护板本体选用微发泡材料，可降重 10%；轮罩挡泥板装饰件采用聚对苯二甲酸乙二酯/聚丙烯无纺棉轻质材料。

（4）三电系统轻量化技术

目前三电系统轻量化的重点在电机轻量化和动力电池轻量化。电机的轻量化主要通过采用新技术提升其功率密度来实现，如电机的壳体采用高压铸造铝合金。目前压铸镁合金电机壳体正在进行应用验证。

4.2.4.3 各类汽车用材的发展状况

（1）汽车用高强度钢

随着我国汽车用高强度钢应用逐步接近国际同等水平，我国已基本形成完整的超高强度钢应用技术链和产业链,主要表现在:已系统掌握了汽车高强度钢零部件的成形与性能评价技术,积累了产业化应用所需的基础应用数据;工艺手段覆盖冷成形、温成形和热成形,用钢级别从目前的常用级别一直覆盖到1.8吉帕,部分车型的特定零件用材达到2吉帕。

例如,长安汽车已量产应用1.5吉帕级别的马氏体钢,1.7吉帕超高强马氏体钢的应用取得重要进展,1.8吉帕级及以上热成形钢已在长安个别车型车门防撞梁、顶盖横梁、A柱加强板等关键部件上应用。比亚迪汽车、东风汽车等已将2吉帕热成形钢应用于其量产新车型汉、岚图iFREE上,主要分布于车门防撞梁、顶盖横梁、中通道、A柱加强板、铰链加强板等部位,成为目前国际上搭载热冲压用钢强度级别最高的车型,达到了国际领先水平。东风商用车在底盘轻量化技术上做了大量新技术开发工作,在其车型前钢板弹簧上开发出了高强韧性弹簧钢材料(屈服强度≥1800兆帕,Rp0.2≥1600兆帕,A≥8.5%,Z≥35%),通过提升材料强度实现了单片结构,取得了显著的轻量化效果。

(2)汽车用铝合金

近年来,我国铝合金应用发展较快,与国际先进水平的差距不断缩小,主要表现在:铸造铝合金、挤压铝合金、锻造铝合金以及车身内板用铝合金板材相对成熟,外板用铝合金技术已突破并形成产业化生产能力;铝合金加工工艺更加多样化,覆盖冷冲压、热冲压、拉挤、辊弯、压铸、锻造等;高性能铝合金应用技术不断突破,铝合金复杂薄壁化压铸技术应用范围不断扩大,免热处理铝合金材料完成开发与产业化应用,7xxx系挤压铝合金应用技术实现突破。

例如,江淮汽车在高强度高韧性压铸铝合金及应用技术方面进行技术攻关,结合减振器支座这一产品的开发,建立了集成化设计和成形调控方法,开发出抗拉强度为320—400兆帕、延伸率为4.5%—8.0%的铝合金。北汽研究总院开展了7xxx系挤压铝合金应用技术攻关,突破7000系挤压铝合金大型零部件的尺寸精度控制技术。国产6016、6014铝合金板材已在多家企业完成认证,小鹏汽车已在其P7车型上量产应用于车门外板。

2021年特斯拉宣布在Model Y下车体开发大型一体化铸件,这一结构通过高度集成性设计减少了370多个部件,可实现10%的减重。大幅度降低焊接设备的投入,提升加工和装配效率,这一技术引起了国内汽车企业的极度关注。目前,蔚来汽车、吉利汽车、长安汽车、广汽、一汽等国内自主汽车企业及产业链企业已联合启动相关研发工作,并取得了阶段性成果。例如,蔚来汽车于2021年宣布突破大型复杂部件一体化集成设计等关键技术,并已应用于2022年上市的ET5车型,同时与特斯拉起步路线一致,也采用了优先压铸1/2后地板的方式。

（3）汽车用镁合金

汽车常用的镁合金主要有AZ（Mg-Al-Zn）系、AM（Mg-Al-Mn）系、AS（Mg-Al-Si）系和AE（Mg-Al-RE）系四大系列。目前在汽车上广泛应用的是铸造镁合金，抗拉强度大约为300兆帕，应用的主要领域是转向盘骨架、气门室罩盖、仪表板横梁、安装支架等，其中使用量最大的是转向盘骨架，同时在仪表板横梁上的应用逐渐增多。例如，北汽极狐阿尔法T和阿尔法S、岚图iFREE、长安睿骋等车型均在仪表板横梁等部件采用压铸镁合金。北汽在镁合金锻造轮毂和压铸镁合金前端支架开发方面已经取得重要进展，建立了大型复杂镁合金典型零件服役性能测试方法与评价体系，开发出平均腐蚀速率为0.26毫米/年的镁合金材料，自主掌握了大型复杂薄壁压铸镁合金零件的设计、成形及评价核心技术，填补了行业空白，相比铝合金铸造轮毂实现减重25%，相比传统钢制结构实现减重40%，并分别在长安和北汽各一款电动汽车上实现典型应用。此外，国内一些企业也在开展镁合金在电池包壳体的应用研究。

（4）汽车用塑料

汽车用工程塑料种类较多，按照使用量由高到低，排名前几位的分别为聚丙烯、聚酰胺、丙烯腈-苯乙烯-丁二烯共聚物、聚碳酸酯、聚乙烯、聚氯乙烯和聚甲醛，主要应用方向有：① 替代钢制件，从内外饰件向结构件延伸；② 薄壁化。目前，国内在工程塑料低密度、微发泡、薄壁化等方面的研究工作已经取得重要进展，技术水平与国外基本相当。在工程塑料的扩展应用方面，奇瑞EQ5、江淮嘉悦A5、上汽Marvel X等车型已将先进工程塑料应用于前机盖、后背门、后防撞梁、车门模块等部位；红旗EV、江淮嘉悦A5等在门嵌饰板部位采用了植物纤维低密度材料或微发泡注塑轻质复合材料。在薄壁化方面，目前量产车型保险杠壁厚主流厚度为2.5毫米、门内饰板厚度为2.3毫米，而采用新结构、新材料和新工艺后，个别车型保险杠、门内饰板、立柱护板、仪表板侧板及背板部件厚度可降至2.1毫米。

（5）汽车用树脂基复合材料

纤维增强树脂基复合材料包括玻璃纤维增强复合材料、碳纤维增强复合材料、玄武岩纤维增强复合材料、生物基可降解纤维增强复合材料等，主要应用于汽车结构件，是实现汽车轻量化的重要手段之一。我国目前研究和应用最多的是车用纤维增强树脂基复合材料和碳纤维增强复合材料，其他材料仍处于研究中。

车用纤维增强树脂基复合材料以聚丙烯和聚酰胺-6、聚酰胺-66为主要成分的短玻纤和长玻纤增强复合材料为主，已在前端模块广泛应用，在后背门、动力电池壳体等零部件中也有一定应用。碳纤维复合材料在汽车上开始产业化应用,但因应用成本太高,仅在高端车型上有少量应用,如蔚来汽车采用HP-RTM工艺的汽车后地板已具备规模化生产能力,其成形节拍小于4分钟。目前困扰树脂基复合材料在汽车上应用的最大问题是成本,为此,国内碳纤维生产企业正在通过玻碳混合、掺杂回收碳纤维、大丝束等技术降低碳纤维复合材料的应用成本。

(6)连接技术

当前,汽车车身正从以钢为主向钢、铝、镁、塑料及复合材料的多材料应用发展,异种材料及轻质材料的自身连接成为发展多材料车身技术的关键。以钢为主的传统车身采用的连接技术以点焊和弧焊为主、胶接为辅。随着钢-铝车身、全铝车身、钢-铝-碳车身的出现,新型的连接工艺——铝弧焊、铝点焊、铝螺柱焊、摩擦焊、激光焊、压铆、拉铆、旋铆、热熔自攻螺丝连接、自冲铆接等逐步被开发应用。例如,奇瑞eQ5车身由铝型材、铝板、钢板、复合材料不同的材料组成,采用了热熔自攻螺丝连接、自冲铆接、搅拌摩擦焊等连接工艺。

面向未来电动汽车多材料连接最急迫的技术需求,在"十三五"国家重大科技专项的主持下,国汽(北京)汽车轻量化技术研究院有限公司联合上汽、奇瑞、江淮、北汽等企业,针对高强钢、铝合金、镁合金、碳纤维复合材料、塑料、玻璃纤维等材料间的43种异种材料连接类型(铆接、胶接、铆接+胶接、搅拌摩擦焊、螺接)开展了匹配连接工艺设计与试验验证研究,建立了多材料连接建模分析、疲劳设计与性能评价方法,提出了不同服役条件及典型工况下异种材料连接性能、失效模式及疲劳寿命等关键指标的预测和评价方法,填补了国内在这一技术领域的空白。

4.2.5 汽车轻量化发展趋势

当前轻量化正向产品设计多学科集成和产品生产智能化的方向发展,未来汽车轻量化的实现途径依然包含结构优化设计,钢、铝合金、镁合金、工程塑料、复合材料及与其相关的各种工艺技术,但其发展将更加聚焦于优化设计和多材料混合应用,并将出现多种技术路线并存的局面。在这一背景下,更多的技术选择和技术组合摆在面前,追求合理的轻量化设计与恰当的材料、制造工艺选择相结合,以实现整车性能和成本的控制目标,正成为轻量化工作的核心。下面从产品结构设计与开发体系、轻量化材料及其成形技术、连接工艺三方面对轻量化技术发展趋势进行介绍。

4.2.5.1 产品结构设计与开发体系发展趋势

不管是从结构设计在车型轻量化开发工作中发挥的基础作用,还是随着配置提升带来的整车成本控制要求逐步提高方面出发，汽车企业对零成本的结构优化设计更加青睐。

在开发流程方面，贯穿车身开发全生命周期的结构设计体系开始建立，并将持续完善。以江淮汽车为例，在整个数据设计阶段建立了系统的结构化设计思路和全面的轻量化方法，结构轻量化主要阶段分为前期概念设计和车身结构精细化设计两个阶段。前期概念设计阶段在满足刚度、碰撞要求前提下开展断面设计、结构环设计、传力路径优化设计、拓扑优化、焊点/密封胶优化等结构轻量化工作；车身结构精细化设计阶段开展板厚灵敏度分析、尺寸优化、结构冗余优化、减重孔设计，焊接边与结构胶优化等轻量化工作。

在以结构性能最优的结构轻量化设计方法研究方面，国际上已经从原来的结构显式参数化设计、结构 – 性能单目标或多目标优化设计，向隐式参数化设计与结构 – 材料 – 性能一体化集成多目标协同优化设计的方向发展。隐式参数化技术的建模思路是将建模对象分解为梁、接头这两种基本的模型单元，通过 MAP 功能实现各零件之间的连接关系，从而建立可以灵活变动的隐式参数化模型。SFE-Concept 软件是实现隐式参数化的工具之一，国外福特等公司已经采用 SFE 工具开展平台模块的参数化建模分析工作，并采用多目标协同优化设计方法在平台概念阶段进行方案的分析和优化工作，大大缩短了研发周期。我国一汽、东风、长安、吉利等车企也在正向开发中采用该方法，取得了良好的轻量化设计效果。

4.2.5.2 轻量化材料及其成形技术发展趋势

（1）高强钢

高强钢及其成形工艺方面的研究与应用已比较成熟，目前各国的研究方向主要在于提升强度及塑性性能、降低密度。此外，基于近终形制造流程，采用高质量的薄规格热轧产品替代传统的冷轧产品，通过制造流程的高度简约化实现绿色和低成本制造，即"以热代冷"，也是汽车用钢的重要发展方向之一。在实现高强高韧方面，日本抗拉强度 1500 兆帕、延伸率为 6% 的马氏体钢已批量化应用，正在研制延伸率 20% 以上的先进高强钢。目前我国自主开发的 1200 兆帕、1500 兆帕、1700 兆帕、2 吉帕等级别高强度钢的延伸率也有了较大提升，其中 1500 兆帕热成形钢的延伸率达到 10%、590 兆帕的 DP 钢（双相钢）延伸率可以达到 40%。高强高韧低密度钢比常规高强钢的密度降低 10% 以上，因而受到各国青睐。美国于 2020 年投入 2000 万美元进行适合于工业化的低密度钢成分体系研究，项目预计 2025 年完成。我国也在开展高强高韧低密度钢的开发，研究的成分体系主要为铁 – 锰 – 铝钢、铁 – 铝钢与中锰钢。2019 年 7 月，鞍钢联合东北大学、通用汽车（中国）科学院联合开发的高强度钢 DP980-LITE 在全球首发，其伸长率明显优于传统的 980 兆帕级双相钢，同时密度降低 5%；2022 年 1 月，世界首创用 100 吨电炉冶炼工艺生产的高强高韧低密度钢板在中信泰富特钢集团江阴兴澄特种钢铁有限公司制备成功。

（2）铝合金

铝合金作为性价比较高的轻质合金，近年来发展较快，国内外在新材料与相关成形工艺开发、扩大铝合金产业化应用方面均做了很多布局，主要集中于两个方面：一方面加快开发高性能铝合金材料，提升铝合金材料的高稳定性，如日本提出高强铝合金研制方向，屈服强度将超过 700 兆帕、延伸率达 12% 以上；另一方面着力降低铝合金成本，如美国布局了无稀土铝镁合金材料，预期通过规避成本昂贵的稀土成分的应用降低材料成本。又如正在研发的石墨烯润滑剂可降低铝合金/超高强钢与钢模间的摩擦系数，使冲压成本效益大幅度增加；或是提升再生铝合金的性能。在铝合金成形技术方面，未来的发展主要集中在大型一体化压铸技术、薄壁化铝合金成形工艺和产业化技术开发、成形过程中铝合金流动特性及其仿真分析以及拓展粉末冶金、半固态成形、液态模锻、温热成形、辊压技术等多种铝合金成形工艺等方面。解决高强度铝板在室温成形中因不均匀变形而产生的裂纹问题也是未来铝合金板应用关注的重点，为此美国布局了成本效益更高的高强度铝合金室温成形技术开发，以扩大铝在结构组件以及防撞梁、B 柱等安全部件上的使用。

（3）镁合金

镁合金具有非常好的比强度、低密度，现阶段主要应用于仪表板横梁支架和方向盘上，以铸造工艺为主。未来的发展趋势有：① 工艺手段更加丰富，向锻造工艺、冲压工艺和挤压成形工艺发展；② 向大尺寸、薄壁化复杂结构零件的应用发展；③ 开发高强度镁合金材料和耐高温镁合金材料。镁合金用量相对复合材料和钢铁而言非常少，这是因为镁合金的强度低、耐腐蚀性差和成本高，这三大技术难题影响了镁合金材料的产业化应用，国内外均在为此布局和努力。

在高强镁合金方面，日本布局了 360 兆帕、延伸率 15% 的镁板以及 250 兆帕、延伸率 15% 的镁型材。在低成本镁薄板技术开发方面，美国以"将镁板降重成本降低到 2.5 美元/磅"为目标，从合金成分改性、材料表征和建模技术、低温轧制工艺、连接工艺、防腐工艺合金等方面对福特公司汽车车门内外板进行了全面、系统的研究。目前已开发出抗拉强度达 245 兆帕、伸长率达 29% 的镁合金薄板。在镁合金防腐方面，美国正在研究激光表面处理等技术。

（4）复合材料

复合材料正向大丝束、低成本和可降解方向发展。目前，国际上对于复合材料的研究主要集中于碳纤维增强复合材料、生物基可降解纤维增强复合材料、玄武岩纤维增强复合材料。研究重点是从材料、结构集成设计和高效成形工艺方面降低碳纤维增强复合材料的应用成本，以期加快碳纤维增强复合材料的发展步伐。原材料方面正在逐步向 48—50 开等大丝束方向发展，如宝马 i3 车型就选用了 50 开的大丝束碳纤维。美国计划从低成本碳纤维增强复合材料（聚丙烯及尼龙基）、低成本碳丝生产工艺 – 近距离磁碳化、可塑性热固碳纤维增强复合材料生产工艺、碳纤维材料连接工艺、建模及仿真技术等方面解决碳纤维应用中面临的现实技术问题，并把减重成本控制在 5 美元 / 磅以下。

（5）轻量化材料低碳化

根据调研及测算，燃油车使用阶段碳排放在汽车全生命周期碳排放的占比最高可达 75% 以上，产业链碳排放占汽车全生命周期碳排放的 15%—20%；电动汽车产业链碳排放占比较燃油车明显提升，占汽车全生命周期碳排放的 30%—45%；随着电动化进程的加快以及电力清洁化的推进，电动汽车产业链阶段的碳排放占比将增加至 85% 以上。因此从中长期来看，汽车产业实现"双碳"目标必须要重视汽车产业链阶段的减碳工作，加快产业链、供应链的低碳转型已成为新能源汽车时代碳中和的关键。

国内外汽车企业，如宝马、沃尔沃、东风、长安等均向供应链提出了碳排放数据披露及低碳技术的需求。材料作为汽车产品的基础，材料脱碳成为汽车相关企业的共同选择。目前，低碳、零碳材料的研究与实现主要有以下三个方向。

一是使用绿色电力。目前，我国的电力结构以煤电为主，煤电的碳排放强度远高于天然气、水电、核能等清洁能源。使用绿色电力无疑能够直接大幅降低材料的碳排放，但要实现其在原材料生产环节的广泛应用，还需要平衡材料生产过程中的成本控制与碳减排关系。

二是再生材料开发与应用。钢、铝与塑料是汽车产品用量最大的三种材料，也是国内外重点关注的高耗能产业领域，因此再生铝、再生钢、循环塑料成为汽车相关企业研究和开发的重点。据欧盟动态（EurActiv）网站报道，欧盟委员会正在考虑对新车的某些塑料部件采取强制回收利用，即到 2025 年新车中可连续熔融和重铸的聚合物占 25%，2030 占 30%，2035 占 35%，以提高报废汽车回收成分、实现闭环回收。国外汽车企业已向供应链企业提出了再生料应用比例要求，如宝马要求供应商达到 30% 甚至未来达到 50% 的再回收材料使用比例，通用汽车联合相关企业开启了再生铝合金型材方面的研究。2021 年 5 月，我国工信部、科技部、财政部、商务部联合发布了《汽车产品生产者责任延伸试点实施方案》，重点提出汽车绿色供应链体系构建完备，汽车可回收利用率达 95% 以及重点部件的再生原料利用比例不低于5%。我国汽车相关企业也开始加大再生材料的研发，例如上海宝钢联合泛亚、恺博座椅于2022年9月在国内率先发布了采用100%废钢的CR420LA普冷和镀锌材料，并完成油箱加强支架、B柱加强板内板下部、座椅头枕连接板三个零部件级别的成形、焊接和涂装的评估验证。

三是工艺优化。通过对现有材料生产及零部件加工的工艺环节进行优化，减少能源消耗与碳排放。虽然此举对于碳中和的贡献远不及使用绿色电力与再生材料，但却是目前企业在短期内可以实现的有效减碳措施。

4.2.5.3 连接工艺发展趋势

连接技术已经发展到焊接、螺接、铆接、胶接、胶铆接等多种工艺并存的阶段，各国的研究重点集中在连接结构的设计技术开发、高性能连接介质材料和连接零件（如胶黏剂、铆钉和螺栓）等的开发、构建连接精确模型及可靠性和性能评价体系等，目标是有效解决异种材料连接面临的界面硬脆、电化学腐蚀、变形和应力等问题，实现连接的高可靠性、高效率和低成本。

参考文献

［1］McCallen R，Salari K，Ortega J，et al. Doe's effort to reduce truck aerodynamic drag-joint experiments and computations lead to smart design［C］// UcrlConf-204819，2004.

［2］刘欣杭，魏剑，高浩，等. 新设计低风阻系数省油车动力仿真分析［J］. 内燃机与配件，2022（11）：4-8.

［3］刘鲁军. 低风阻轻型电动概念汽车车身造型设计［D］. 南京：东南大学，2015.

［4］付宇. 汽车车轮扰流板降阻效果数值模拟分析［J］. 汽车工程师，2018（7）：37-39.

［5］car-specs. TOP100 Cars with Best Drag Coefficient［EB/OL］. https://www.car-specs.net/top-100-cars-by-drag-coefficient-%28Cd%29，2022-9-13.

［6］石莉娜，夏丹，柳鹏. 商用车低风阻方案研究［J］. 汽车制造业，2022（4）：48-50.

［7］中国汽研. 中国汽车风洞发展史［EB/OL］. https://www.auto-testing.net/news/show-94952.html，2018-2-26.

［8］张树玲，张燕然，张波，等. CFD技术进展及其在汽车设计中的应用［J］. 教育教学论坛，2018（37）：279-280.

［9］喀晶元. 奥迪电子车外后视镜技术与应用［J］. 汽车与驾驶维修，2020（5）：18-19.

［10］李姝红. 车联网环境下乘用车节能队列研究［D］. 吉林：吉林大学，2017.

第 5 章 动力电池技术

在新一轮科技革命和产业变革下，电动化、网联化、智能化、共享化正成为全球汽车产业的发展潮流和趋势，发展新能源汽车已成为全球共识。动力电池作为新能源汽车能量存储与转换装置的基础单元，是新能源汽车的核心零部件。动力电池的电性能、安全可靠性和使用寿命等对整车设计、开发、运营以及维护至关重要，直接影响新能源汽车的市场应用和普通消费者的接受度，其技术发展水平是全球汽车产业电动化转型的关键支撑[1]。

动力电池将成为新一轮汽车产业转型国际竞争的必争之地。在国家层面上，美国、日本、德国、韩国、欧盟等国家和地区均制定了车用动力电池发展规划，以期加强本国和本地区的动力电池技术进步，巩固汽车强国地位；中国在节能与新能源汽车国家规划、国家重点研发计划新能源汽车重点专项以及新能源汽车产业发展规划中，从全产业链的角度对动力电池的研发和产业化发展进行大力支持。

目前，中国节能与新能源汽车产品应用领域和细分市场逐步清晰，对应的车型产品特征显著，涵盖纯电动、插电式混合动力和混合动力三大类别以及乘用车和商用车两大应用领域，对应动力电池类别分别为能量型、能量功率兼顾型和功率型，充电方式以慢充为主、快充为辅。动力电池整体技术架构设计从全产业链进行了覆盖，包括动力电池、系统集成、新体系动力电池、关键材料、制造技术及关键装备、测试评价、梯次利用及回收利用。新能源汽车动力电池技术架构如图 5.1 所示。

5.1 动力电池单体技术

5.1.1 概念

目前市场上的主流动力电池技术以铅酸电池、镍氢电池、燃料电池和锂电池技术为主，其中锂离子动力电池是基于一次性锂电池技术高速发展起来的，具有高比

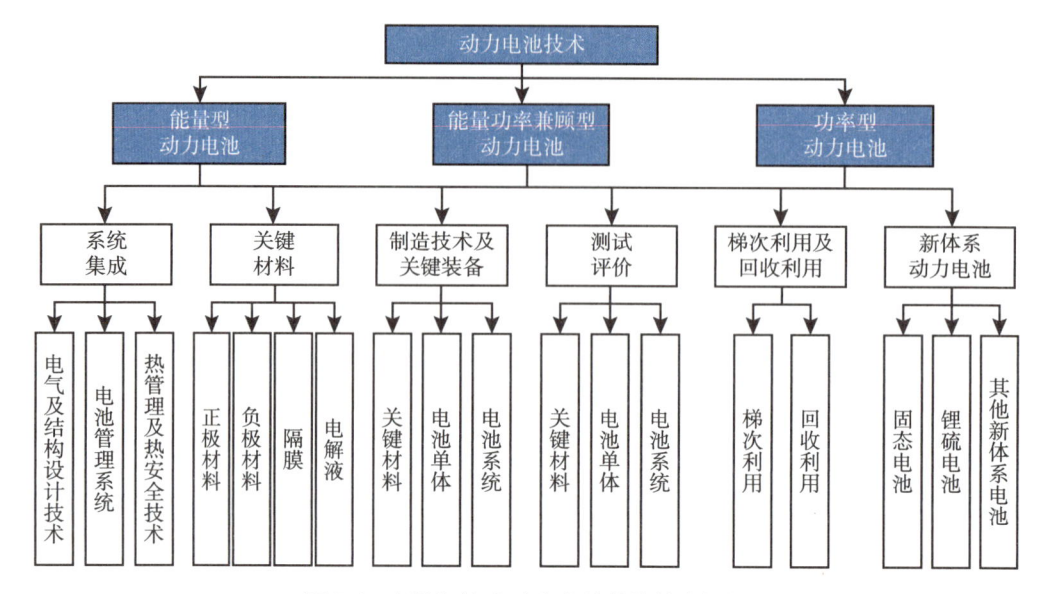

图 5.1 新能源汽车动力电池整体技术架构

能量、高比功率、低污染、低放电率等诸多优点,是目前最受科研机构、电池厂商及汽车厂商青睐的车载动力电池系统,同时也是目前纯电动汽车动力电池系统研发的主要方向。下面,我们以锂离子动力电池为例详细阐述其工作原理及安全问题[2]。

锂离子电池的结构组成及工作原理如图 5.2 所示,主要由正极、负极、电解液、隔膜、包装部件以及外部连接构成,其中正极、负极均匀涂布于铜箔和铝箔集流体上。由于正极电位较高,所以正极材料常为嵌锂过渡金属氧化物或者聚阴离子化合物,如图中所示的钴酸锂($LiCoO_2$),还有锰酸锂($LiMn_2O_4$)、三元 [$Li(NiCoMn)O_2$]、磷酸铁锂($LiFePO_4$)等;负极通常为石墨和非石墨化碳等碳素材料;电解液主要是由有机混合溶剂和锂盐构成的非水溶液,溶剂多为碳酸之类的有机溶剂,锂盐多为单价聚阴离子锂盐,如六氟磷酸锂(LiPF6)等;电池隔膜多为聚乙

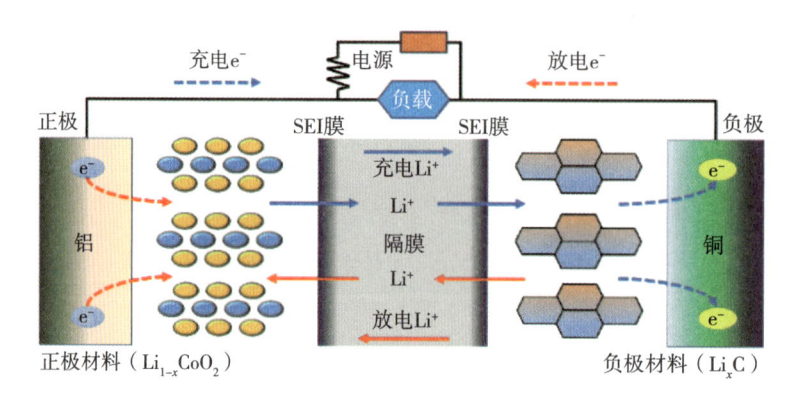

图 5.2 锂离子电池组成及工作原理

烯或聚丙烯微孔膜，主要起到隔离正、负极物质的作用，隔膜只允许电解液中的离子通过，但会阻止电子穿过而引起电池短路[3]。

在电池充放电过程中，锂离子在电池间往返迁移。充电过程中，电池内部的锂离子从正极脱出，经由电解液穿过隔膜并嵌入负极；电池外部的电子通过外部电路迁移到负极。放电过程中，电池内部的锂离子从负极脱出，穿过隔膜嵌入正极；电池外部的电子通过外电路迁移到正极。

从新能源汽车的成本构成来看，动力电池系统成本占整车成本的30%—40%，动力电池技术已成为体现企业研发实力和主打优势的核心技术。为提高新能源汽车的推广应用程度，动力电池应具备高能量密度、高功率密度、长循环寿命、宽工作温度范围、低成本、高安全性等关键特性。对于动力电池状态评估，有电池荷电状态、电池健康状态、电池功率状态、电池能量状态等多个关键指标。

从整体看，目前动力电池技术路线多样且呈现多元化趋势。除了已经成熟量产的磷酸铁锂电池、三元材料电池、无钴电池、四元材料电池，还有钠离子电池、固态电池、锂金属电池等已形成样品即将量产的电池技术，也存在锂硫电池、锂空气电池等尚处于实验室阶段的新体系电池技术。

磷酸铁锂电池：是一种使用磷酸铁锂作为正极材料、石墨作为负极材料的锂离子电池，单体额定电压为3.2伏，充电截止电压为3.6—3.65伏。1996年美国和日本率先研发了磷酸铁锂电池。目前其比能量为180—190瓦·时/千克，优势企业可达到200—210瓦·时/千克。充电过程中，磷酸铁锂中的部分锂离子可全部脱出，经电解质传递到负极，嵌入负极材料；同时从正极释放出电子，自外电路到达负极，维持化学反应的平衡。放电过程中，锂离子自负极脱出，经电解质到达正极；同时负极释放电子，自外电路到达正极，为外界提供能量。磷酸铁锂电池目前广泛使用在新能源汽车中，具有工作电压高、能量密度大、循环寿命长、安全性能好、自放电率小、无记忆效应的优点。

三元材料电池：是指正极材料使用镍钴锰酸锂或者镍钴铝酸锂的三元正极材料的锂电池。三元复合正极材料是以镍盐、钴盐、锰盐为原料，镍钴锰添加的比例可根据实际需要调整，三元材料做正极的电池相对于钴酸锂电池的安全性更高。三元材料电池是在容量与安全性方面比较均衡的电池，循环性能好于正常钴酸锂电池，随着配方的不断改进和结构完善，三元材料电池的标称电压已达到3.7伏，在容量上已经达到或超过钴酸锂电池水平。三元材料可以分为镍钴锰酸锂（NCM）和镍钴铝酸锂（NCA），其中NCM三元材料电池发明于2008年，现已成为新能源汽车动力电池的主要类型之一；NCA三元材料电池发明于1999年，应用企业较少，主要是松下。目前两种电池比能量均能达到300瓦·时/千克且呈现两种技术趋势，一种是往高比能发展的高镍/超高镍三元电池，目前已量产 811（镍钴锰比例）三元电池，90 系及更高的 95 系超高镍产品正逐渐产业化；一种是兼顾高安全性与高比能的中镍三元电池，如 523 三元电池。

无钴电池：包括层状镍锰两元和尖晶石高电压正极材料的电池。2019 年蜂巢能源宣布率先在全球实现了层状电池的量产，目前其比能量达到 240 瓦·时/千克，与中镍三元电池相当[4]。

四元材料电池：是指正极材料为 NCMA 的动力电池，发明时间为 2019 年。其在 NCM 材料的基础上增加了铝元素，可以降低正极材料的成本，目前比能量可达到 300 瓦·时/千克。

钠离子电池：研究起源于 20 世纪 80 年代，但电性能较差。2010 年以来，随着电池材料技术的进步，钠离子电池性能获得明显进步，目前比能量已达到 160 瓦·时/千克，且具备良好的快充能力和低温性能。当前第一代钠离子电池已实现量产。

固态电池：研究起源于 20 世纪 70 年代，到目前已形成了固液混合电池的研发及产业化，即将量产的固液混合电池比能量可达 360 瓦·时/千克。但全固态电池还存在明显缺陷，距离产业化还有较长时间。

锂金属电池：负极材料为锂金属的电池，其研究可追溯到 20 世纪 70 年代。由于锂金属电池在充电时存在安全风险，一直没能实现商业化，直到最近才陆续有锂金属电池的产品逐渐推出，目前其比能量可达 550 瓦·时/千克。

锂硫电池：是以硫元素作为正极、金属锂作为负极的一种锂电池，其反应机理不同于锂离子电池的离子脱嵌机理，而是电化学机理。目前尚处于实验室阶段，比能量可达 609 瓦·时/千克。

锂空气电池：其负极材料为锂，使用氧气作为正极多孔碳电极，具有高能量密度的潜力。目前尚处于实验室阶段，理论能量密度上限可达 11000 瓦·时/千克。

5.1.2 动力电池单体发展现状

在动力电池单体方面，能量型电池（普及型）质量能量密度达到 160—230 瓦·时/千克，国外达到 140—180 瓦·时/千克；能量型电池（商用型）质量能量密度达到 180—240 瓦·时/千克；能量型电池（高端型）质量能量密度达到 260—300 瓦·时/千克，国外达到 210—260 瓦·时/千克；功率型电池质量能量密度达到 90—120 瓦·时/千克，比功率达到 5000 瓦/千克。在动力电池质量能量密度方面，我国普遍高于国外技术水平。

5.1.2.1 磷酸铁锂动力电池

目前我国磷酸铁锂电池的性能处于全球先进水平，比能量普遍达到 180—

190瓦·时/千克，部分厂家可实现200瓦·时/千克以上。磷酸铁锂正极材料的容量能达到160毫安·时/克，其理论比容量是170毫安·时/克。同时磷酸铁锂循环寿命长，磷酸铁锂电池1C循环寿命普遍达3000次以上，保证8—10年的使用寿命。磷酸铁锂电池安全性能好，其正极材料电化学性能比较稳定，即使在短路、过充、挤压、针刺等特殊条件下仍较为安全。目前国内磷酸铁锂电池的优势企业有宁德时代、比亚迪、国轩高科、中创新航、力神、亿纬锂能等，磷酸铁锂材料的优势企业有湖南裕能、德方纳米、湖北万润、龙蟠科技等。比亚迪研发并量产的"刀片电池"进一步提高了磷酸铁锂电池的比能量与安全性，促进了磷酸铁锂电池的技术进步。国外动力电池企业，包括LG新能源、SKI、三星SDI和松下电池，主要以三元电池为主要侧重技术路线和方向。2021年我国动力电池累计产量219.7吉瓦·时，累计同比增长163.4%，其中磷酸铁锂电池累计产量125.4吉瓦·时，占总产量的57.1%，累计同比增长262.9%。可以看到，磷酸铁锂电池近年来在新能源汽车的搭载比例逐渐升高，短期内将维持较大的市场规模。

5.1.2.2 三元锂动力电池

目前我国三元材料电池的性能处于全球先进水平，比能量普遍达到250瓦·时/千克，部分厂家能实现300瓦·时/千克以上。目前三元材料的容量能达到210毫安·时/克，不同组分的三元材料理论比容量有差异，大致为280毫安·时/克。国内三元材料电池的优势企业有宁德时代、中创新航、国轩高科、力神、亿纬锂能等，三元材料的优势企业有容百科技、当升科技、中伟新材料、华友、长远锂科等。国外动力电池企业主要以三元材料电池为主，包括日本的松下和韩国的LG新能源、SK On、三星SDI。但松下的三元材料不同于NCM，而是采用了NCA材料。行业内主要通过采用高镍/超高镍三元正极材料以及硅基负极材料进一步提升三元材料电池的比能量，后期将以实现比能量350瓦·时/千克甚至400瓦·时/千克为长期目标。2021年我国动力电池累计产量219.7吉瓦·时，累计同比增长163.4%，其中三元电池累计产量93.9吉瓦·时，占全球总产量的42.7%，累计同比增长93.6%。在未来一段时间内，高端车型基本还是以三元材料电池为主，市场规模保持良好前景。

高比能固液混合电池：传统液态锂离子电池受到能量密度和安全性难兼顾的限制，续驶里程短、充电慢、不安全成了新能源汽车的痛点问题。全固态电池是解决上述问题的最佳途径，然而，受限于固态电解质规模化生产及全固态界面接触差等技术问题，全固态电池产业化还有段距离，但固液混合电池已实现产业化[5]。

全固态锂电池技术尚未突破的情况下，混合固液电池有望兼容液态锂电池的部分材料、大部分设备和工艺，综合平衡安全性、能量密度、功率密度、循环寿命、高低温性等性能，率先实现商业化，逐步提升液态锂电池的性能。基于固态电解质包覆高镍正极、预锂化高首效硅碳负极、功能性高热稳定性离子导体涂层隔膜及原位固化创新技术的混合固液软包锂离子电池，很好地结合了液态和固态的优势，兼顾高能量密度、高功率、高安全特性，重量能量密度达 360 瓦·时/千克，体积能量密度达 770 瓦·时/升，常温 1C 充放电循环 600 次容量保持率达到 80%，安全性较传统液态锂离子电池能到很大改善。电池能量密度的提升能够有效解决新能源的里程焦虑，而能量密度的提升会伴随着电池的安全问题，固态电池作为下一代的锂电池技术，在继承传统锂电池优点的基础上，能够兼顾高安全性以及高能量密度，但是由于固态电池现阶段的离子电导率还偏低，所以基于固态电解质的固液混合电池，能够同时兼顾高安全高能量密度以及高离子电导率。

5.1.2.3 无钴电池

（1）镍锰两元层状材料电池

目前在镍锰两元层状材料领域采用的关键技术包括：通过阳离子掺杂提升结构稳定性，改善安全性和循环寿命；开发单晶化的正极材料，提升材料的机械强度和循环寿命；对材料进行纳米表面包覆，减少与电解液的副反应，提升材料安全性和改善循环寿命等；在电芯层面，采用高速叠片技术降低内阻，开发高安全电解液等技术方案来改善电芯的安全性。韩国 SDI、特斯拉、宁德时代、蜂巢能源等企业均致力于镍锰氧化物无钴电池的开发及产业化工作，其中蜂巢能源科技股份有限公司于 2020 年 12 月宣布无钴电芯开始接受全球预定，并于 2021 年 7 月实现了全球首款无钴电芯的量产下线，成为全球最早实现无钴电池产业化的企业。蜂巢能源量产下线的 115 安·时 MEB（1.5 倍厚度）方形无钴电芯采用了镍锰氧化物无钴正极＋高容量高压实石墨负极的材料体系，并采用正极材料掺杂包覆、提高负极石墨化度、高速叠片工艺等技术方案提升电芯单体性能。在实现第一代镍锰氧化物无钴电芯产业化的同时，蜂巢能源还在布局下一代无钴电芯产品的开发工作，通过电解液配方优化、电极配方优化、设计优化等技术方案进一步提升产品性能指标，无钴电芯能量密度≥ 50 瓦·时/千克并具备 1.6C 的快充能力，进一步提升车辆的续驶里程，缓解用户的里程焦虑，完善电池的产品矩阵。

（2）尖晶石镍锰酸锂材料电池

尖晶石镍锰酸锂是无钴高电压正极材料，尖晶石结构具有三维的离子通道，相对金属锂负极的工作电压为 4.7 伏，理论比容量达 146.7 毫安·时/克。目前材料可逆比容量达到 135 毫安·时/克（比能量 634.5 瓦·时/千克），高电压镍锰酸锂动力电池具有高能量密度、宽工作温度范围、高安全性、最低锂当量等优点。与目前最主流的磷酸铁锂动力电池相比，可使能量密度提升 40% 以上，工作温度下限降低 20 摄氏度，是锂当量最低的锂离子电池体系，完全不含钴，镍含量也较低，具有突出的成本优势[6]。

5.1.3 动力电池单体未来趋势

过去15年，新能源汽车经历了从无到有的阶段，技术可行性得到了验证并初步经受了市场考验，2020—2035年是新能源汽车发展壮大的关键阶段。动力电池技术发展以高比能、安全可靠、智能化制造和管理为主要方向。

5.1.3.1 能量型动力电池

为进一步提升比能量和能量密度，支撑新能源汽车实现长续驶里程，需要采用更高能量密度的正负极材料，如高镍/高压三元材料、富锂锰基材料、高克容量高压密石墨材料、添加硅/锡等合金化元素的复合负极材料等；开发薄基材技术、高效封装技术、厚电极技术、薄隔膜表面改性技术等，减少电池内部非活性物质占比，提高电池有效体积利用率；通过模组/电池系统结构设计和优化，提高电池系统的体积利用率，如大模组/无模组集成技术等。上述技术方案也可以用来提高具有成本优势，但能量密度偏低的磷酸铁锂电池和锰酸锂电池的能量密度，使其能够满足纯电动乘用车续驶里程要求，同时具有显著的成本优势。

5.1.3.2 能量功率兼顾型动力电池

基于目前插电式混合动力汽车的市场需求、技术现状及发展前景，动力电池需在保持长寿命、高充放电功率等性能基础上进一步提高能量密度，满足插电式混合动力汽车的纯电续驶里程要求。在兼顾成本和能量密度的前提下，要着重提升负极对锂离子的快速接受能力，采用新技术和新工艺开发具有快速充电能力的动力电池，改善循环性能和安全性能，与充电技术设施密切结合，实现推广应用。

5.1.3.3 功率型动力电池

技术开发方向主要包括：通过正负极材料、电解液优化等提高电池的功率性能，如采用小粒径二次颗粒材料、表面处理高功率负极材料、非碳酸酯电解液溶剂等；提升低钴或无钴正极材料的充放电功率性能，推动低成本材料在功率型动力电池中的应用。未来的高安全长寿命智慧电池将通过嵌入智能传感器和应用自响应智能材料，实现动力电池全生命周期的物理化学特征智能感知、自动修复和安全预警等功能，逐步走向智能化。

5.2 动力电池系统集成技术

5.2.1 概念

动力电池系统集成是指在电芯的基础上辅以结构件和电气件设计与制造动力

电池系统的过程，核心零部件包括热管理系统部件、机械结构件、电气结构件、辅材等（图5.3）。系统集成后需要满足电池系统轻量化、高强度、高刚度、绝缘、密封防水、热管理性能好、热失控阻断等性能要求。依靠结构优化提高动力电池系统整体性能（如比能量）已成为发展趋势之一[7]。

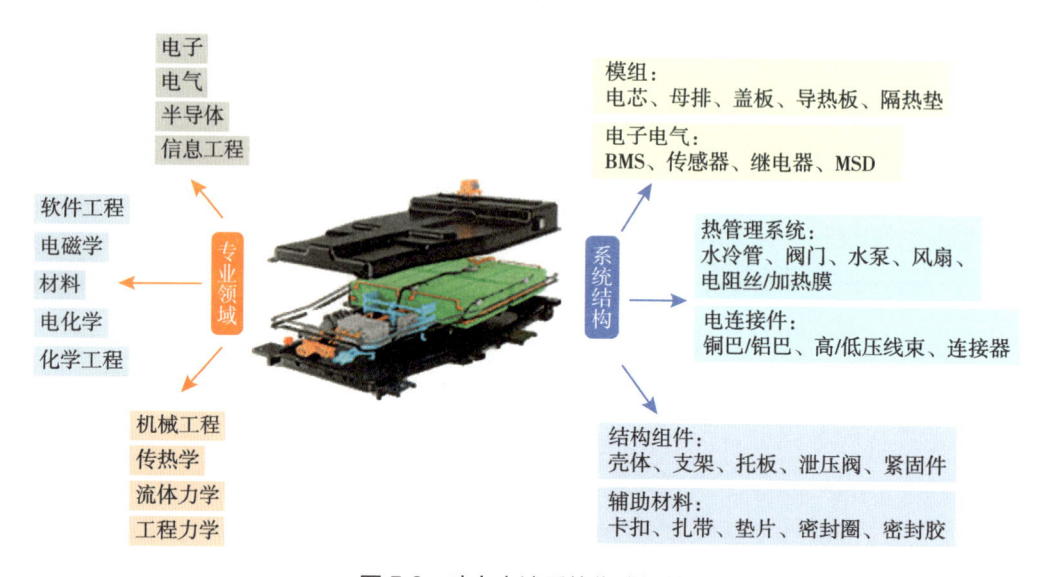

图 5.3 动力电池系统集成部件

5.2.2 动力电池系统集成技术发展现状

随着动力电池技术水平的不断提高，电池系统能量密度明显增长，提升了新能源汽车的续驶里程，同时也对安全性能提出了更高要求。

目前，国外主流新能源汽车动力电池系统比能量集中在 120—160 瓦·时/千克，体积成组效率达到 50%—70%，质量成组效率达到 70%—82%。国内受补贴政策导向，乘用车领域的电池系统比能量集中在 140—160 瓦·时/千克，成组效率及能量密度方面普遍高于同期国际其他产品，成组效率在 65%—75%，质保期达到 8 年/15 万千米，对于运营车辆，质保期普遍要求达到 5 年/50 万千米；商用车领域（大巴车为主）的电池系统比能量主要集中在 135 瓦·时/千克，成组效率在 90%，质保期达到 8 年/60 万千米。

在电池模组化技术方面，模组设计标准化是电池系统平台化的重要技术支撑，电池及电池模组尺寸的相关标准已制定并实施，目前已规模使用标准化电池模组，可降低动力电池系统制造和维修成本，且标准化比例达到 15%—25%。直接将电池布置在电池箱体内的无模组结构设计技术快速发展，与传统电池结构相比，零部件可减少超过20%，成组效率可提升5%—10%，空间利用率可提升5%，有利于提升电池系统的能量密度。

在电池管理技术方面，国外电池管理系统软硬件架构和关键元器件及产业链已基本成熟，我国目前处于追赶阶段。国内目前已实现对全部核心部件进行自检，远程升级技术有少量应用，出现了基于可变速CAN（控制器局域网络，Controller Area Network）线通信方式的电池管理系统。在状态监测方面，对各种算法的精度、计算量、运算速度等有深入研究，电压精度、温度精度、状态估算精度与国外同步，并根据实际工况在电池系统中得到了工程化应用，主被动均衡技术得到广泛应用，提高了电池使用过程中的一致性，电池管理系统的状态估算精度误差基本实现小于3%、少数区间小于5%；在功能安全方面，部分产品已实现满足汽车安全完整性等级最高级的功能安全；在信息安全方面，目前国内外均停留在较初级阶段。

5.2.3 动力电池系统集成技术未来趋势

动力电池集成技术最近10多年的发展主要经历了三个阶段：10年前开始的标准化模组1.0时代；以电芯到系统技术（即无模组技术）为代表的大模组2.0时代；以电芯到底盘技术为代表的全新3.0时代。后续将以电芯到底盘技术为主要发展趋势。

未来将重点开发适用于新能源汽车的动力电池模块化平台，通过标准化模组、配电单元及电池箱体，采用有利于梯次利用的设计，降低系统全生命周期的使用成本；采用轻量化技术，提高系统集成度，提升系统的成组效率、系统的重量和体积能量密度；应用大数据及物联网技术提升功能安全，实现管理系统全生命周期的在线及离线安全可靠控制，管理系统具有自我诊断和修复功能；实现动力电池系统全天候、全工况和全生命周期条件下的安全可靠使用，实现热失控预警，防止热扩散发生，循环寿命、日历寿命和充电时间等满足使用要求。

5.3 新体系电池技术

5.3.1 概念

新体系电池就是在现有电池体系的基础上进行改进或创新而形成的下一代电池。狭义的新体系电池特指电池的关键材料发生重大变化而组装形成的电池，如正极材料采用硫而形成的锂硫电池，类似的还有锂空气电池；负极材料采用金属锂的锂金属电池等；电解质采用固态电解质的全固态电池等。广义的新体系电池也可以指关键材料在现有基础上发生一些改进而形成的电池，如钠离子电池、四元材料电池等。

5.3.2 新体系电池技术发展现状

目前新体系动力电池主要涵盖固态电池、锂硫电池和其他新体系动力电池，通过解决相关科学基础问题、工程基础问题，实现基于新体系动力电池的原理样机考核验证。

在固态电池方面，其本质上具有不易燃烧和长循环寿命等优点。2000年日本公布固态电池研究计划。2014年起固态电池相关专利的申请出现快速增长。目前兼具高能量密度和高安全性的大容量全固态电池还处于实验室研发阶段。总体而言，日本在固态电池研发中处于领先地位，丰田公司希望2025年实现固态电池市场化，但同时表示固态电池从实验室到产业化过程中依旧存在巨大挑战。据报道，2020年年初韩国三星宣布发明了一种提高全固态电池寿命和安全性的方法，采用固态电解质和使用银碳复合层作为阳极，可将三元正极电池能量密度提高到900瓦·时/升。我国多家企业开发了多种类型的固态电池，研制出单体比能量达到400瓦·时/千克的样品，但硫化物固态锂金属电池仍在开发过程中。目前固态电池质量能量密度达到350—400瓦·时/千克，循环次数可达150—200次（100%标定）且目前处于生产规划阶段。当前仅有金属锂聚合物二次电池在新能源汽车上实现了批量商业示范运行。法国Batscap-Bollore开发的金属锂聚合物二次电池容量为10—30安·时，循环寿命超过2000次，已成功应用于Autolib共享汽车，保有量达到了4000辆，主要在巴黎地区运行。

锂硫电池是以硫元素作为电池正极、金属锂作为负极的一种锂电池。国外锂硫电池研发主要有美国Sion Power和英国Oxis公司。Sion Power公司研发的锂硫电池主要涉及无人机、地面车辆、军用便携式电源和新能源汽车等应用领域。Oxis公司与牛津大学、剑桥大学和俄罗斯科学院合作开发聚合物锂硫电池，主要应用于航空和新能源汽车等领域。中国在锂硫电池的研发方面已取得良好进展，开发的能量型锂硫电池最高比能量超过600瓦·时/千克、质量能量密度达到500瓦·时/千克。同时，固态锂空电池质量能量密度达到500瓦·时/千克，锌空气电池质量能量密度达到300瓦·时/千克，钠离子电池质量能量密度达到160瓦·时/千克。但锂硫电池在寿命和安全性方面面临巨大挑战：硫正极中间产物多硫化物可溶于有机电解液，充电过程会迁移至负极形成穿梭效应；金属锂负极存在界面不稳定和枝晶问题，电池循环和安全性能差；同时硫正极密度低、电池体积能量密度低，尚不能满足新能源汽车使用要求。

锂空气电池是采用金属锂作为阳极、以空气中的氧气作为阴极反应物的电化学体系，理论比能量可达 3500 瓦·时/千克（计算氧的重量），我国研发的液态锂空气电池能量密度已达到 780 瓦·时/千克。但该类电池的电极反应机理复杂、极化大、效率低、循环寿命不佳，作为动力电池应用方向的前景仍在探讨中。

目前，钠离子电池受到研究者广泛关注的正极材料主要包括层状氧化物、隧道型氧化物、普鲁士蓝类化合物和聚阴离子型化合物。钠离子电池技术优势主要有三点，即资源优势、集流体不用铜箔、生产工艺和设备成熟[8]。除了成本低廉，钠离子电池还可以利用锂离子电池成熟的生产线实现快速产业化，这一优势相对于其他新兴电化学储能技术更为明显，因为大多钠离子电池存在的问题在锂离子电池中都可以找到解决方案。相比锂离子电池，钠的相对原子质量更大且钠的标准对氢电位高于锂，因此钠离子电池的能量密度相比锂离子电池更低，目前钠离子电池的能量密度仅为锂离子电池的 70%，但是钠离子电池的能量密度远远高于铅酸电池，是铅酸电池的 3 倍。

5.3.3 新体系电池技术未来趋势

在固态电池方面，涉及高电导率高稳定性固态电解质、高稳定性正负极、固相界面修饰调控、新型工艺装备、系统成组设计等诸多技术难题。现有液态锂离子电池的安全性已显著提高，预锂化技术正逐步成熟，在未来 3—5 年首先能够规模化生产的是介于液态锂离子电池与固态锂电池之间的电池类型，如固液混合电解质的锂离子电池，比能量和能量密度有望达到 300—400 瓦·时/千克和 800—1000 瓦·时/升。该类电池应先在某些细分市场应用，然后随着循环性、安全性以及综合技术指标的提升逐步拓展到新能源汽车领域，并在此基础上逐步减少液体或凝胶类电解质的比例，最终过渡到固态锂电池，比能量和能量密度有望达到 500—600 瓦·时/千克和 1200—1500 瓦·时/升。

在锂硫电池方面，比能量和能量密度有望在 3—5 年内实现 500 瓦·时/千克和 600 瓦·时/升的目标，但循环寿命及体积能量密度的提升是技术难点；金属锂负极需重视基础性研究。锂硫电池后续技术研究需引入新思路和新技术，解决正极多硫离子溶解穿梭问题，构建高载量和高压实硫电极，减少电解液用量，消除电池燃烧等安全隐患，提升金属锂负极的电化学可逆性，构建本质安全、长寿命和高体积能量密度的锂硫电池。

在锂空气电池方面，主要解决锂空气电池反应机理及性能衰退问题，优化电池中各关键要素间的相容性，解决含氧中间态产物与碳材料、电解液体等发生化学反应的技术难题等[9]。

5.4 动力电池关键材料技术

5.4.1 概念

动力电池的关键材料主要有四种，分别是正极材料、负极材料、电解质和隔膜（图5.4）。正极材料是锂离子电池锂源的提供者，决定了电池的比能量和能量密度。负极材料在锂离子电池中主要作为储锂主体，在充放电过程中实现锂离子嵌入和脱出，与电池寿命和充电性能密切相关。电解质性能直接影响锂离子电池比容量、工作温度范围、循环效率、安全性等性能。隔膜的主要作用是使电池正、负极分隔开来，防止正负极接触而短路，此外还具有使电解质离子通过的功能，隔膜性能直接影响电池性能与安全。

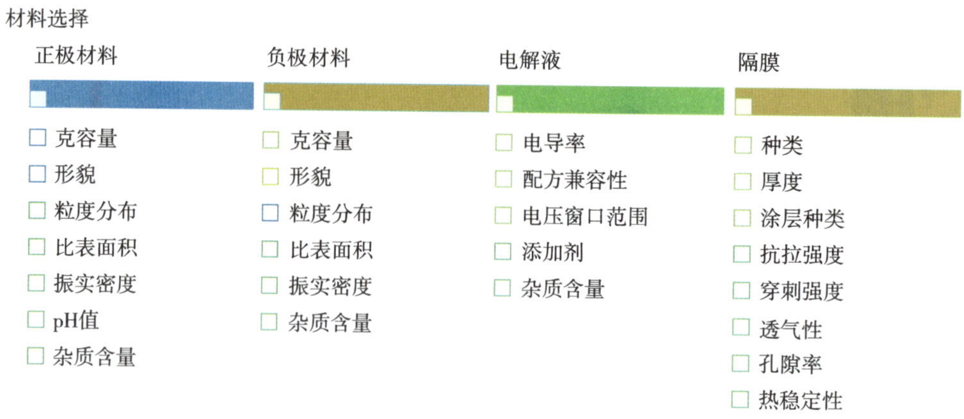

材料选择

正极材料	负极材料	电解液	隔膜
□ 克容量	□ 克容量	□ 电导率	□ 种类
□ 形貌	□ 形貌	□ 配方兼容性	□ 厚度
□ 粒度分布	□ 粒度分布	□ 电压窗口范围	□ 涂层种类
□ 比表面积	□ 比表面积	□ 添加剂	□ 抗拉强度
□ 振实密度	□ 振实密度	□ 杂质含量	□ 穿刺强度
□ pH值	□ 杂质含量		□ 透气性
□ 杂质含量			□ 孔隙率
			□ 热稳定性

图5.4　动力电池关键材料核心指标

5.4.2 动力电池关键材料技术发展现状

5.4.2.1 正极材料技术现状

目前已规模化生产的正极材料主要包括橄榄石结构磷酸铁锂材料、层状结构三元材料（镍钴锰、镍钴铝）及富锂锰基材料、尖晶石结构锰酸锂材料等。国外动力电池企业的产品主要以锰酸锂、镍钴锰、镍钴铝或其混合材料为主，掌握着高端材料制备技术；在我国动力电池企业的产品中，三元材料和磷酸铁锂材料共存。

我国磷酸铁锂材料的比容量达到160毫安·时/克；三元材料向高镍化发展，高镍三元材料（NCM622）的比容量达到180毫安·时/克，高镍三元材料（NCM811）的比容量达到210毫安·时/克。基于能量密度、安全和寿命的考虑，单晶高电压三元材料（NCM523）当前体现出较为突出的技术优势；高电压尖晶石镍锰酸锂和高电压高比容量的富锂锰基材料处于研发和产业化前期阶段。我国在正极材料领域的研发和产业化方面达到国际先进水平，可满足动力电池企业对正极材料的需求并实现了批量出口。随着技术发展，在磷酸铁锂材料和三元材料的基础上，通过材料研发和改性又形成了一批较新的正极材料，如磷酸锰铁锂材料、高镍材料、富锂材料、无钴材料。

（1）磷酸锰铁锂（LMFP）材料

磷酸锰铁锂理论容量与磷酸铁锂相同，为170毫安·时/克，但相对于Li^+/Li的电极电势4.1伏，远高于磷酸铁锂的3.4伏，且位于有机电解液体系的稳定电化学窗口，4.1伏的高电位使磷酸锰铁锂具有潜在的高能量密度。如果磷酸锰铁锂的实际容量得到充分发挥，其能量密度将比磷酸铁锂提高15%；与电压相当的锰酸锂相比，其质量能量密度可以提高25%以上。另外，磷酸锰铁锂原料成本低、环境友好、材料市场前景广阔，但导电性略差。

（2）高镍材料

高镍材料指的是三元材料中镍含量在80%以上的材料，理论容量可达200—220毫安·时/克。2021年我国在高镍正极材料技术研发上进一步突破，正式确立了以Ni83、Ni90和Ni96为代表的三代高镍三元材料产品结构，分别满足国内外不同客户现阶段以及未来对高能量密度正极材料的需求。其中，第一代高镍NCM产品（Ni83）面对降本需求的技术攻关，通过对前驱体合成技术和掺杂烧结技术的持续优化，降低钴含量并提升产能效率，新的生产线投产产能提升100%；第二代高镍NCM产品（Ni90）实现大规模量产，通过设备升级和工艺创新满足了量产更高镍产品对产线环境和制造能力的严格要求。2021年随着新能源汽车市场对超长续驶里程的需求愈发强烈，开发超高能量密度正极材料以实现新能源汽车续驶里程突破1000千米成为行业的重点技术目标，通过在混合、烧结、水洗、干燥等制备工艺上进行更精准控制，同时采用全新的掺杂包覆元素和工艺，国内率先实现了Ni92—96的超高镍三元材料的技术突破，帮助多家电芯客户实现300—350瓦·时/千克以上高能量密度电芯项目的开发。

除了NCM三代高镍产品的布局，我国在NCA和NCMA的正极材料领域也进行了深度布局，所开发的Ni88—92NCA高镍材料以更高的材料压实密度和热稳定性为技术特点，满足了圆柱电芯的高压实、高安全和高能量密度正极材料需求。在NCMA四元正极材料技术领域，研发通过原料合成、体相掺杂等多种技术手段在NCM三元材料中引入铝元素，使NCMA在维持NCM高镍三元电化学性能表现的同时提升了高镍材料的热稳定性[10]。在2021年，成功开发了特殊包覆的高镍正极材料，专门用来匹配固态电解质体系并有效解决了材料和电解质的界面问题。此外，第二代Ni90高镍产品已被国内客户用于混合固液电池中，并计划于

2022年年底进入大规模量产阶段。

（3）富锂材料

富锂锰酸锂相当于锰酸锂层状结构中1/3的八面体位锰被锂所取代形成的化合物，在4.5伏以上的高电压条件下体现出了电化学活性，而且在用部分镍、锰、钴、铬、铁等元素取代八面体位锰–锂对（根据其化学计量比2：1）后，形成的所谓富锂锰基氧化物具备超过250毫安·时/克的初始可逆比容量和接近5伏的高截止电压[11]。虽然富锂锰基正极材料具有放电比容量的绝对优势，但要将其实际应用于锂动力电池，必须解决以下几个关键技术问题：一是降低首次不可逆容量损失；二是提高倍率性能和循环寿命；三是抑制循环过程的电压衰减。目前解决这种材料问题的手段包括包覆、酸处理、掺杂、预循环、热处理等，但这些方法只能在某些方面提升材料性能，还没有万全之策。富锂锰基动力电池距离实际应用还有很长的路要走。

（4）无钴材料

钴资源已成为正极材料行业"卡脖子"问题。从正极材料全球市场分析，国际（LG、松下）和国内（当升、贝特瑞、杉杉）都将正极材料低钴化、无钴化作为重点研发方向，特斯拉也宣称将钴含量降低到了3%。无钴正极材料整体开发策略如图5.5所示，主要包括前驱体、元素比例、包覆、掺杂四个方面。

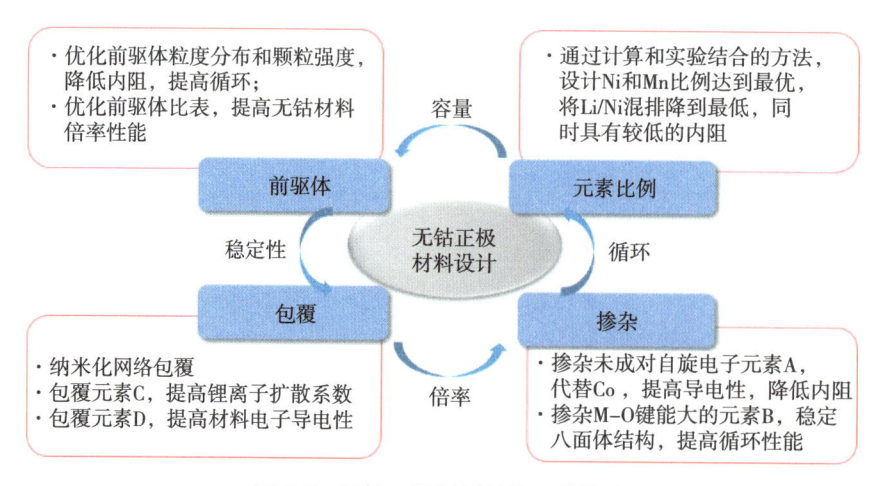

图5.5 无钴正极材料整体开发策略

5.4.2.2 负极材料技术现状

负极材料通常分为碳材料和非碳材料两大类。碳材料主要包括人造石墨、天然石墨、复合石墨、中间相碳微球、硬炭和软炭等；非碳材料包括钛基材料、锡基材料、硅基材料以及氮化物材料等。负极材料目前以碳材料为主，人造石墨占比最大且增长迅速，高比容量硅基复合材料是重点发展方向。

我国改性天然石墨的比容量达到360毫安·时/克，首次库伦效率在94%，压实密度在1.4—1.5克/立方厘米；人造石墨比容量可达到350毫安·时/克，首次库伦效率达到93%，压实密度在1.65克/立方厘米。根据使用功能可分为高比能、快充、超高功率等方向，快充型负极材料充电倍率可达1.5—3C，极速快充可达5C。硅基合金材料具有原料丰富、容量高的特性，但循环过程中体积变化大，在动力电池领域目前主要与碳材料混合使用。高容量硅碳材料是负极材料的重点发展方向，目前典型的硅碳负极材料比容量分别达到了420毫安·时/克、650毫安·时/克、1200毫安·时/克，首次库伦效率分别为92%、86%、86%。钛酸锂电池具有高安全、长寿命、耐低温充电和快充性能，但比同类型石墨负极电池电压低1.3伏且成本高约1倍，市场逐渐萎缩。整体而言，我国在负极材料领域的研发和产业化方面已进入世界先进行列，可满足动力电池企业对负极材料的需求并实现批量出口。

5.4.2.3 隔膜技术现状

目前，锂离子电池隔膜以聚烯烃基膜为主，材质为聚丙烯和聚乙烯。当前聚丙烯基隔膜及复合膜的破膜温度分布在150—170摄氏度，聚乙烯基隔膜及复合膜的破膜温度可达180摄氏度；聚丙烯和聚乙烯基隔膜及复合膜的机械强度（纵向和横向）可达到150兆帕。随着对动力电池安全性要求的提高，通常在基膜材料表面涂覆无机陶瓷涂层和/或有机涂层进行表面改性处理，以提高隔膜的耐温性能和/或阻燃性能，并改善与电解液的浸润性。国内外多家企业已开发出在200摄氏度下不会发生热收缩的芳纶表面改性聚烯烃隔膜。未来，具有热稳定性高、机械强度高、薄型化的隔膜材料是重点发展方向，近年来具有耐高温特性的芳纶、聚对苯二甲酸乙二酯、聚偏二氟乙烯、聚酰亚胺等新型隔膜材料已经进入中试阶段。

从隔膜材料产业角度来看，干法工艺的聚丙烯基隔膜大部分在我国生产，湿法工艺的聚乙烯基隔膜已在国内外多家企业实现规模化生产，涂层隔膜产品得到了广泛应用。近年我国隔膜企业大多投资进行聚乙烯基隔膜技术开发和产品市场推广，并实现了批量出口。在不牺牲隔膜性能的前提下，压缩隔膜厚度是提升电池能量密度的有效手段，目前行业已开发了基于超高分子量聚乙烯材料的高强度薄型基膜，能稳定量产4微米和5微米的基膜。同时开发了耐高温（150摄氏度及以上）超薄无机涂层隔膜和有机树脂涂层隔膜，其中无机涂层产品使用D50不到500纳米的超细氧化铝/勃姆石，配合特制高模量、高强度基膜，涂层膜整体耐高温热缩性能优良，强度等性能满足所有电池类型的需求；树脂涂层产品使用的是间位芳纶与超细无机颗粒混合涂层，具有优秀的耐高温热缩和耐高温破膜性能。相关分析测试表明，9+1.5F+1.5F 芳纶涂层隔膜的破膜温度超过 250 摄氏度；在 150—200 摄氏度热稳定性极佳，尺寸几乎无变化。

5.4.2.4 电解质技术现状

电解质可以分为电解液和固态电解质两类。目前大规模应用的动力电池都是液态电池，采用电解液。但随着比能量要求逐渐提高，全固态电池和混合固液电池将是未来的发展趋势。

目前电解液以碳酸酯类溶剂、六氟磷酸锂电解质盐为主，新型耐高压类溶剂和双氟磺酰亚胺锂盐、双三氟甲烷磺酰亚胺锂类锂盐是重点发展方向。我国电解液企业以碳酸酯类混合溶剂、六氟磷酸锂电解质盐为主，开发了多款功能型添加剂，优化组合出与动力电池相适应的不同电解液体系，以匹配不同材料体系的动力电池。目前开发的电解液电化学窗口可达 5 伏，电导率为 0.9—1.2 西门子/米。功能电解液，如高电压电解液、磷酸铁锂快充电解液、阻燃电解液、低温电解液、高镍 NCA 和 NCM811 用电解液等，是目前电解液企业的重要研究方向。

5.4.3 动力电池关键材料未来趋势

5.4.3.1 正极材料

未来，正极材料将向高比容量和低成本两个方向发展，材料体系仍是层状、橄榄石、尖晶石结构材料多元化齐头并进。镍含量高的镍钴锰层状材料（高镍材料）和高电压镍钴锰层状材料（高电压材料）将成为重点方向。此外，尖晶石镍锰酸锂正极材料因其高电压和低成本，以及富锂锰基材料因其具有高比容量和宽电化学窗口，将成为开发热点；同时为进一步提升磷酸铁锂电池的能量密度，一些新型磷酸盐正极材料也在开发中。

未来，氧化物正极材料将综合使用掺杂和多元化包覆工艺，提升高电压下材料的结构稳定性，减小材料与电解液之间的副反应，单晶化材料在高电压下具有更好的循环性能。低钴或无钴层状材料技术、三元材料单晶化技术、磷酸铁锂高密度化和低成本生产技术、高压尖晶石镍锰酸锂材料技术、富锂锰基材料技术及电解液匹配技术将支撑高能量密度和低成本动力电池的技术发展，满足从高端到经济型新能源汽车的需求。

5.4.3.2 负极材料

负极材料仍以碳材料为主，石墨材料将进一步向提升比容量、倍率和降低成本方向发展；无定型碳材料将进一步向提升比容量、首次库伦效率和降低成本方向发展；高比容量硅基、锡基及其复合负极材料将快速发展，进一步提升循环寿命和首次库伦效率，增加其在碳材料中的添加量。

5.4.3.3 隔膜

聚烯烃基膜表面涂覆（包括聚合物涂覆、陶瓷涂覆、纳米复合材料涂覆和离子导体涂覆等）技术将持续进步；耐高温材质（包含聚酰亚胺、聚偏二氟乙烯和聚对苯二甲酸二乙酯等）的新型聚合物基膜、玻璃纤维膜以及耐高温聚合物纤维/纳米陶瓷材料复合隔膜技术和产业化进程将开始加速。

5.4.3.4 电解液

电解液技术在提高耐久性前提下，将向高电压、高功率、高低温和安全型方向发展。针对正极采用具有较高脱/嵌锂电位的高镍三元材料或高压尖晶石镍锰酸锂材料及层状富锂锰基材料，负极将采用高比容量硅基材料的锂离子电池，发展相应的高比能型电解液；针对大电流、高倍率持续充放电类型的锂离子电池开发高功率型电解液；针对环境适用性高的锂离子电池开发宽温型电解液；同时安全型离子液体电解液和局域高浓度电解液均在研发中。

5.5 动力电池梯次利用及绿色再生技术

5.5.1 概念

动力电池梯次利用即对新能源车退役动力电池进行必要的检验检测、分类、拆分、修复或重组为梯次产品，使其可应用至其他领域。再生利用即对电池电芯内的有价值金属进行提取分解，对其他材料分类利用。当可用容量降至40%以下时，则拆解电池，对有价元素高效提取。动力电池再生利用前，先要进行深度放电，然后对放电后的电池进行拆解破碎及筛选分离，分选出正极、负极、隔膜和外壳等，最后进行分离和回收。通常正极主要回收处理铝箔和正极材料，负极回收处理石墨和铜箔。

退役电池的回收也是汽车产业绿色低碳转型的重点关注领域，动力电池再生利用须做到产业资源化、高值化、绿色化发展。根据国际能源署统计，在可持续发展目标下，至2030年将有122.2吉瓦·时的电池退役，将迎来动力电池退役潮。退役动力电池中残留有高压和对环境有害的电解质，同时还具有高含量、高价值的镍、钴、锰、锂等金属，安全属性和环保属性并存，基于安全环保和低碳可持续发展，开发退役动力电池再生利用技术至关重要。为实现国家碳达峰碳中和目标，开发创新的退役电池再生利用技术，可促进电池回收利用产业的可持续发展[12]。

5.5.2 动力电池梯次利用及绿色再生技术发展现状

5.5.2.1 动力电池梯次利用技术发展现状

国外较早开展了退役动力电池梯次利用的研究工作。美国桑迪亚国家实验室及可再生能源国家实验室围绕梯次利用的应用场景、经济性、市场规模预测等方面开展了退役动力电池测试、系统测算及评价等工作，同时开展了少量应用示范，侧重于验证技术可行性，但并未实现大规模推广及商业化。典型商业案例有日产汽车和住友集团合资成立了 4R Energy 公司，将新能源汽车退役动力电池拆解至单体，再重组成小型的户用储能系统开展应用；欧洲 Mobility House 与整车企业合作开发毫瓦时级的集中式梯次利用储能系统，开展模块级梯次利用和系统级梯次利用。

当前我国梯次利用商业化主要对象为磷酸铁锂电池。三元电池由于安全性及寿命后段衰减不确定性等问题，仅在少量梯次利用试验、示范中被使用，应用规模约为 45 兆瓦·时。退役动力电池梯次利用主要有低速电动汽车、电网储能、基站备用三种应用场景。其中在低速电动汽车及基站备用场景中以替换原有铅酸电池为主，低速电动汽车一般为电池单体级梯次利用，对电池系统、模组、单体进行初检、拆解、修复、测试、重组等工序，形成合格的二次产品再次销售；基站备用一般为模块级梯次利用，对电池系统、模组进行初检、拆解、测试、重组等工序后再利用。电网储能的梯次利用主要为削峰填谷，一般为模块级、系统级梯次利用，对电池系统、模组进行初检、拆解、测试、重组等工序后再利用。目前，电池系统性能快速解析及模块柔性快速拆解依赖机器识别技术实现自动化，但由于不同厂家、不同类型动力电池系统集成设计的差异性，拆解及测试评价难以实现全自动化，需要人工进行部分工序工作。

从现阶段梯次利用电池实际情况看，电池系统直接梯次利用存在电压等级不匹配、电池管理系统不兼容、内部电池一致性差、存在安全隐患等问题；此外还需要基于车端数据对退役动力电池的健康状态、安全性、残值进行快速、精准评估。当前由电池系统中拆解出电池模组，经重组检测后进行梯次利用的技术方式是主流。退役动力电池要实现大规模梯次利用，经济性是面临的主要难题，同时要确保梯次利用动力电池产品使用的安全可靠性。

5.5.2.2 动力电池回收利用技术发展现状

退役动力电池回收通常分为湿法回收和火法回收两类技术路线。欧洲退役动力电池回收主要采用火法技术，而中、日、韩等国家的退役动力电池回收主要采用湿法回收；除此之外，部分企业使用定向回收方法进一步提高电池回收的效率，如图 5.6 所示。

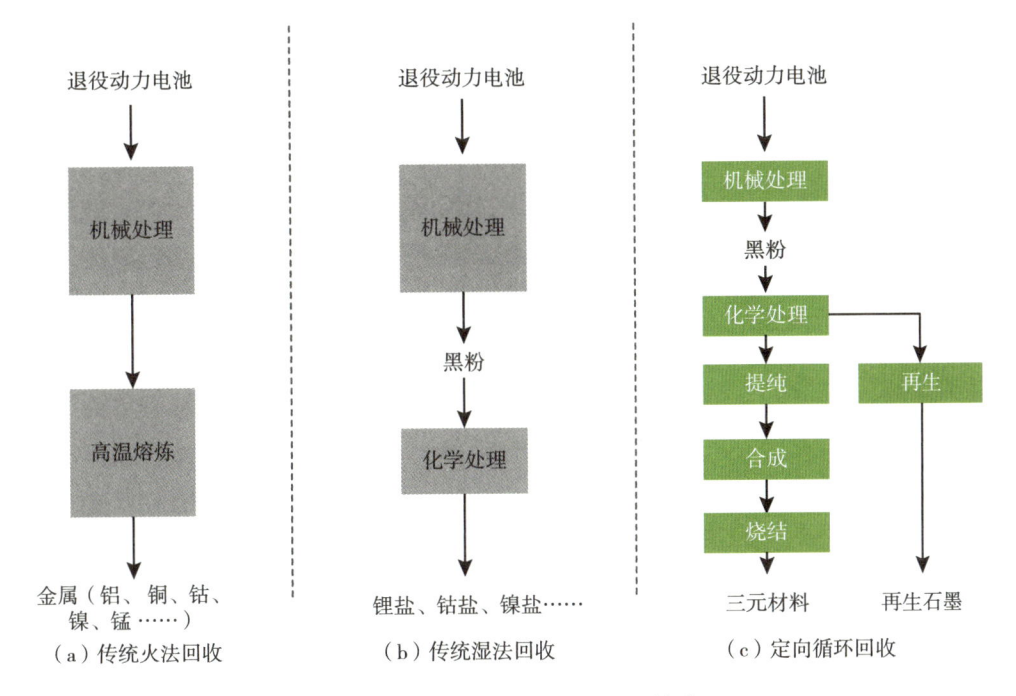

(a) 传统火法回收　　(b) 传统湿法回收　　(c) 定向循环回收

图 5.6　退役动力电池回收利用技术

火法回收包括火法高温熔炼、低温碳热还原和直接修复再生等方法。火法冶炼是将退役动力电池直接放入 1200—1500 摄氏度熔炼炉中进行高温冶炼。在冶炼过程中，废旧电池中的隔膜、电解液、黏结剂及负极石墨等有机物燃烧脱除，并充分利用铝和有机物材料的还原性与蕴含能量，实现了毒害物质集中无害化处置，目前该工艺已成熟使用。低温碳热还原技术是近几年发展的新技术，最突出特点是可以优先回收锂元素。通过还原过程，正极材料中的过渡金属被还原成低价态，而锂转变成碳酸锂；借助碳酸锂和碳酸氢锂的水溶性差异，利用碳化分解或弱酸浸出法可实现锂的选择性提取。目前该工艺处于实验室阶段，尚未实现工业化应用。

湿法回收是我国动力电池循环利用领域中应用最广泛的技术，主要包括预处理（放电、破碎、分选、正极活性物质材料与集流体分离等）、浸出、净化分离和材料产品再生制备等步骤。近年来，三元电池回收逐渐形成了"物理拆解破碎分选－酸浸－净化分离－过渡金属硫酸盐和碳酸锂产品"和"物理拆解破碎分选－酸浸－净化与组分调控－前驱体制备－锂电材料再生"两条技术路线，均实现了产业化。对于磷酸铁锂废料，湿法回收形成的产品为碳酸锂和磷酸铁。与三元电池废料相比，磷酸铁锂电池废料价值低、回收产品难以抵消其成本，已成为制约磷酸铁锂废料产业化回收利用的最主要因素。

基于当前的动力电池回收技术，铜、镍、钴、锰的综合回收率 >92%；铁综合回收率约92%，铝综合回收率达到88%以上，镍钴锰综合回收率>98%，铁回收率>90%，锂回收可达85%，退役动力电池破碎着火率<8%，含氟毒害组分无害化处置率达75%。

定向回收可针对不同的材料体系应用，并可实现负向碳排放和对金属镍、钴、锰的可持续、高效益回收再生利用。另外，相对于传统火法和湿法回收，定向循环回收技术具有更优的环境效益和显著的减排效果。图5.7展示了不同电池回收过程对电池化学成分的影响和效益。

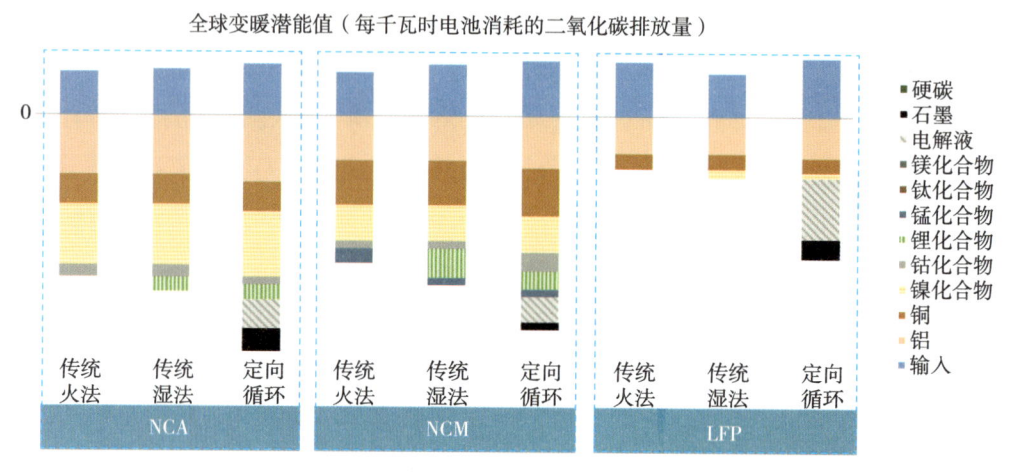

图5.7 退役动力电池不同再生回收技术的全球变暖潜能值环境效益

5.5.3 动力电池梯次利用及绿色再生技术未来趋势

动力电池梯次利用未来的突破方向是以低成本为核心，从经济性的角度实现市场竞争。梯次利用电池面临残余价值评估技术匮乏、价值评判不统一等难题，须基于应用场景建立统一的残余价值评价体系。建立基于数据训练的电池白箱模型和基于等效电路模型及电化学机理模型为主的电池黑箱模型；结合备电、储能、低速电动汽车等不同应用场景，围绕电池荷电状态、健康状态、功能状态和安全状态等多影响因子，深化对电池电化学特性及外特性表征关联关系的判定，开展动力电池残余价值评价技术及方法研究、动力电池残余价值评估模型研究，建立新能源汽车退役动力电池残余价值评估体系。依据新能源汽车国家监测与动力蓄电池回收利用溯源综合管理平台，建立高效高精准度的溯源系统，形成完善的上车运行–退役回收监管，实现就地及跨区域就近回收。同时开展动力电池高效无损分选技术研究，建立全自动化分选产线，实现同规格或多规格动力电池产品拆解、自动分类与归集。随着电池、电池模组及电池系统规范化和标准化的提升，优先实现电池系统级和电池模组级再利用，应用于备电、储能、低速电动汽车等不同场景。

参考文献

[1] 中国汽车工程学会. 节能与新能源汽车技术路线图 2.0 [M]. 北京：机械工业出版社，2020.

[2] 王艳巧. 大规模电动汽车接入对电网影响研究 [D]. 南京：东南大学，2012.

[3] 李杨. 锂离子电池复合隔膜的改性研究 [D]. 天津：天津大学，2019.

[4] 杜莎. 蜂巢能源推出无钴电池，无钴化风口已至 [J]. 汽车与配件，2020（11）：2.

[5] 黄艾灵. 钛酸锂材料/硫基固态电解质界面研究及在全固态电池中的应用 [D]. 哈尔滨：哈尔滨工业大学，2017.

[6] 黄学杰. 锂离子动力电池的发展现状和展望 [C] // 第17届全国固态离子学学术会议暨新型能源材料与技术国际研讨会，2014.

[7] 柯巧敏，郭剑，王亦伟，等. 液冷式热管理对动力电池热失控阻隔性能 [J]. 储能科学与技术，2022（5）：1634-1640.

[8] 冯全玉，刘正耀. 荣盛盟固利锂电池助力北京"双奥"新能源公交车运行服务获"满分" [J]. 城市公共交通，2022（8）：2.

[9] 刘伟霞，程淑隽，肖家勇，等. 基于大数据驱动的集成模型车辆热失控预测 [J]. 电源技术，2022（3）：299-302.

[10] 倪乔，吴川，白莹，等. 具有（113）优势晶面的钠离子电池正极材料 $Na_3V_2(PO_4)_3/C$ [J]. 储能科学与技术，2016（3）：341-348.

[11] 穆林沁，戚兴国，胡勇胜，等. 新型 $O_3-NaCu_{1/9}Ni_{2/9}Fe_{1/3}Mn_{1/3}O_2$ 钠离子电池正极材料研究 [J]. 储能科学与技术，2016（3）：5.

[12] 孙丹. 高比能锂空气/锂硫电池正极材料及充放电机理研究 [D]. 武汉：华中科技大学，2019.

第6章　电驱动总成系统

驱动电机系统是新能源汽车动力总成的核心零部件，是新能源汽车实现电能与机械能转换的关键。与工业电机系统不同，新能源汽车驱动电机系统工作环境恶劣、功率密度和效率等性能要求高且成本要求低，技术开发与生产难度更高。由驱动电机、驱动电机控制器和高速减速器组成的电驱动总成系统具有高集成度、高密度、轻量化、高效率等技术特点，成为纯电动乘用车动力总成技术主流；混合动力汽车将驱动电机与变速器深度集成，形成不同构型的机电耦合动力总成，可以优化发动机运行工况，从而有效降低整车油耗；分布式驱动电动汽车将轮毂/轮边电机与减速器、制动系统等有效集成，形成轮毂/轮边电驱动总成，有利于整车集成与空间优化，实现整车工况灵活多样化。从产品和产业角度说，电驱动总成系统还涉及上游产业链，包括低损耗硅钢片、高性能永磁材料、低电阻电磁线与绝缘系统、高速轴承、高电流密度功率模块、高容积比膜电容器、高性能微控制器、高精度位置传感器等关键材料和核心零部件，如图 6.1 所示。

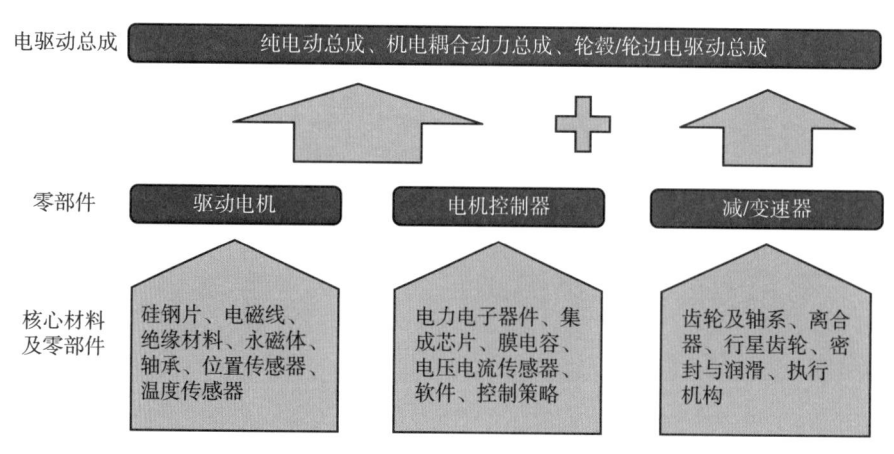

图 6.1　电动汽车电驱动总成及其核心零部件[1]

本章分为驱动电机、电机控制器和电驱动总成系统三个部分，分别系统性介绍各部分产品概念、发展现状和发展趋势。

6.1 驱动电机

6.1.1 概念

驱动电机是将电能转换成机械能为车辆行驶提供驱动力的电气装置，该装置也可具备机械能转化成电能的功能。当新能源汽车在放电状态下驱动车辆前进或后退时，整车电能转化为机械能，实现电动运行；在车辆松开加速踏板或踩下制动踏板时，整车机械能转化为电能，实现发电运行。

驱动电机按照工作电源可分为直流电机与交流电机。在新能源汽车发展早期，直流电机凭借易于控制、调速性能好、成本低等优势成为主流产品，但同时也存在维护不方便、可靠性低、寿命短等一系列缺陷。随着近年来交流电机技术与电力电子技术的迅速发展，交流电机逐渐替代直流电机成为新能源汽车领域的主要驱动电机。现阶段的新能源汽车驱动电机主要有永磁同步电机及交流异步电机两大类，永磁同步电机具有高功率密度、轻量化、高效率等技术优势，是新能源汽车主流驱动电机；交流异步电机由于具有空载运行损耗低、结构简单等优势，在部分新能源汽车获得应用，特别是辅助驱动动力系统。

6.1.1.1 永磁同步电机

永磁同步电机在电机定子三相绕组中接入三相对称交流电，产生以同步转速在定子和转子内圆空间旋转的同步磁场。根据磁极异性相吸、同性相斥的原理，不论定子旋转磁极与永磁磁极起始相对位置如何，定子的旋转磁极总会由于磁力拖着转子同步旋转。永磁同步电机包括定子（总成组件）、转子（总成组件）、机壳、端盖、轴、位置传感器等，典型结构如图6.2所示。

定子组件由铁芯和绕组构成，定子铁芯采用叠片结构以减小电机运行时的铁耗；定子绕组可以采用集中绕组或分布短距绕组，对于极数较多的电机，还可以采用分数槽绕组。永磁同步电机的铁芯包括定子铁芯、转子铁芯两部分，并与气隙一起构成电磁回路。永磁同步电机运行时，定子磁场是交变的，因此产生铁损。为了减小铁损，永磁同步电机铁芯采用磁导率较大、磁滞回线面积较小的硅钢片。

绕组是电机的关键部件。绕组的制造质量对电机的性能、寿命及可靠性等有重要影响，而绕组的设计、制作、嵌装以及绝缘工艺等都是影响绕组质量的关键因素。传统电机绕组主要有软绕组（圆导线）和硬绕组（扁导线）两类。一般中小型电机中使用软绕组较多，即一般的散嵌绕组；而硬绕组主要用在大型发电机中。目前，车用永磁同步电机绕组以圆导线绕组为主，扁导线绕组由于具有低铜耗技术特点，在新能源汽车驱动电机中应用越来越多。

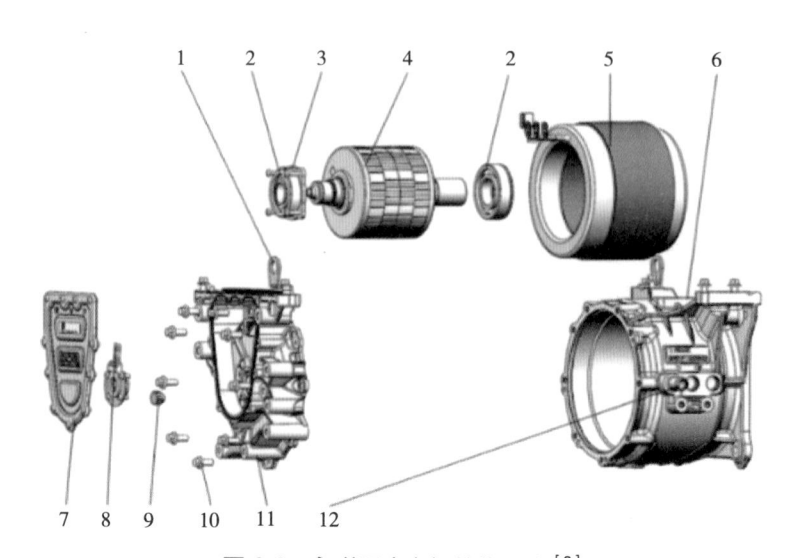

图 6.2　永磁同步电机结构示意[2]
1—起吊环　2—轴承　3—轴承压板　4—转子　5—定子　6—机壳　7—旋变盖板
8—旋变组件　9—呼吸器　10—螺栓　11—端盖　12—水嘴

转子组件主要由永磁体、转子铁芯和转轴组成，车用永磁同步电机一般选择高剩磁的钕铁硼磁钢。根据永磁体在转子上安置的位置不同，可形成多种转子结构，就其整体而言，分为表面式永磁转子和内置式永磁转子结构两大类。表面式永磁转子结构的永磁体布置于转子表面，具有交直轴磁路基本对称、交直轴磁路等效气隙大、电枢反应小、动态响应快以及转矩脉动小等特点，但弱磁能力较差，其恒功率弱磁运行范围通常比较小，多用于汽车电子伺服驱动电机。内置式永磁转子结构的永磁体置于转子铁芯内部，由于其转子交直轴磁路不对称、电机凸极率 >1，其电磁转矩由永磁转矩和磁阻转矩共同产生，又称永磁磁阻电机；同时，磁阻转矩提高了电机的过载能力，而且易于弱磁扩速，扩大了电机的恒功率运行范围。永磁转子采用多层磁钢结构，可以显著提高电机的凸极率，缺点是结构和制造工艺复杂、制造成本高。

6.1.1.2　交流异步电机

交流异步电机也称感应电机，由三相对称绕组通入三相交流电产生旋转磁场，由于旋转磁场不断切割转子中的闭合导体产生感应电动势和感应电流，再由转子中的感应电流和旋转磁场的相互作用产生电磁转矩，使转子随着旋转磁场的方向同向运转。当转子转速逐渐接近旋转磁场转速时，感应电流逐渐减小，所产生的电磁转矩也相应减小；当异步电机工作在电动机运行状态时，转子转速小于同步转速；当异步电机在发电机运行状态时，转子转速高于同步转速。

交流异步电机的结构主要包括定子、转子、端盖、轴承、旋转变压器（测速系统）等，其定子总成由定子铁芯和三相绕组组成，与永磁同步电机在结构上区别不大。转子通常采用鼠笼型，包括转子铁芯和笼型绕组，图6.3所示是常见的两种转子结构——鼠笼型异步电机转子（铜条）和鼠笼型异步电机转子（铸铝）。

图 6.3 鼠笼型异步电机铜条转子（左）和铸铝转子（右）[2]

鼠笼式转子绕组由插入转子槽中的多根导条和两个环形的端环组成。若去掉转子铁芯，整个绕组的外形像一个鼠笼，故称笼型绕组。小型笼型电机采用铸铝转子绕组，100千瓦以上的电动机由铜条和铜端环焊接而成。特斯拉公司首先在 Model S 上采用焊接铜转子结构。通用汽车（GM）、AC Propulsion 等公司对铸铜转子进行了长期试验和应用。鼠笼转子分为阻抗型转子、单鼠笼型转子、双鼠笼型转子、深槽式转子几种，启动转矩等特性各有不同，通常依据不同应用需求进行选择。

6.1.2 驱动电机发展现状

6.1.2.1 驱动电机产业发展现状

我国有较好的电机工业基础和丰富的稀土资源，驱动电机系统在全球资源限制条件下具有比较明显的优势，易于形成中国特色优势产业。我国自主研发的系列化驱动电机及控制器产品的峰值功率范围覆盖了360千瓦以下各类新能源汽车用电驱动系统动力需求，关键技术指标（如功率密度、效率等）与国际同类产品水平相当。我国新能源汽车绝大部分采用自主驱动电机及其控制系统，同时实现了批量出口。

随着新能源汽车技术的不断更新发展及国家政策的大力支持，新能源汽车销量及渗透率不断提升，带动驱动电机行业快速增长。以2021年为例，我国新能源汽车配套驱动电机装机量达341.5万台，同比实现增幅142%。其中弗迪动力、特斯拉、方正电机、上海电驱动等前10家企业销售驱动电机市场占比达到73.8%，产业集中度进一步提升。图6.4为2017—2021年我国新能源汽车驱动电机装机量。

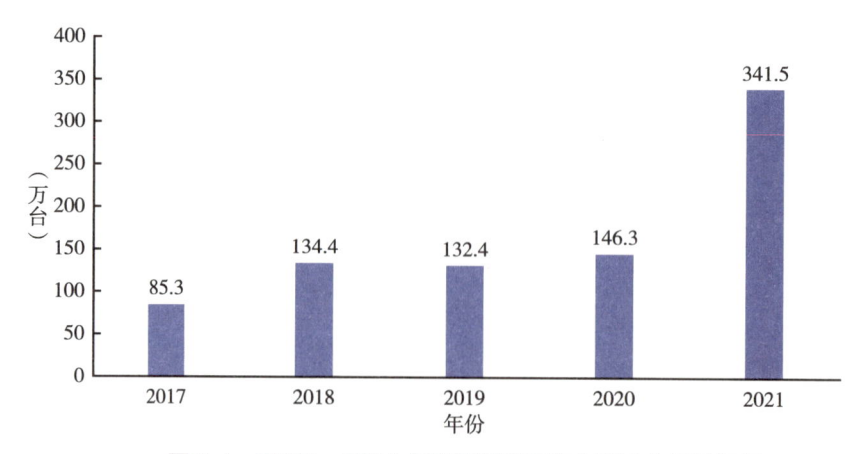

图 6.4 2017—2021 年我国新能源汽车驱动电机装机量

比亚迪作为国内首家全面转型新能源汽车的车企，掌握电池、电机和电控三电核心技术，驱动电机全部为自主配套；特斯拉、大众汽车、蔚来汽车等也均由电驱系统子公司或部门独立配套。国内专业第三方主要从其他电机转型而来，依托在原领域的技术积累迅速开发出适用于车用的电机系统，成为重要的供应商，如方正电机、宁波双林等；而以上海电驱动和精进电动为代表的新能源驱动电机制造商布局较早、技术较深，也成为主要供应商。此外，海外供应商（如日本电产、联合汽车电子等）也在第三方中占有重要地位。

从驱动电机应用类别看，永磁同步电机借助其功率密度高、能耗低、体积小、重量轻等优势，已成为我国新能源汽车中应用最为广泛的电机类型，2021年占整个装机量的 94.4%；其次为交流异步电机在四驱电动汽车辅助驱动系统的应用，如大众 ID.x 纯电动汽车；同时，为控制永磁成本对驱动电机的影响，电励磁同步电机开始出现少量应用，如雷诺纯电动汽车、宝马五代纯电动汽车等。

6.1.2.2 驱动电机技术发展现状

高效、高速、高密度、低振动噪声、高性价比是新能源驱动电机的重点发展方向，美国《电动汽车发展 2025 路线图规划》明确了汽车电机高效（97%）、高密度（50 千瓦/升）、低成本（3.3 美元/千瓦）的发展方向。近年来，在新能源汽车驱动电机本体技术方面，通过多种技术途径实现了驱动电机性能的不断提升。

（1）高密度绕组技术是提升驱动电机转矩和功率密度以及效率的主要手段

采用高密度绕组或扁线绕组（如发卡式绕组）结构可以大幅降低绕组发热，提高绕组材料的利用率 15%—20% 以上，是提升转矩和功率密度以及效率的主要手段。扁线电机按照制造工艺可分为发卡式绕组、I-pin 绕组、连续波绕组等，按绕组方式可分为波绕组、叠绕组、集中绕组，按层数可分为4层、6层、8层、10层、奇数层。我国扁线电机技术发展迅速，在绕组设计、冷却工艺、效率等方面获得全面提升。发卡式绕组、I-pin绕组、连续波绕组等扁线形式同步发展，集成油冷结构和油水复合冷却开始应用，适用于高速运行的多层扁线绕组成为主流。

2007年雪佛兰VLOT电动汽车搭载了发卡式扁线电机，其供应商为美国雷米（Remy，后被德国博格华纳收购）。2015年丰田发布了搭载扁线电机的第四代普锐斯，其电机供应商为日本电装（Denso）。2017年上汽在国内首先使用扁线电机，2020年中国新能源汽车销量前10车型中，使用扁线电机的车型共有欧拉R1、理想ONE和蔚来ES6三款；2021年1—8月中国销量前10车型中，使用扁线电机的车型共有Model 3/Y、理想ONE、比亚迪秦Plus DM-i和欧拉R1五款，未来扁线电机的渗透率会持续提升。另外，国外如大众、通用、FCA、现代、丰田、本田等新能源汽车的驱动电机多采用扁线定子技术，国内如一汽、长安、吉利等多数车型采用了扁线电机技术，扁线绕组在高转矩大功率驱动电机应用领域的需求也越来越多。除博世（Bosch）与联合电子采用I-pin绕组技术外，国内外多数企业采用发卡式绕组技术，连续波绕组量产产品较少。随着驱动电机高速化（>15000转/分）和制造水平的不断提升，扁线绕组槽内导体数也在增多，由原来的4层、6层发展到8层及以上，以降低扁线导体带来的集肤效应和邻近效应影响、提升电机效率及扁线绕组设计的柔性化。

（2）高效热管理技术可进一步提高电机功率密度

电机冷却按照冷却介质可以分为风冷、液冷两大类，液冷又可细分为水冷和油冷。永磁同步电机冷却水道大致有三种结构，分别是螺旋式结构、圆周式结构和轴向式结构。电机内油冷属于直接冷却技术，按冷却结构形式分为转子冷却和定子冷却两大类，并且可与减速器通过共壳体集成，具备功率密度扭矩密度高、尺寸小、结构紧凑的优点。

采用高密度绕组端部冷却技术、油冷技术、油水复合冷却技术、新型冷却结构等，可以提升驱动电机的换热效率，从而提高电机功率密度。水冷电机内部热源产生的热量需要通过层层材料传递到外部，再被水道内的冷却液带走，热传递路径较长、温度梯度较大。以电机绕组为例，其热量从绕组传递到冷却水套内的冷却液需要经过绝缘材料、铁芯到水套壳体，结构层级造成的固有温度梯度较大；同时由于布置空间的限制，电机的端部绕组通常只能依赖导线自身的热传导散热，散热效率较低。与水冷相比，绕组直接喷油冷却可以缩短电机槽内绕组的传热路径，大幅降低温度梯度，提高驱动电机的持续运行能力及峰值持续时间，进而提升电机功率密度和转矩密度水平。扁线电机槽内由于其线形规整、槽满率高、绕组间紧密相连，导热率较圆线成倍提升。绕组端部由设备统一冲压或扭头成型，排列整齐，导体之间间距匀称，相比圆线，绕组端部表面积增加。因此，扁线绕组更适合采用油冷系统，特别是在与变速器（减速器）集成方案中，通过利用自动变速器油直接冷却电枢绕组端部及定子铁芯表面，同时还可以通过转子轴油道设计对转子和轴承进行冷却，全面提升电机冷却效果。

早在 2000 年，日本丰田 Prius 就采用了油冷电机，日本本田和美国通用也量产了油冷电机。随着纯电动汽车型的快速发展，特斯拉以新势力的身份将油冷电驱带到了大众面前。从结构上可以看出，日系（丰田 THS、本田 IMMD、Nidec）和通用的油冷路径十分相似，而特斯拉 Model S/X 也采用了同样的喷淋、滴淋路线，但在 Model 3 上，特斯拉的冷却方式却更加高效。另外，雪佛兰 Bolt/Opel、大众 MEB 和华为电驱动总成等也采用电机油冷方案。

2021 年，特斯拉 Model Y 和 Model 3 驱动电机均采用 10 层油冷发卡式绕组技术。从定子铁芯和转子结构来看，其冷却结构与现有圆线电机类似，使用定子铁芯开槽特征形成油道直接冷却定子铁芯和转子轴通油冷却。

（3）电机高速化技术可减少电机体积和重量，从而提高功率密度水平

提高驱动电机的最高转速可以降低电机的转矩要求，从而减少电机体积和重量，提高功率密度水平。以丰田普锐斯 THS 为例，从第一代迭代到第四代，电机最高转速从 6000 转 / 分、6400 转 / 分、13500 转 / 分一直到 17500 转 / 分；特斯拉 Model S 驱动电机最高转速为 16000 转 / 分，Model 3、Model Y 和新款 Model S 提升到 17900 转 / 分，而 Model S Plaid 则高达 20000 转 / 分。宝马 iX3 驱动电机转速达到 17000 转 / 分，大众 ID.4 和 ID.6、博世等驱动电机最高转速也达到 16000 转 / 分以上；我国华为赛里斯驱动电机最高转速达到 17300 转 / 分，比亚迪、上汽捷能、吉利、一汽、长城等驱动电机最高转速也达到 16000 转 / 分以上。目前国内外多个电机厂家正在开发 20000 转 / 分以上的驱动电机，预计很快就会搭载车型上市。但高速化对轴承、油封等关键零部件的寿命带来了严峻考验，并带来噪声、振动、舒适性性能和润滑散热水平等的恶化。

（4）我国自主关键材料和零部件实现批量应用

新能源汽车驱动电机关键材料和零部件包括硅钢片、电磁线、绝缘材料、永磁体、轴承、位置传感器、温度传感器等。

在硅钢片方面，欧洲的阿赛洛米塔尔对外公布了新能源汽车驱动电机硅钢企业标准，有 0.20—0.35 毫米五种厚度的普通型、高效型和高强度型三大类产品；日本新日铁住金、日本钢铁工程控股公司开发了 0.20—0.30 毫米四种厚度的普通型、高效型和高强度型三大类产品。国内研发生产新能源汽车驱动电机用硅钢的

主要企业有宝钢股份、首钢股份和太钢股份。宝钢对外公布了新能源汽车驱动电机硅钢企业标准，产品涵盖了 0.20—0.35 毫米的低铁损 AV、高效 AHV、高效高强度 AHV-M、高磁感 APV 和高强度 AHS 等五个系列产品，产品性能与国外硅钢先进企业新日铁住金、日本钢铁工程控股公司相当。

绝缘材料主要围绕电机高电压化、油冷技术、高频化、高可靠性等发展需求开发先进绝缘材料、绝缘系统及其测评技术。驱动电机用绝缘材料主要有耐电晕漆包线、绝缘浸渍树脂、柔软复合材料、高导热灌封树脂等。耐电晕漆包线分为耐电晕漆包圆线及扁线，是驱动电机的主绝缘材料，对电机性能起关键作用，耐电晕漆包线研发重点是持续提升耐电晕漆包线的局部放电起始电压、耐自动变速器油、耐电晕等性能。绝缘浸渍树脂主要产品为环保型环氧改性聚酯亚胺浸渍树脂，具有固化挥发分≤2%、螺线管粘结力≥150 牛、耐温等级≥180 摄氏度等特性。柔软复合材料用于电机槽绝缘、槽盖、相间绝缘等部位，普遍采用由两层聚芳酰胺纤维纸与一层聚酰亚胺薄膜的耐高温粘接工艺，部分油冷驱动电机单独采用经高温反渗透轧光技术制备的芳纶纤维纸。使用高导热灌封工艺能显著降低驱动电机运行温升，提升绝缘防护等级，同时增加电机重量和成本，需根据不同驱动电机技术需求，综合考虑高导热灌封工艺。我国苏州巨峰等开发了耐电晕漆包线、环保型浸渍树脂、复合纸等绝缘系统核心材料，其耐电晕寿命、耐压特性等关键指标均达到国际同类产品水平，并在我国新能源汽车驱动电机开展应用验证。

在高速轴承方面，国际轴承制造巨头瑞典 SKF、日本精工株式会社（NSK）先后提出了 DmN 值达到 130 万毫米·转/分超高速轴承设计技术与相关产品。国内轴承制造商如人本轴承（C&U）开发的新能源汽车专用轴承 DmN 值达到 110 万毫米·转/分，已开始应用于新能源汽车驱动电机和减速器产品，同时正在研发 DmN 为 130 万毫米·转/分以上的超高速轴承。

我国驱动电机在功率密度、系统集成度、电机最高效率和转速、绕组制造工艺、冷却散热技术等方面持续进步，与国外先进水平并驾齐驱，重量比功率已达到 5.0 千瓦/千克以上。同时，我国驱动电机研究延伸至振动噪声和铁芯、永磁体和绝缘材料层面，进一步提升了驱动电机的设计精度、工艺制造水平和产品质量。尽管我国的驱动电机产品水平已比肩国际大厂，但仍需要在驱动电机创新技术与产品、先进设计与工艺等方面持续投入研发，如先进电机优化算法、多物理域仿真分析、基于碳化硅器件的下一代电机、少（无）永磁体电机、电机高效冷却方法、新材料电机等。

6.1.3 驱动电机发展趋势

持续提高驱动电机转矩/功率密度与效率、电机转速，降低电机振动噪声和制造成本是未来车用驱动电机的发展方向。根据新能源汽车应用车型差异，将驱动电机划分为高性能乘用车驱动电机和普及型乘用车驱动电机两种发展方向。高性能乘用车驱动电机重点是不断提升电机峰值功率密度和峰值转速，发展高密度绕组、高效冷却结构集成等技术，鼓励应用高性能铁磁材料和器件，以高产品性能提升整车水平；普及型乘用车驱动电机重点关注降低成本、提高产品可靠性和寿命，如无/少稀土永磁材料、轻量化一体式结构、采用高磁阻设计降低功率器件电流等技术，以产品的高性价比、高可靠、免维护等性能促进普及型新能源汽车持续扩大产业规模。

在驱动电机智能制造、高端工艺与装备技术方面，要重点开发和应用高端工艺、检验、物流的硬件设备和软件应用工具，打造和运营满足工业4.0的现代汽车驱动电机智造生产线；重点加强主要零部件/关键总成的自主研发与制造，研究电机回收与再制造技术，提升我国驱动电机全产业链核心竞争力。

6.2 电机控制器

6.2.1 概念

驱动电机控制器是控制动力电源与驱动电机之间能量传输的装置，由控制信号接口电路、驱动电机控制电路和驱动电路组成。电机控制器是电驱动系统的核心控制单元，它将来自动力电池的直流电转换成幅值和频率可变的三相交流电，根据挡位、油门、刹车等整车指令来控制驱动电机的运转。同时，电机控制器具有电机系统故障诊断保护和存储功能。

驱动电机控制器的核心是实现对驱动电机的有效控制。新能源汽车由动力电池提供直流电源，电机控制器采用电力电子逆变技术，将直流电转换成幅值和频率可变的交流电，输入驱动电机定子绕组。为实现逆变过程，电机控制器需要通过直流母线电容来消除电源谐波和抑制电压纹波，通过微处理器检测驱动电机交流电流传感器、位置传感器与温度传感器等反馈信号，有效控制绝缘栅双极型晶体管（Insulated Gate Bipolar Transistor，IGBT）功率模块开关，实现对驱动电机三相输入电流的幅值与频率调节以及对驱动电机的精确控制。

电机控制器主要由主控板、驱动板、功率器件、薄膜电容、电流传感器等构成。如图6.5所示为一款多合一电机控制器（集成DCDC转换器）和一款单电机控制器外形，现在甚至将多合一电机控制器与驱动电机、减速器等集成为多合一动力总成。

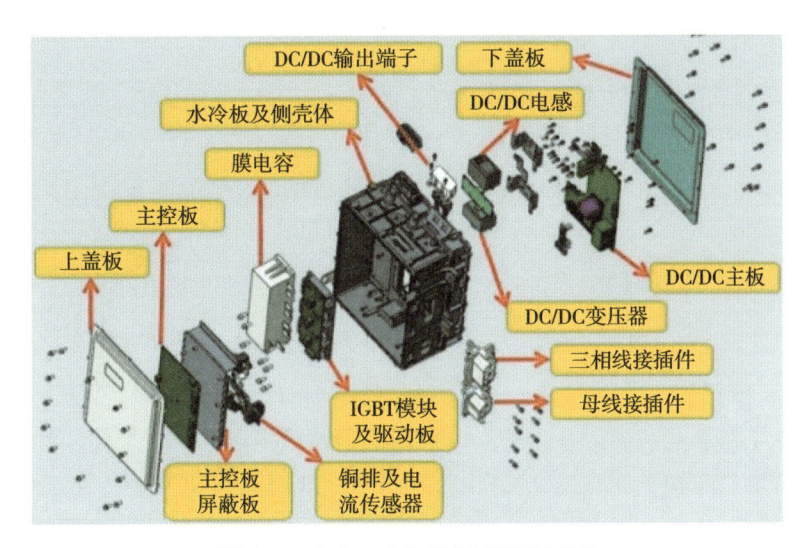

图 6.5　多合一电机控制器结构示意

电机控制器硬件部分根据高低压隔离原则基本分成两部分，一部分是主控板，主控板上主要布置电机控制器的低压部分，以电机控制器主控芯片为核心分别布置 CAN 通信电路、低压输入滤波电路、保护电路、主控部分电源、驱动电路电源、旋变解码电路、温度采样电路、过流短路保护电路、过压保护电路等；另一部分是驱动板，上面主要布置了驱动电路、电流采样电路、母线电压采样电路、绝缘栅双极型晶体管芯片保护电路（过温、过流、短路、欠压过压保护）等，驱动板下面即是绝缘栅双极型晶体管模块。

绝缘栅双极型晶体管模块是由绝缘栅双极型晶体管与续流二极管芯片通过特定的电路桥接封装而成的模块化半导体产品，通过电子控制元件与电气控制元件对绝缘栅双极型晶体管集成功率模块的控制，输出可控的三相正弦交流电流，从而控制电机的转速、转矩，是电机控制器的核心电子器件，其选型决定了控制器的输入输出特性。目前乘用车控制器内应用最广泛的是英飞凌的 HP1 与 HPDriver 模块，国内如嘉兴斯达、中车微电子、比亚迪微电子等也都有研发并量产的同类封装的绝缘栅双极型晶体管模块。除此之外，我国自主绝缘栅双极型晶体管芯片也实现了量产应用。

新能源汽车市场的快速增长同时推动车用功率模块封装技术的快速演进，功率模块从标准封装向注塑型封装的方向发展。注塑封装模块相较于传统塑料外壳封装模块，具有结构紧凑、功率密度高、寄生电感小、抗冲击振动强、防护等级高等优点，特斯拉 Model 3、奥迪 e-tron、丰田 Prius 等实现了多种规格的功率封装器件应用，集成电机控制器的功率密度达到 16—25 千瓦/升。

6.2.2 电机控制器发展现状

6.2.2.1 电机控制器产业发展现状

参考 NE 时代根据新能源乘用车保险数据统计，2021 年弗迪动力、特斯拉、汇川技术、阳光电源、联合电子、上海电驱动等前 10 家企业销售电机控制器市场占比达到 75.0%。

碳化硅器件具有高温、高效、高频的优势，可降低电机控制器损耗，提高集成度与功率密度，相较于硅基绝缘栅双极型晶体管，碳化硅功率模块可以明显减小电机控制器的体积和重量，并提升整车的续驶里程达 5%—10%。国外特斯拉、保时捷率先量产应用基于碳化硅器件的电机控制器，国内比亚迪汽车推出的"汉"电动汽车后驱系统也量产碳化硅电机驱动系统，小鹏 G9 为国内首款基于 800 伏高压碳化硅平台的量产车。宇通客车、中车时代电动、精进电动、阳光电源、上海电驱动等在新能源汽车上加速开展碳化硅控制器的研发和应用，推出了功率密度达 30—40 千瓦/升的多种封装碳化硅电机控制器。由于所具有的高压优势，碳化硅器件被认为是适合于 800 伏直流电压平台的电驱动系统，预计高电压平台车型未来将搭载碳化硅电机控制器。

6.2.2.2 电机控制器技术发展现状

高效、高密度、高电磁兼容性能是电机控制器的重要技术发展方向。近年来，我国新能源汽车电机控制器的集成度和功率密度水平持续提升，采用电力电子集成优化设计技术对汽车级功率模块、超薄膜电容器与复合母线、高效散热器以及功率部件连接件进行优化设计，进一步提升了电机控制器本体功率密度。在此基础上，通过将多个电力电子控制器进行功能集成，进一步降低集成控制器体积和重量，已广泛应用于纯电动与插电式商用车、乘用车领域。同时，通过将电机控制器和快速充电机分时复用功能集成（如比亚迪充电逆变器一体化总成），有效减少了电力电子功率模块的数量，提升了整机的集成度。

（1）800 伏高压化技术为电机控制器产品开发的重要技术方向

快速充电、长续驶里程是纯电动乘用车最为迫切的两大需求。大功率快充技术采用高电压、大电流短时间内补充大容量动力电池电量，该技术可大幅提升车辆使用的便利性，整车电压与新建充电桩都在向高电压平台发展，如保时捷、现代汽车、大陆、博世等纷纷推出 800 伏高电压平台系统。为实现与市场 500 伏主流充电桩匹配，整车需兼容高低压充电技术，如保时捷 Taycan 采用增加升压 DC/DC 的方式实现兼容 800 伏电压平台的升压充电功能；我国比亚迪、长安汽车等开发了充电逆变一体化技术来兼容高低压充电技术。充电逆变器一体化技术利用功率模块并联与电机绕组负载能力，提升了升压电路功率输出能力与集成度。

（2）以高压高效碳化硅功率模块为代表的第三代宽禁带半导体功率器件快速实现应用

随着在高压化平台上采用第三代碳化硅功率半导体，碳化硅开关损耗及本身功耗大幅降低，整个电控系统效率将得到大幅提升，续驶里程可以得到延长或在保持续驶里程相当的情况下降低电池用量以降低成本。针对800伏电压平台需求的车规级大功率器件较少，同时1200伏车规级封装绝缘栅双极型晶体管输出电流能力较小，以英飞凌HPD封装的FS380为例，输出电流有效值为250—350安，不能满足所有大功率电机控制器需求。1200伏碳化硅金氧半场效晶体管模块导通电阻为2—3毫欧姆，输出电流有效值在400—600安，可覆盖大部分应用要求。在相同模块封装内，碳化硅金氧半场效晶体管芯片相较于硅基绝缘栅双极型晶体管的电流密度更大，可实现更高的电流输出能力；同时碳化硅器件具有更低的导通损耗与开关损耗，可带来车辆续驶里程的提升，特别是在城市低速、频繁启停的行驶工况条件下优势更为明显。

碳化硅芯片封装在传统芯片工艺的基础上，增加芯片正面镍钯金材料的金属化工艺，以适应微米级银浆烧结工艺要求，有效控制烧结层的质量。同时，采用功率端子和信号端子超声波焊接技术实现端子的铜材料和绝缘陶瓷基板的铜材料的直接连接，大幅提升连接的抗温度循环能力和抗振动冲击能力。由于碳化硅芯片采用上下表面银浆烧结工艺取代传统锡焊工艺，配合芯片正面铜线键合工艺，使得碳化硅模块的功率循环寿命大幅提升。

（3）电机控制器的电磁兼容等级要求提升

电磁兼容是新能源汽车驱动电机及电机控制器开发的关键技术指标，高等级电磁兼容技术是行业内普遍面临的一项技术挑战。当前，新能源汽车电磁兼容技术开发逐步由传统的逆向开发向正向开发过渡，即通过电磁兼容建模仿真实现关键参数抽取和建模分析，实现产品开发初期电磁兼容问题的预测、定位和优化，指导产品设计。仿真技术对于电机控制系统的电磁兼容性将越来越重要，仿真分析使电磁兼容设计和风险控制在早期设计阶段成为可能。

6.2.3 电机控制器发展趋势

利用功率器件双面冷却与功率部件集成技术提升电力电子部件的集成度、功率密度和效率是电机控制器的发展方向。兼具高效、高温和高频特征的第三代宽禁带半导体器件发展迅速，开始应用于新能源汽车，面向分层软件架构和高功能安全设计成为乘用车驱动电机系统产品的应用需求。随着开关频率和功率密度的提升，急需进一步解决电磁兼容和安全可靠问题。针对电机控制器关键指标发展需求，图 6.6 从核心元器件与工具链、设计工艺与匹配两方面归纳出电机控制器未来发展的主要技术路径。

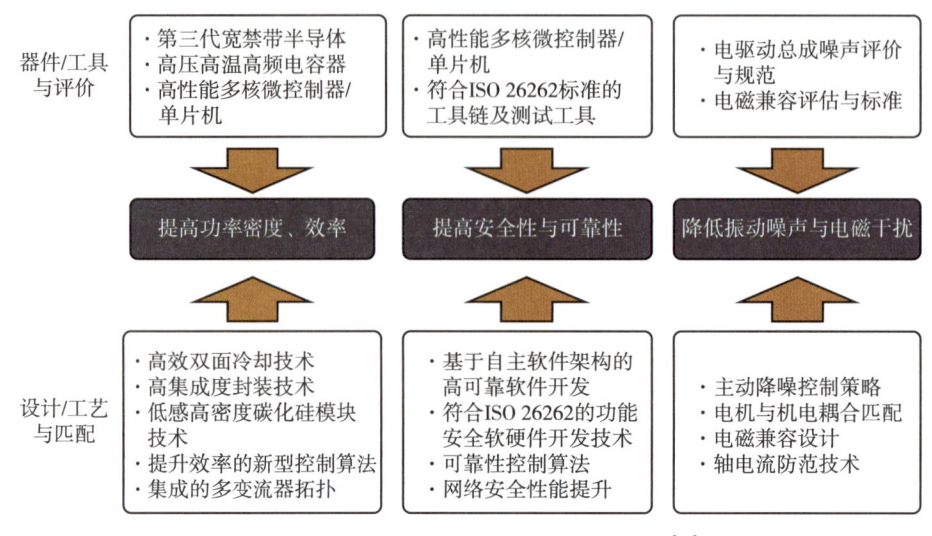

图 6.6 电机控制器发展技术路径与趋势[1]

与不同应用车型的驱动电机相对应，应用于高性能乘用车驱动电机的电机控制器重点采用新型器件和新型拓扑提升电机控制器的功率密度和效率，采用多核微处理器、域控制器、类 Auto SAR（Automotive Open System Architecture，汽车开放系统架构）软件架构以及 ISO 26262 高功能安全技术，根据车辆需求灵活选择高电压平台，全面提升整车性能；面向普及型新能源汽车应用，鼓励采用成本更具优势的绝缘栅双极型晶体管器件及封装、功率部件高效散热与集成技术，以持续提升电机控制器可靠性、安全性与电磁兼容性能技术和开发国产化零部件为发展重点，助推我国新能源汽车快速普及自主产业链发展。未来电机控制器还须具备远程升级技术，重视网络安全和信息加密技术，建立汽车软件升级规范，确保车辆信息与运行安全。

6.3 电驱动总成系统

6.3.1 概念

新能源汽车电驱动总成系统定义为驱动电机、电机控制器通过集成不同的机械组件（变速器、离合器等）形成的动力总成系统，为新能源汽车提供主要的能量转换与动力传递的系统。电驱动总成领域以纯电驱动总成、机电耦合总成、商用车动力总成、轮毂/轮边电机总成为重点，以基础核心零部件/元器件国产化为支撑，提升我国电驱动总成集成度与水平。下面重点介绍乘用车纯电驱动总成。

作为乘用车电驱动总成的核心零部件之一，减/变速器是指一种由封闭在金属壳体内的齿轮传动或离合器/同步器、换挡执行机构等所组成的独立部件，用于连接驱动电机与车辆输出轴（半轴、传动轴或者车轮）的减/变速传动装置。目前乘用车基本采用单挡减速器，具有结构简单、成本低、可靠性高等优点。在布置形式上，以平行轴为主流配置，少部分采用同轴布置。

6.3.2 电驱动总成系统发展现状

6.3.2.1 电驱动总成系统产业发展现状

集成化是电驱动系统明确的发展趋势，三合一/多合一总成逐渐成为新能源乘用车动力系统主流。参考NE时代根据新能源乘用车保险数据统计，2021年我国新能源汽车三合一及多合一电驱动系统装机量达到174.6万套，占比达50%，其中三合一电驱动系统国内供应商占比达到60%，我国自主供应能力明显提升。

按照2021年市场数据统计，国外典型纯电三合一产品以博世、大陆、麦格纳、博格华纳、吉凯恩、采埃孚、日本电产、法雷奥西门子等企业的产品为代表，国内典型三合一产品以精进电动、上海电驱动、巨一自动化、汇川技术、比亚迪、蔚来驱动科技、小鹏汽车、中车时代等为代表。根据节能与新能源汽车技术路线图2.0预测，2030年我国汽车销量将达到3800万辆，其中新能源汽车占比预计达到40%。按照新能源汽车电驱动总成单车价值1万元推算，我国新能源汽车电驱动市场将会在2030年前后成为继动力电池之后一个新的千亿产品，市场前景广阔。

6.3.2.2 电驱动总成系统技术发展现状

深度集成电驱动总成技术涉及机、电、磁、热、声、控等多维耦合设计与集成。特斯拉是业内最早采用三合一电驱动总成的电动汽车品牌，2018年中国一汽和比亚迪等企业同步量产国产三合一电驱动产品，之后国内外企业纷纷加快产品研发力度。经过市场的多轮技术和产品迭代，深度集成电驱动总成的技术方向逐步明晰，扁线电机、油冷技术、高速减速器、碳化硅器件、兼容800伏高电压平台、功能安全、硬件加密等核心零部件与关键技术逐步应用于三合一总成产品。近年来，在乘用车深度集成电驱动总成方面的技术进展主要集中在以下几个方面。

（1）集成深度由早期的结构物理集成转向电子电气功能深度融合集成

三合一总成仍然是主流产品方案，扁线电机、碳化硅器件开始应用，兼容

800伏电压平台与满足ISO 26262功能安全要求成为必备要素。

在扁线电机技术应用方面，以弗迪动力FD 150千瓦三合一电驱动总成为例，该系统最大功率150千瓦，最高输出转矩3800牛·米，最高轮端转速1350转/分、减速器速比为9.9—11.6，总成最高效率达93%，功能等级安全达到汽车安全完整性等级C。与弗迪动力第一代三合一总成产品相比，其第二代产品在效率、体积、可靠性、成本方面做了全面设计提升，具体包括：驱动电机采用发卡式绕组工艺，最高效率提升0.5%—1%；减速器采用平行轴式设计，最高效率达97.8%，相比第一代提升0.6%；电机控制器功能安全等级达到汽车安全完整性等级C（TUV产品认证）；结构小型化，紧凑布置，可兼顾前后驱布置需求。

在碳化硅器件与800伏平台集成应用方面，以汇川第四代三合一电驱动总成为例，该电驱动系统最大功率达到250千瓦，集成Boost升压充电功能，采用高压碳化硅器件，可兼容400伏与800伏电压平台，并实现电机控制器效率提升；驱动电机最高转速达到20000转/分，实现电机小型化，提升功率密度；采用油水混合冷却，提升持续功率，定子绕组端部开槽导油喷淋，定子铁芯水冷，转子一体式空心轴甩油，油润滑轴承；采用低摩擦三轴承、低黏度润滑油等空载损耗优化技术并集成油泵控制，可选配停车挡控制单元；采用电机主动加热功能（热管理辅助），提升整车冬季充电速率，提升续驶里程；总成结构设计电机控制器采用小型化设计，减速器短中心距设计并支持半轴支撑，实现电机减速器壳体一体化。

（2）系列化、规格化、功率转矩可扩展的三合一总成产品不断增加

为进一步提升产品的规格化与系列化，多个企业采用功率和转矩能力可扩展设计思路研发三合一总成产品。该类产品采用相同的结构集成和零部件共用，通过调整电机铁芯长度、功率模块规格、减速器速比等来实现电驱动总成输出功率与转矩的系列化，大幅降低产品开发周期与成本。

博世公司于2017年推出了eAxle电驱动桥系列化产品，该系列按照平台设计可实现输出功率从50千瓦到300千瓦、扭矩从1000牛·米到6000牛·米不同的变型产品。2019年博格华纳推出集成驱动模块电驱系统，适用于乘用车及商用车的前桥或后桥，其减速器速比和电机尺寸可以根据客户的要求做出改变，电压范围在250—450伏，电机功率达90—160千瓦，输出扭矩达2500—3800牛·米。

（3）多电机耦合、多挡变速器应用于乘用车电驱动总成

为进一步提升乘用车电驱动总成输出能力和零部件的利用率，奥迪e-tron S、特斯拉Model S Plaid、Lucid Air等车型搭载双电机与减速器集成的多合一系统，

上汽 Marvel、广汽埃安等车型进一步搭载两挡或多挡变速器以进一步提升电驱动总成的转矩输出能力。

以广汽新能源汽车为例，2021 年推出了多挡双电机大功率电驱动集成产品，该系统集成了双电机控制器、双电机、两挡变速器，峰值功率达到 340 千瓦，轮端输出转矩最大达到 6100 牛·米；利用单挡单电机、两挡单电机、两挡双电机多种驱动模式的切换实现全速域动力性与经济性，可搭载车型覆盖 B—C 级纯电汽车；同时，该系统通过转速和扭矩的智能动态调整、电机主动加热功能和余热利用功能降低整车能耗，并具备远程升级功能。

（4）电驱动总成多合一集成技术进一步提升效率和功率密度

伴随着汽车电动化的发展，整车对电驱动总成的需求也在逐渐提高，特别是高效率、高密度与高集成度，其中多合一电驱动总成融合技术是一个有效的技术方向。多合一电驱动总成融合设计是将电机控制器、高压配电单元、低压 DC/DC 变换器与车载充电机等电力电子及控制部件进行设计融合，并与驱动电机、高速减速器集成，形成更加紧凑的总成系统，更利于整车的布置。集成后的多合一电驱动总成体积减小约 20%、重量减少约 15%，同时可缩短各部件之间高压连接长度，降低动力系统电能传递损耗，并减少整车开发周期与成本。随着整车动力域的发展，电驱动总成的融合程度将进一步加深，如融合整车、整车热管理和电池管理系统等，实现超融合动力域多合一电驱动总成。在多合一电驱动总成技术路线上，国内以比亚迪海豚八合一电驱动总成、华为 DriveONE 七合一电驱动总成、长安七合一电驱动总成、零跑科技的八合一电驱动总成为代表。

我国推出的三合一或多合一电驱动总成产品与国外基本同步，集成度有一定差距，关键技术指标（如功率密度、效率等）与国际先进水平相当。值得注意的是，我国电驱动总成的机 – 电 / 电 – 电的集成度、性能（功率密度和转速）、可靠性和电磁兼容等仍需进一步提高，同时我国缺少可靠性高的后桥电驱动总成产品。

6.3.3 电驱动总成系统发展趋势

集成化、平台化、模块化、轻量化、高效化、高可靠、长寿命、高性价比成为新能源汽车动力总成未来发展的共同目标。针对插电式混合动力乘用车、纯电动乘用车、新能源商用车、轮毂 / 轮边电动轮等不同动力总成，归纳总结相应的技术发展路径如图 6.7 所示。

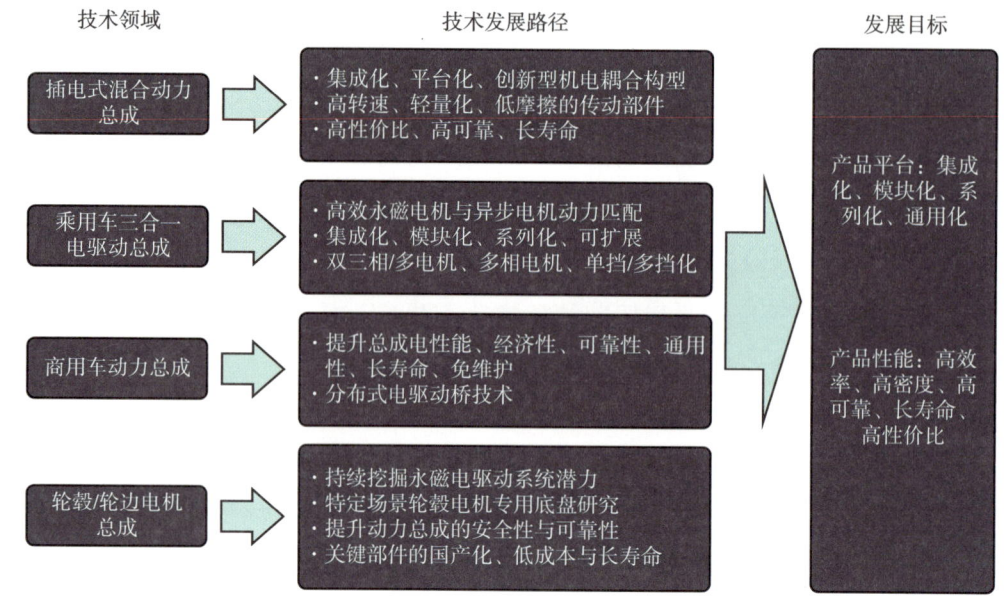

技术领域	技术发展路径	发展目标
插电式混合动力总成	·集成化、平台化、创新型机电耦合构型 ·高转速、轻量化、低摩擦的传动部件 ·高性价比、高可靠、长寿命	产品平台：集成化、模块化、系列化、通用化
乘用车三合一电驱动总成	·高效永磁电机与异步电机动力匹配 ·集成化、模块化、系列化、可扩展 ·双三相/多电机、多相电机、单挡/多挡化	
商用车动力总成	·提升总成电性能、经济性、可靠性、通用性、长寿命、免维护 ·分布式电驱动桥技术	产品性能：高效率、高密度、高可靠、长寿命、高性价比
轮毂/轮边电机总成	·持续挖掘永磁电驱动系统潜力 ·特定场景轮毂电机专用底盘研究 ·提升动力总成的安全性与可靠性 ·关键部件的国产化、低成本与长寿命	

图 6.7　电驱动总成技术发展路径与趋势[1]

在插电式混合动力机电耦合总成方面，通过构型创新实现高效率（动力源利用效率与传动效率）是未来的重要发展目标，集成化与平台化设计是实现产品成本控制的保障。高效混合动力专用发动机、混合动力用多变流器电力电子集成、高密度高集成度电机与高效散热等是降低插电混动/混动车型能耗与提升整车性能的关键技术途径。

在乘用车纯电驱动总成方面，高速高密度集成的三合一电驱动总成已成为乘用车电驱动系统主流。三合一电驱动总成与驱动轴集成，形成紧凑型电驱动轴，为扁平化电动底盘开发提供可能；多功能电力电子集成为多合一电驱动系统集成提供技术途径。持续研究提高电驱动总成系统深度集成技术，根据不同车型应用灵活选择电压平台、功率电子和控制器平台，开发高速减速器；鼓励新材料应用与工艺创新，鼓励电驱动系统通过标准化与模块化形成系列化产品；鼓励产业强强联合，迅速扩大规模。

参考文献

[1] 中国汽车工程学会. 节能与新能源汽车技术路线图 2.0 [M]. 北京：机械工业出版社，2021.
[2] 贡俊. 电动汽车工程手册第五卷：驱动电机与电力电子 [M]. 北京：机械工业出版社，2019.

第 7 章　新能源汽车智能制造技术

智能制造是基于先进制造技术与新一代信息技术深度融合，贯穿于设计、生产、管理、服务等产品全生命周期，具有自感知、自决策、自执行、自适应、自学习等特征，旨在提高制造业质量、效率效益和柔性的先进生产方式。新能源汽车智能制造技术的核心是新一代信息化技术与汽车制造过程的深度融合，因此本文淡化了整车制造四大工艺和动力电池的制造过程，按照智能制造实施范围的不同，采用企业级/车间级信息系统、实体工厂/车间、虚拟工厂/车间三部分为核心的技术架构，并包含其中涉及的关键信息技术。

7.1　企业级/车间级信息系统

信息系统的应用是企业发展的必由之路，制造企业的企业级/车间级信息系统是其在全新时代可持续发展的必备武器。

7.1.1　概念

企业级/车间级信息系统是指将信息技术、现代管理技术和制造技术相结合，应用于产品全生命周期各环节的管理，并构筑企业的数字化信息传递机制。通过信息集成、过程优化及资源优化，实现物流、信息流、价值流的集成和优化运行，最终实现人（组织、管理）、经营和技术三要素的集成，可为企业降低成本和费用，增加产量与利润，提升经济效益。企业级信息系统通常包括设计层面的系统架构和应用层面的工业软件，设计层面是顶层框架，应用层面是基础。设计层面是大数据、人工智能、云计算、第五代移动通信技术、数字孪生、物联网和区块链等新一代数字化技术的应用和集成创新。新一代数字化技术作为系统集成和顶层架构，可用于全制造业，对于新能源汽车行业，新一代数字化技术需要由产品生命周期管理系统（PLM）/企业资源计划（ERP）/客户关系管理（CRM）/

制造执行系统（MES）/仓储管理系统（WMS）这种在汽车领域深耕多年、有知识沉淀的工业软件作为衔接来应用到具体的业务场景中，如图7.1所示。

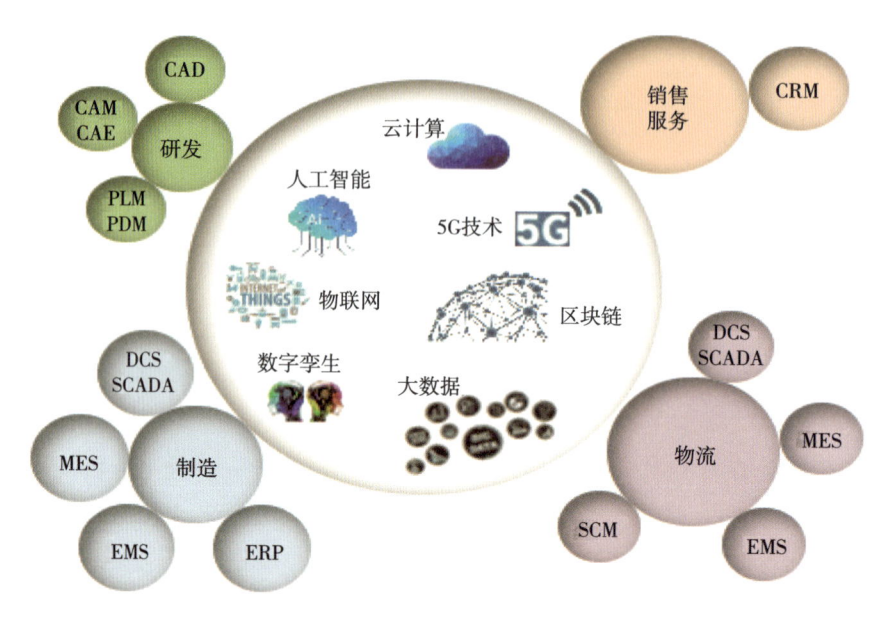

图7.1　数字化技术与工业软件在新能源汽车产业的应用关系

7.1.2　企业级/车间级信息系统发展现状

7.1.2.1　企业级/车间级信息系统工业软件发展现状

工业软件是工业技术软件化的产物，本质是将工业技术和经验以软件工具的形式沉淀下来，以解决工业场景下的特定问题。

工信部在《软件和信息技术服务业统计调查制度》中将工业软件划分为产品研发设计类软件、生产控制类软件和业务管理类软件。其中，产品研发设计类软件用于提升企业在产品研发工作领域的能力和效率，包括3D虚拟仿真系统、计算机辅助设计（CAD）、计算机辅助工程（CAE）、计算机辅助制造（CAM）等；生产控制类软件用于提高制造过程中的管控水平、改善生产设备的效率和利用率，包括工业控制系统、制造执行系统、先进控制系统（APC）等；业务管理类软件用于提升企业的管理治理水平和运营效率，包括企业资源计划、供应链管理（SCM）、客户关系管理等。

汽车行业的工业软件除部分经营管理类软件外，在研发设计、生产制造、汽车嵌入式等领域基本处于被国外垄断的状态，国内整体汽车工业软件化水平较国外有较大差距，技术难以有效落地，市场化较为困难且难以形成规模。具体表现为：在汽车研发设计领域中，计算机辅助设计、计算机辅助工程等主流设计、仿真类软件均被国外公司垄断，如达索、西门子、Ansys、Altair 等；在运营管理软件领域中，国内在自动化办公方面涌现出了较多企业，但在企业资源计划、数据库等核心运营系统及支撑方面较为欠缺。

当前，我国工业软件产业迎来了重要的战略机遇期。首先，美国对我国高科技产业的技术封锁持续加剧，多家中国公司和机构被列入实体清单，以电子设计自动化为代表的研发软件和以 MATLAB 为代表的工程软件先后被禁用，中美贸易摩擦带来的外部压力倒逼工业软件国产化替代加速，构建自主可控、安全可靠的国产工业软件产业体系势在必行。其次，国家层面高度重视，近年发布多项政策支持国产工业软件发展。2020 年 8 月，国务院发布《新时期促进集成电路产业和软件产业高质量发展的若干政策》，要求聚焦集成电路设计工具、基础软件、工业软件、应用软件的关键核心技术研发。2021 年 7 月，工信部、科技部等六部委联合发布《关于加快培育发展制造业优质企业的指导意见》，要求推动产业数字化发展，大力推动自主可控工业软件推广应用，提高企业软件化水平。最后，我国正在由"制造大国"向"智造强国"转变，产业数字化、网络化、智能化转型升级不断加速，工业企业技术赋能需求迫切，新冠疫情这一突发事件助推工业生产方式的变革，作为促进实体经济增长的新动能，工业软件等新一代信息技术具有广阔的市场空间。

7.1.2.2 企业级／车间级信息系统数字化技术发展现状

2020 年 4 月，国家发改委和中央网信办联合发布的《关于推进"上云用数赋智"行动培育新经济发展实施方案》中关于"筑基础、夯实数字化转型技术支撑"的内容指出：支持在具备条件的行业领域和企业范围探索大数据、人工智能、云计算、第五代移动通信技术、数字孪生、物联网和区块链等新一代数字技术应用和集成创新。因此，这七大技术成为新能源汽车开展智能制造的关键技术支撑。

（1）人工智能技术在新能源汽车制造业应用场景落地

将人工智能技术应用到新能源汽车的研发、生产等环节，使新能源汽车制造在数字化和网络化的基础上实现机器的自动反馈和自主优化。从"新能源汽车制造＋人工智能"的视角理解，其产业结构包含基础层、技术平台层、应用层。基础层是指不可或缺的软硬件资源，包括人工智能芯片、工业机器人、工业物联网以及提供人工智能技术在制造业应用所需的软硬件等资源。技术平台层是问题导向而非数据导向，包含公有制造云、制造业大数据、制造业人工智能算法，即基于数据和网络，开发设计人工智能算法。应用层是让人工智能去做擅长的事情，即利用人工智能技术在制造业生产和服务的各个环节创造价值。

当前人工智能与新能源汽车制造的深度融合依然面临挑战：芯片核心技术有待攻克，专用芯片开发技术门槛参差不齐；工业数据资源的掌握与应用能力不匹配，数据价值尚待挖掘；技术能力和算法特质无法满足实际应用需求，工业场景落地难；人工智能技术解决方案无法直击核心痛点，复制性较差。

（2）数字孪生技术与新能源汽车制造技术深度融合

数字孪生是以数字化的方式将物理实体转化为数字模型，利用实施数据和历史数据的结合进行模拟、控制、验证、预测，降低生命周期中不确定性的技术手段。

数字孪生技术在新能源汽车全生命周期的各阶段均有融合、交互应用，包含研发阶段的设计分析虚拟仿真评估、虚拟试验测试评估，制造阶段的工艺系统虚拟验证、生产制造运行大数据/人工智能决策、制造资源状态评估与预防性维护等；具体表现在数字孪生与工业物联网/工业互联网的融合交互，数字孪生与大数据/人工智能的融合交互，数字孪生与虚拟现实/增强现实的融合交互，数字孪生与设备健康管理的融合。数字孪生技术是智能制造深入发展的必然选择，目前数字孪生技术的应用已从传统产品孪生向产线、车间、工厂的系统级孪生方向发展，已经从传统基于三维可视化模型向直指本质的决策推理模型转变。

（3）基于云的全链路数字化能力建设

随着汽车产业重构和传统业务的需要，实现全链路的数据打通、数据驱动产业全链路数字化正成为新常态。伴随产业变革进入新阶段，基于云的全链路数字化能力变得越来越重要，更需要依托云来重构业务体系，打破各个环节的数据孤岛，构建研发、制造、物流、销售、服务全链路的数字化解决方案和应用体系。

在研发设计方面，云平台可以满足在软硬件开发、设计、测试、验证过程中的数字化和异地研发团队的云上协同开发，大幅降低新车研发成本、缩短车辆上市周期。在制造与物流供应链方面，车企推动生产智能化要应对多重挑战，比如如何将多渠道客户订单快速转化为工厂的生产排期，在最短的时间保质保量地向用客户交付产品。在销售与服务数字化方面，在用户拉新、激活、留存、转化、传播和到店这六个关键阶段，新能源汽车产业的智能制造将依托"可生长的云"，打造动态迭代和持续进化的新型基础设施，推进研、产、供、销、服的业务数字化，释放全流程的数据价值，提供全域触达、服务闭环的全周期数字化服务，从而提升在不确定环境下的韧性和竞争力。

（4）基于第五代移动通信技术边缘计算的新能源汽车实现智能柔性生产

第五代移动通信作为支撑智能制造转型的重要使能技术，结合云计算、大数据、人工智能等技术，能够助力企业实现生产设备、生产管理更智能，打造更柔性的生产线，控制迭代智能化以及操作技术和信息技术的深度融合，构建统一的工业互联网络。同时结合边缘计算、网络切片等新技术，能够衍生出更专业、更安全的云网一体化新型智能基础设施和轻量级、易部署、易管理的解决方案，助力企业向柔性制造、自动化生产、智能化方向演进。企业可以按需使用网络和运营商云资源，更弹性、更便捷、更灵活地实现管理、业务等方面的数字化转型，向柔性制造、自动化生产、无线数字化方向演进。但项目实施进度受终端影响较大，第五代移动通信终端的生态成熟尚需时日，对第五代移动通信行业的应用拓展需保持耐心。

（5）工业大数据为智能化生产的核心技术

大数据是车企数字化转型实现智能化的核心、基础技术，部分企业将数字化理解为数据的采集、分析和使用的闭环，但简单的闭环模式难以解决车企面临的问题，还需要通过生产控制系统、物料清单系统、工程生产管理系统、产品生命周期管理、仓储管理系统等进行串联，形成网络化数字体系，如此才能将每条孤立地纵向烟囱状应用打通，通过数据中台形成相互连通的网状结构，不同数据以相互交织的方式向上赋能，才能真正做到汽车生产全流程的智能化。工业数据为车企生产环节转型的基础，而数据的透明化、决策的敏捷化是生产智能化的根本。通过对制造、物流、质检等各个生产环节产生的数据进行有效连接、分析及使用，改变原有粗放的生产方式，用数据的透明及快速传输能力打造数字工厂，解决车企生产环节长久以来的遗留问题或未被发现的问题，从而精准管控生产效率、预防潜在风险，这便是工业大数据赋予车企生产环节的意义。

7.1.3 企业级/车间级信息系统发展趋势

7.1.3.1 企业级/车间级信息系统工业软件发展趋势

云计算、人工智能等新技术的兴起带来了工业软件的不断创新与重构，工业软件已进入技术变革的新时代，在产品、开发、部署和商业模式等方面都呈现出新的趋势[1]。

（1）在产品模式上，工业软件正在由单一、孤岛式的产品向一体化和集成化转变

工业软件企业通过集成强关联的软件产品，加强软件间协作，为客户提供全流程的一体化解决方案，能够有效增强客户黏性、扩大品牌效应、提升制造业全价值链效率。计算机辅助设计、计算机辅助工程、计算机辅助制造的集成有助于企业推进设计制造仿真一体化，优化生产流程；企业资源计划、供应链管理、客

户关系管理的集成则能帮助企业提高管理水平、降低运营成本。此外，工业软件正在朝着轻量化的方向演进，部分大型工业软件在加速解构，工业 App 等新型架构的工业软件不断涌现。

（2）在开发模式上，工业软件开发逐渐向组件化、模块化方式转变

工业软件开发环境更加开源和开放，为软件功能拓展和二次开发奠定了基础。依托云平台，产业链各主体都能够参与开发过程，实现工业软件协同开发。另外，低代码开发技术的成熟有望降低工业软件的开发门槛，通过可视化的方式使大量企业特别是中小企业能够加入开发和应用工业软件的过程中，助力企业数字化转型。

（3）在部署模式上，工业软件向云端迁移的步伐明显加快

工业软件从最初部署于企业内部，逐渐转向在私有云、公有云或混合云上部署、更新和维护。这种部署模式显著减少了工业企业的基础设施投资和运维成本，降低了企业数字化转型的门槛。特别是对有多个生产地点的企业客户而言，本地部署无法实现数据互联互通，部署在云端的工业软件能够帮助企业汇集、处理和共享多地数据，满足企业刚性需求。同时，云转型也使工业软件企业能够更便捷地为客户提供更新维护服务，优化客户体验，增强客户黏性。

7.1.3.2 企业级/车间级信息系统数字化技术发展趋势

随着《"十四五"数字经济发展规划》的实施，我国正迎来焕然一新的数字面貌。发展数字经济是后疫情时代全球经济结构重塑、全球竞争格局改变的必然要求，也标志着我国千行万业数字化转型进入深水区。新能源汽车制造领域新一代数字化技术将发挥其更大优势，助力新能源汽车行业转型升级。

一是工业互联网平台。充分利用工业互联网平台，打造研发制造、运营服务、出行领域完整的数据产品体系，实现从顾客到工厂的大规模个性化定制。

二是工业大数据。数据统筹规划并制定数据标准，数据分析向各环节广泛渗透，形成完整的数据采集、数据分析、智能控制到决策的闭环。

三是人工智能。基于机器学习、知识图谱、人机交互等关键技术，通过算法模型进行人工智能的应用开发。随着人工智能应用的日趋广泛和实用，基于深度学习的人工智能认知能力将达到人类专家顾问级别。

四是数据采集。系统及设备数据开放性好，可突破数据采集瓶颈，通过协议兼容、转换实现多源设备、异构系统的数据可采集、可交互、可传输。同时通过边缘计算、第五代移动通信、时间敏感网络等技术的应用，可实现数据预处理，大幅提高数据反馈的及时性，使数据获取更全面、实时、细致，实现要素信息的高效采集和云端汇集。

五是数据分析及应用。基于平台算法库实现数据的建模分析、模型训练等，为产品质量优化、工艺参数优化、成本优化提供数据依据，并能通过网页展示运行过程和结果报表。

7.2 实体工厂/车间技术

7.2.1 概念

实体工厂是新能源汽车企业开展研发、制造、物流等业务活动的载体，其相关的技术水平、智能装备的智能化水平直接影响工厂的智能化等级。实体工厂/车间技术借助形式多样的传感器、射频识别技术、智能网关等智能化技术，实现基础装备的智能化，达到装备自感知、自学习、自决策、自执行和自适应的目的。

7.2.2 实体工厂/车间技术发展现状

目前主要的新能源汽车企业已经广泛使用射频识别、二维码、机器视觉及其他传感技术，在新一代数字化技术的赋能下基本完成了工厂关键要素的数字化表达，具备了低碳工厂节能降碳的基本要素。下一阶段目标是通过大数据分析，将问题的产生过程利用数据进行分析、建模，实现从解决可见的问题到避免可预测的问题。

截至2021年，在线检测装备、机器人、智能输送自动导引小车等智能基础装备在新能源汽车制造领域得到普遍应用，生产效率有效提升，生产线的柔性化进一步提高，车间装备初步具备了数字化、网络化的特点，向单机智能化迈进。在生产物流环节，具备自主导航能力的智能自主移动机器人在厂内物料周转原材料仓环节实现应用。线边仓转运、物料超市拣选等场景在东风乘用车的发动机工厂、重庆金康汽车工厂得到应用。新一代智能自主移动机器人基于视觉+激光雷达+二维码等多传感器融合导航方式，相比传统的磁导航AGV小车，在自动绕障避障、自主规划行驶路径、多自主移动机器人集群调度和协同能力、高精度对接能力、与智能工厂仓储管理系统/能量管理系统等管理系统连接能力方面有较大突破，初步实现了物料搬运智能化、物料信息管理可视化，为数字孪生工厂的建设打下了基础。同时在零碳工厂建设方面也取得了突破性进展，2022年3月，宁德时代全资子公司四川时代获得了PAS2060碳中和认证证书，宁德时代宜宾工厂成为全球首家新能源汽车动力电池零碳工厂，解决了新能源汽车动力电池生产过程排碳大户的问题，为新能源汽车产业绿色低碳之路打下了坚实基础。

7.2.3 实体工厂／车间技术发展趋势

实体工厂／车间装备向数字化、网络化、智能化发展。一方面，装备将大量采用传感器、射频识别、智能网关等智能化技术形成智能装备，实现装备的自感知、自学习、自决策、自执行和自适应。另一方面，智能装备将与系统无缝集成，实时交互信息，并基于数据分析进行装备运行优化，实现自适应加工、装配、人机协同及物流供应精准化。

在冲压方面，未来冲压车间通过内部实物流、数据流、信息流的连通以及与其他车间的协同和资源集成与优化，实现信息深度自感知、智慧优化自决策、精准控制自执行等功能。另外，超高速、柔性化、可自我调整的大型伺服智能冲压生产线，高品质、轻量化、可自我调整的大型智能冲压模具，高效率、高精度、可自我调整的大型智能模具起重机，将成为未来冲压装备的关键。同时，分散多动力技术、伺服直驱零传动技术及机电软集成一体化技术等将成为未来大型伺服智能冲压生产线的重要支撑技术[2]。

在车身焊装方面，未来装调机器人将逐步代替人工操作，夹具切换更加迅速、柔性、灵活；装备由自动化向数字化、网联化、自适应、绿色化升级，仿真和预测性维护向智能化发展；焊装车间实现通用化、模块化、自动化、数字化，并以此为基础向柔性化、定制化、智能化升级。

在车身涂装方面，工艺装备将更具适应性，实现多种材料车身、不同工艺、不同车型之间的快速转换；通过装备自身及与智能管理系统的深度融合，实现装备的自感知、自执行、自学习、自适应、高柔性。

在整车装配方面，生产组织方式由传统计划型转变为以客户订单驱动生产，制造过程透明化，客户可深度参与全制造过程；将实现人机协作装配和检测、全过程质量实时监测、信息追溯；生产线自动化、柔性化程度大幅提高，逐步发展成以自主装配为主体的智能生产线。

7.3 虚拟工厂／车间技术

7.3.1 概念

虚拟工厂／车间技术是指通过虚拟现实、仿真建模等技术，在云平台上构建与实际工厂／车间中的物理环境、生产能力和生产过程完全对应的虚拟制造系统，支持产线规划、车间生产和运营服务等阶段的监控、仿真和分析。虚拟工厂与实体工厂可实现双向映射，实体工厂将严格按照虚拟工厂仿真优化后的指令执行生产动作；虚拟工厂将不断积累实体工厂的数据与知识，对实体工厂运行过程进行调控与优化。未来随着数字化技术全面应用，工艺和工厂建模及仿真将贯穿工艺设计、工厂建设直至生产调试的每个环节，实现所有工艺流程的虚拟判断，如可能出现的制造缺陷、工艺不匹配等问题，从而大幅缩短产品交付周期。

7.3.2 虚拟工厂/车间技术发展现状

虚拟工厂技术是由一系列数字化技术相互配合的组合应用，关键核心技术为数字化建模技术、虚拟现实技术、仿真优化技术。

7.3.2.1 数字化建模技术现状

数字化模型是数字化工厂的基础，其准确性关系到对实际系统真实反映的精度，对于后续的产品设计、工艺设计以及生产过程的模拟仿真具有较大影响。合理有效的数字化建模能够确保研究数据的一致性、完整性和可追溯性，对最终设计方案的正确性、支撑整个供应链的相关设计、配合上下游单元协调工作具有重大意义。近年国内新建的整车生产线基本都是先进行产线建模并优化，再进行工厂及产线的实体建设。

7.3.2.2 虚拟现实技术现状

虚拟现实技术能够提供一种具有沉浸性、交互性和构想性的多维信息空间，方便实现人机交互，使用户能身临其境地感受开发的产品，具有很强的直观性，在数字化工厂中具有广泛的应用前景。虚拟技术的实现水平很大程度上影响着数字化工厂系统的可操作性，同时也影响用户对产品设计以及生产过程判断的正确性。

7.3.2.3 仿真优化技术现状

仿真优化是数字化工厂的价值核心。仿真优化是指根据建立的数字化模型和仿真系统给出的仿真结果及各种预测数据，分析数字化工厂中可能出现的各种问题和潜在的优化方案，进而优化产品设计和生产过程。在数字化工厂制造过程中，仿真技术应用主要包括：面向产品设计的仿真，包括产品的静态和动态性能；面向制造过程的仿真，包括加工过程仿真；装配过程仿真和检测过程仿真等；面向企业其他环节的仿真，包括制造管理过程仿真；工厂/车间布局、生产线布局仿真等。仿真优化技术水平对于能否最大限度地发挥企业效益、提升企业竞争力具有十分重要的作用，其优化技术的自动化、智能化水平尤为关键。吉利汽车在2015年自主研发了中国第一套全流程汽车仿真生产系统，并成功应用在领克与沃尔沃共线生产的亚欧工厂，现已推广到余姚、杭州湾等制造基地。吉利采用Tecnomatix数字化平台进行虚拟制造，利用数字化仿真技术在真实工厂之前实现对设备的集成测试、工艺验证和虚拟试生产，通过这种方式实现产品设计、工厂规划、工艺设计验证同步进行，在真实工厂集成安装开始前可规避 80% 以上的设计问题。2019 年，吉利结合大数据技术设计研发了汽车行业生产运营数字化系统，并成功应用在领克 05 生产制造基地余姚工厂。

7.3.3 虚拟工厂/车间技术发展趋势

7.3.3.1 数字化建模技术趋势

一是在硬件方面呈现轻、准、快、价格大众化趋势。专业用于 3D 建模的扫描仪从巨大的箱式、桌面类慢慢发展为轻便小巧的手持式，可便捷携带；建模速度从过去的小时单位缩短到几分钟，价格取向大众化，性价比大为提升。

二是软硬一体化，软件云端化。为了更好地服务客户数字化转型需求，越来越多的硬件厂商将提供与硬件匹配的软件产品，应用服务逐渐偏向整体解决方案。

三是低代码推进技术标准化、通用化、简易化、平民化。低代码开发平台是指无须编码或少量代码就可以快速生成应用程序的工具，它将开发时间成倍缩短，从而降本增效、灵活迭代。低代码化的兴起基于两方面原因，一是疫情导致企业数字化转型进程提前；二是数字化的供给难以满足需求。低代码让 3D 内容生产实现零代码开发、在线调用，不再局限于专业建模人员，软件功能标准化、通用化、简易化、平民化，大幅降低了三维技术门槛，几乎人人可参与。

四是模型轻量化。目前，在元宇宙热度下，三维模型的编辑从单体应用逐渐向空间应用发展，模型输出轻量化实现云端存储是必然趋势，节省存储空间成为刚性需求。

五是人工智能大数据分析。在数字化转型需求背景下，全局数据不再是固化的"资产"，而是活动性的"生产力"，关键触点掌握行为数据，参与生产全流程，方便企业及时更改制定生产策略，提升生产效率。

六是隐私计算加数据资产安全。数字化时代意味着数据间的协作将越来越多，但随之而来的隐私安全问题必须要加以解决。如何将个人隐私"锁"得严严实实，其中一个答案就是隐私计算。相比传统的数据协作方式，隐私计算开辟了一种全新模式：在保证数据提供方不泄露原始数据的前提下，对数据进行分析计算，实现数据的可用不可见。

7.3.3.2 虚拟现实技术趋势

（1）虚拟装配技术优化作业流程

虚拟装配技术可帮助检查项目在每个阶段的可装配性，以避免此类情况在流水线上发生。产品一旦开始在计算机辅助设计软件上进行设计，就能确保其制造生产，并可以交互移动计算机辅助设计模型的任何零部件，查看碰撞并记录路径，以便之后重新加载并进一步研究。虚拟装配可以最大化地减少车间流水线与生产线投产后所出现的各种问题。流水线或生产线的布局与优化是基于工业产品的组装流程的，组装与生产就必不可少地需要使用虚拟装配技术，它可以让厂商在建厂前最大化地优化其流水线布局与设计。

（2）使用虚拟融合与3D点云设置重组生产线

如何优化与融合现有的生产线与即将投产的生产线是很多工厂面临的问题。在项目的每个阶段，在虚拟仿真工厂中使用可视化技术来优化生产线是一个关键优势，虚拟融合技术是完成决策、解决问题的首选。将虚拟的更改应用在流程上，可以显示期望的性能改变；在生产线设计环节中使用虚拟现实技术，可帮助使用者在沉浸式环境中测试几种不同的生产线设计重组方案的可行性和实际性能，节省时间和成本。在汽车生产线重组设计的案例中，已有汽车制造商通过虚拟仿真技术建立了新车型的生产线。

7.3.3.3 仿真优化技术趋势

仿真优化是整个数字化工厂系统的最终目标，主要是在已经构建的虚拟生产线平台上对生产过程进行仿真。目的在于分析现有生产过程的各种性能指标，发现存在的问题，对生产系统进行参数优化和结构调整，以达到优化生产过程、提高生产效率的目标。用户通过扩展的分析工具、统计数据和图表来评估不同的解决方案，并在生产计划的早期阶段作出迅速而可靠的决策。

参考文献

[1] 林雪萍. 工业软件简史［M］. 上海：社会科学院出版社，2021.
[2] 中国汽车工程学会. 节能与新能源汽车技术路线图2.0［M］. 北京：机械工业出版社，2021.

第 8 章 新型基础设施

充换电基础设施是指为电动汽车提供电能补给的各类充换电设施，是新型基础设施建设的重要组成部分。电能的补充可以分为整车充电（快速充电、常规充电和慢速充电）和电池快速更换两种。大力推进充换电基础设施建设，有利于解决电动汽车充电难题，是发展新能源汽车产业的重要保障。近年来，各地区、各部门认真贯彻落实国务院印发的《关于加快电动汽车充电基础设施建设的指导意见》等决策部署，积极推动电动汽车充换电基础设施建设，各项工作取得积极进展。充换电基础设施一直坚持"适当超前"的发展理念，从最早的重规模建设到后来的重产业运营，再到现在的运营商业模式探索以及新型产业生态建设，形成了多元融合的新能源汽车充换电保障体系。

8.1 充电技术

2015 年以后，我国电动汽车发展进入新的阶段，产业进入高速增长期。随着电动汽车大量进入家庭以及在出租车、网约车等商业领域的应用，也暴露出电动汽车续驶里程短、充电时间长、车主存在充电焦虑的问题，影响了电动汽车产业的进一步发展。增加续驶里程、提高充电速度需要大功率充电技术的应用。

8.1.1 大功率充电技术

功率是由电压和电流决定的，大功率可以理解为这两个指标的提升。目前，国内外普遍把充电功率在 350 千瓦（1000 伏，350 安）以上定义为大功率充电。电动汽车大功率充电技术分为传导大功率充电技术和无线充电大功率充电技术。传导大功率充电技术是指充电功率在 350 千瓦及以上的充电技术，以满足乘用车充电 10—15 分钟、续航 300 千米的快速充电目标和电动客车快速补电的充电需求。传导大功率充电技术又分为乘用车大功率充电技术和客车大功率充电技术。

8.1.1.1 大功率充电技术发展现状

在欧洲,宝马、戴姆勒、福特等几家车企联合成立了 IONITY 公司,目的是在欧洲各高速公路上建设大功率充电站,以满足未来欧洲公路网上长途交通的需求。截至目前,IONITY 已在欧洲(主要是西欧和北欧)的高速公路沿线建设超过 400 座采用 CCS 接口的充电站,平均每个站有 6 个最大输出 350 千瓦的充电桩。在美国,Electrify America 公司在全美建设了 500 余座充电站,约有 2200 个输出功率为 150/350 千瓦的充电桩,采用的也是 CCS 接口加冷却的技术路线;特斯拉建设了覆盖全面的直流快充网络,主要配备功率为 150 千瓦的 V2 以及部分可达 250 千瓦的 V3 充电桩。在日本,大功率充电技术路线分两步走,第一步是在原来 CHAdeMO2.0 的基础上实现 200 千瓦的大功率充电,第二步则是与中国一起推出 CHAdeMO3.0 ChaoJi 接口,充电功率达 900 千瓦以上。在中国,以国家电网公司、特来电、星星充电等为代表的头部电动汽车充换电运营企业在各主要高速公路沿线、机场车站等交通枢纽建设了大量功率在 120—150 千瓦的面向乘用车辆的充电设施。2021 年国家电网公司率先在京沪高速部署基于 ChaoJi 接口的充电设施,并将最大充电功率大幅提升至 400 千瓦以上。在公交等商用车辆方面,国家电网公司、特来电等企业在各地部署了一定数量的基于充电弓的大功率充电设施,充电电流达到 800 安。充电电流达到千安以上的超大功率充电技术将被应用于电动重载道路运输车辆、电动大型商用车辆以及电动重型工程车辆。目前以特斯拉、戴姆勒为技术主导的 CharIN 充电联盟,以及由中电联和 CHAdeMO 牵头,中国、日本、德国、荷兰、意大利、美国等国专家联合组成的新一代充电接口 ChaoJi 国际工作组分别提出了各自的实现方案,未来超大功率充电技术有望突破兆瓦级。

在国内,大功率充电弓技术得到规模应用。国内充电企业加快了充电弓产品技术开发,星星充电和许继都对其充电弓技术进行了创新。其中,星星充电大功率充电弓技术特点包括:① 充电弓对接机构设计技术。充电弓弓头升降机构设计既要保证机构具有一定的刚度,以抵抗强风等引起的横向载荷,又要在对接后保持一定的柔性,以避免车辆上下客引起的短时对接波动,防止充电拉弧。同时由于道路和车辆的倾斜,对接机构还需要适应在存在倾角情况下的对接。当前充电弓最大持续充电电流可以达到 600 安以上,短时充电电流可以达到 1000 安,最大对接倾角可以满足 10°下的可靠对接,以满足海外客车的跪地角度要求。② 充电弓升降机构运动控制技术。巴士在中间站点停车时间通常不超过 1 分钟,采用超级电容供电的公共交通巴士中间补电时间很短,充电弓的对接时间对于补电容量有很大影响,充电弓的快速对接可以实现更多的补电容量。当前充电弓的对接时间可以在10秒内实现柔性对接，为补电赢得更多的充电时间。③充电弓/受电弓通信协议：星星充电2020年9月已拿到了国内首张ISO 15118认证证书，其产品可以满足世界不同区域的充电通信要求，实现了GB/T、ISO 15118、DIN 70121多充电协议通信能力。

许继公司大功率充电弓技术特点包括：①采用"射频识别+WiFi"多模式通信技术解决方案，以充电弓作为无线接入点，车辆作为无线终端。充电弓根据射频识别所识别的信息为车辆匹配专用无线接入点，车辆自动、快速与充电弓所建立的专用无线接入点建立WiFi连接，该方案不仅可避免车辆之间WiFi通信的相互干扰，同时减少人为操作，大幅缩减充电准备阶段耗时。车辆与充电终端可迅速识别身份、精准连接，实现车桩智能友好互动，可一键启停，最大输出电流达720安、充电功率达480千瓦。②提出点接触充电弓电极板解决方案，以表带触指作为充电弓与受电弓电极板之间的大电流对接载体，实现充电弓电极板与受电弓装置电极板之间的有效、可靠电气连接，避免因电极板连接不可靠造成的极板烧蚀甚至烧毁现象。③许继采用成熟的剪叉式运动机构，在充电弓内集成压力、温度、距离等传感器，辅助伺服电机驱动控制系统进行快速、阻尼式升降弓动作，实现对实际运行环境的自调整，提高设备的环境适应性，保障充电弓与车辆的可靠连接及设备的可靠运行。从用户角度看，部分公交用户对该模式认同度较高，公交车可以在行驶中充电，解决了建设充电场站所需场地问题，适应公交客运规制。从机构方式上看，充电弓具有大功率快速充电能力，适用于超级电容和钛酸锂电池装车，车辆配重轻，能耗相对较低。

8.1.1.2 大功率充电技术发展趋势

目前，电动汽车大功率充电技术发展所需的条件还不完全具备，规模化发展所带来的问题有很多，必须要将其置于整个电动乘用车行业的发展大格局中思考，不仅要开展电动乘用车行业与充电设施行业的紧密合作，还要高度重视大功率充电的技术发展趋势（市场需求、国际竞争）以及相关标准制定、相关实验验证的重要性，还需解决电动汽车整车、电网、充电设施及高压关键件的相关预研开发所指出的问题，而每一种需求都将推动大功率充电向更好的方向发展。大功率充电是技术发展的需要，也是对长续驶里程电动汽车的有力保障，而且大功率充电设施布局是对现有充电设施的一个补充，不是完全替代，如果两者能够取长补短、相互结合，必将推动电动汽车更好发展。

8.1.2 无线充电技术

无线充电技术源于无线电力输送技术。无线充电，又称感应充电、非接触式感应充电,是利用近场感应由供电设备(充电器)将能量传送至用电的装置,该装置使用接收到的能量对电池充电,并同时供其本身运作之用。由于充电器与用电装置之间以电感耦合传送能量,两者之间不用电线连接,因此充电器及用电装置都可以做到无导电接点外露。

无线充电技术的发展为电动汽车的能量补给带来了一种新方式。电动汽车无线充电系统分为地面发射端(简称地面端)和车载接收端(简称车载端)两部分,地面端和车载端隔空传递能量。地面端采用能量变换单元将电网输入的工频交流电能转换为高频交流电能,进而通过地面端和车载端装置的非接触耦合作用将电能无线传输到车载端,再由电能转换装置将电能输送到电池,地面端和车载端可以采用无线通信方式进行信息交互。

8.1.2.1 无线充电技术分类

无线充电技术方案较多,工作机理各异,但系统结构基本相同,均是通过发射端功率发射单元和接收端功率接收单元进行能量无线传输。从能量传输距离角度看,无线充电技术可以分为近距离无线充电和远距离(米级以上)无线充电两大类。磁场耦合方式和电场耦合方式属于近距离无线充电,射频/微波方式、激光方式通常用于远距离无线充电。

(1)近距离无线充电

近距离无线充电主要分为磁场耦合式和电场耦合式两种。

磁场耦合式无线电能传输技术利用磁谐振或磁感应原理,将能量由发射端传递至接收端,该方式采用的发射线圈和接收线圈类似于分离变压器的原边绕组和副边绕组。发射线圈和接收线圈距离一般在几厘米至几十厘米,线圈间的耦合系数一般为0.1以上。

还有一种基于磁齿轮的近距离磁场耦合无线充电技术,即在相应系统的发射端用电机带动磁体运动,利用磁场之间力的相互作用,接收端的磁体会随之运动,再带动接收端的发电机发电,从而实现从发射端到接收端的能量无线传递。与基于磁谐振或磁感应原理的技术相比,该方案的工作频率更低,通常是几百赫兹,充电距离二三十厘米,但工作磁场更强。

电场耦合式无线充电系统一般采用分离的两个极板来形成耦合电容,电容值大小与极板正对面积、极板间距离及介电常数大小相关。由于空气的介电常数很小,为了实现较大的功率传输,需要较大的极板正对面积、较小的传输距离和较高的工作频率,而实际应用场景难以满足这些条件,导致电场耦合式实际应用比较少。

(2)远距离无线充电

利用射频和微波进行远距离无线充电时,发射端和接收端都需要用到天线。

天线的发射可以是多方向的,也可以是定向的,比较容易实现一对多的充电,充电距离达到米级,频率越高充电距离越远。激光无线充电是以激光为载体实现能量无线传输,在发射端将电能转换为激光并发射出去,在接收端通过光电转换再将激光转换为电能。目前远距离无线充电技术多处于理论研究和技术验证阶段,在能量传输效率和安全性方面还面临很大挑战,距真正规模商业应用还有一定距离。

8.1.2.2 电动汽车无线充电技术优势及推广应用中面临的挑战

与传导充电方式相比,电动汽车无线充电存在以下优势:① 无连接器和线缆的磨损,更加安全可靠;② 充电更加便利,无须驾驶人员手动拖拽插拔电缆,用户体验较好;③ 可以全天候使用,可适应多种恶劣环境和天气,即使在雷雨天气下使用也无触电危险;④ 可实现无人值守的自动充电,可有效支撑自动驾驶的全程无人化操作,是配合自动泊车/自主代客泊车系统的最佳商用充电方案;⑤ 无线充电能量发射装置建设在车位下方,可有效缓解因大量建设充电站导致的土地和空间资源占用;⑥ 智能化的无线充电方式可以实现"无感"充电,整个充电过程无须人为介入;⑦ 更有利于实现电动汽车和电网的互动,发挥电动汽车的移动储能作用。

目前电动汽车无线充电技术在推广应用中的挑战主要来自以下几个方面:① 系统设备成本较高。无线充电同传导充电相比系统更复杂,加上还未实现规模化大批量生产,产业链尚未完善,部分元器件需定制,导致系统设备成本偏高。② 系统效率有待进一步提升。无线充电经过电能的多次转换以及磁场空间耦合,目前端到端的效率和传导充电相比有3%的差异。当前主流技术方案和产品可以做到最大92%的端到端充电效率,可以满足应用需求。③ 互操作性等标准体系还未完全建立。目前电动汽车无线充电的国际国内标准尚在制订中,在线圈形式、电路、控制、通信方案上,各设备厂家采用的技术方案不同、性能各异,不能完全实现互联互通,影响了电动汽车无线充电技术的推广使用。④ 公众对电动汽车无线充电系统的电磁环境存在担忧,因此如何普及电磁环境相关概念及标准、打消公众的电磁环境顾虑也是未来电动汽车无线充电技术推广应用中面临的挑战。⑤ 由于传导充电方式发展早于无线充电方式,在推广无线充电技术中可能涉及充电桩基础设施改造,如何实现两种充电方式兼容并存也是目前面临的挑战。

8.1.2.3 电动汽车无线充电技术典型应用场景

电动汽车无线充电的应用场景主要有:① 私人充电设备使用;② 公共场所的公共充电设备使用;③ 专用充电设备使用;④ 立体车库无线充电;⑤ 其他应用

场景。几种场景根据不同的目标对象，在技术细节方面的要求有所不同。

8.1.2.4 电动汽车无线充电技术发展现状

随着无线充电技术标准化的日益完善以及商用化的临近，无线充电商用技术路线逐渐清晰，国内外车企也在加快相关量产车型的开发。当前主要的技术研究包括：① 互操作性技术。对于不同厂商的不同规格、型号的地面设备和车载设备，要实现安全、高性能充电，需解决"电气、磁路、通信、控制、功能、无形接口"的互操作性定义，涉及系统架构、电/磁参数优化、控制策略、信号处理等诸多因素的优化问题。互操作性技术是支撑无线充电规模商用的基础技术条件，同时影响产品成本、便捷性、智能性等核心指标。② 异物检测技术。异物检测可实现无线充电过程中地面、车载线圈之间能量路径内的金属异物识别及检测，避免充电过程中金属加热导致的温度过高或燃火风险，在检测精度、检测区域及误检率等指标方面需进一步完善。③ 活体保护技术。活体保护解决电磁环境暴露风险的问题，避免活体在电磁环境安全限值以上区域的暴露风险，需进一步完善多物体入侵/退出等复杂工况下的保护策略。④ 自动泊车融合应用。作为一类自动化充电技术，无线充电需与自动泊车应用融合，在泊车高精度引导及泊车自动充电策略等方面展开研究。此外，无线充电技术在能效优化、电磁兼容、功率密度提升等方面也展开了较多研究，以上技术点目前已形成了初步技术路线，可支撑行业前期产业化应用。

作为目前车辆自动充电的标准化程度及应用案例最成熟的技术，无线充电能够实现智能网联状态下人车分离的车辆无人化、自动化充电，国内外部分车企开展了相关的试点或量产车型布局，国外的主流车企也开展了无线充电适配或量产。宝马在 2018 年发布了 530Le 可选配无线充电设备，充电功率等级为 3.7 千瓦；迈凯伦 Speedtail Hyper-GT、保时捷 Tycan 等跑车正在开发 11 千瓦的无线充电系统；大众将无线充电技术纳入 MEB 平台技术；现代 Kona 将发布无线充电功能车型。此外，戴姆勒、奥迪、丰田、日产、本田、福特、特斯拉等车企均开展了无线充电技术的研究及试点工作，国外车企的无线充电技术路线符合 SAEJ 2954 或 IEC 61980/ISO 19363 系列标准。

国内近期开展配置无线充电设备的量产车型规划的车企包括一汽红旗 E-HS9（2021 年上市）、北汽 Arcfox（2022 年上市）、智己汽车（2022 年上市），配置无线充电功率等级均为 11 千瓦（输出 10 千瓦）、离地间隙为 Z2（140—210 毫米）或 Z3（170—250 毫米）。国内较多主流车企也开展了无线充电车型的适配或试点，包括东风、长安、吉利、广汽、长城、恒大、江铃、路特斯等，其无线充电技术路线均符合 GB/T 38775 系列标准。

8.1.2.5 电动汽车无线充电技术发展趋势

纯电动汽车无线充电技术发展日新月异，在物联网、智慧医疗、无人驾驶、射频识别、新能源等各个方面都得到广泛应用，但也存在着一些不足，主要体现在与有线充电方式相比，能量转换效率较低、前期投入成本较高、部分充电方式产生的电磁辐射影响人体安全等。未来，电动汽车无线充电的优化与发展可以考虑以下几个方面：① 线圈的结构与放置位置导致的无线充电效率问题。线圈之间的能量转换效率影响整个系统的传输效率，所以可以通过设计线圈之间的排布和调整角度等方式提高能量转换效率。② 电磁辐射与人体健康。通过运用 CST 等电磁仿真软件模拟不同充电手段引发的电磁辐射对人体的影响，可以通过调整充电装置的内部结构降低电磁能量向外辐射的功率，尽量减少对人体健康的影响。③ 优化算法提高充电系统的稳定性。充电系统可以通过算法优化来有效抑制高次谐波，降低系统偏移量，提高整个系统电路的稳定性和传输效率。④ 无线充电装置的部署。通过将充电系统电磁线圈的发射端部署在路面下方，使汽车在路面行驶过程中完成自动充电的过程。⑤ 无线充电标准。当前主流的无线充电标准主要为 PMA 标准、Qi 标准、A4WP 标准、iNPOFi 技术、Wi-PO 技术，不同的充电标准差异较大且相互难以兼容，所以规定统一通信频段、确定统一标准将有助于纯电动汽车无线充电技术在全球范围内的推广。

8.2 换电技术

8.2.1 概念

电动汽车换电模式是通过更换电动汽车动力电池的方式为电动汽车提供电能补给的一种形式。换电模式主要通过换电站实现电动汽车的换电服务，能够在换电过程中对换电设备、动力蓄电池的运行状态进行监控，并对大量电池进行集中存储、集中充电、统一配送，实现电池维护管理、物流调配以及状态监测的一体化管控。

8.2.1.1 换电站组成

换电站主要由换电系统、监控系统、充电系统、消防设施等组成。

换电系统：换电站端所有执行换电作业的机械、电气装置及部件的集合系统，主要包括换电平台、换电装置（如 RGV 小车、锁止机构、动力蓄电池箱、限位机构、电池箱升降机、热管理装置等）。

监控系统：实现换电作业与电池健康度、零部件健康度与车辆（通过换电系统）、云端网络、电网（通过充电系统）之间的交互监控与管理系统。

充电系统：为电池舱内的动力蓄电池提供电能补给的电气设备及连接部件组

成的系统。

除上述三大主要系统外，换电设备系统还包含供配电系统、车辆引导系统、配套设施。

供配电系统：主要为充电设备提供电源，主要由一次设备（包括开关、变压器及线路等）和二次设备（包括监测、保护和控制装置等）组成。

车辆引导系统：可为换电车辆进行车辆换电导引与换电工位检测及定位，主要包括视频监控、语音提示等设备和系统。

配套设施：包括照明设备、温控系统、消防设施、自助交易终端、电池维护设备等。

8.2.1.2 换电模式分类

根据换电车辆电池位置，可划分为：① 底部换电模式：电池箱安装在车体底部时的电池箱更换方式；② 侧向换电模式：电池箱安装在车体两侧时的电池箱更换方式；③ 端部换电模式：电池箱安装在车体前后舱时的电池箱更换方式；④ 顶部换电模式：电池箱安装在驾驶室后面的电池箱更换方式；⑤ 中置换电模式：电池箱安装在车体中轴的电池箱更换方式。

根据换电自动化程度，可划分为：① 手动换电：传统的通过人工手动进行换电；② 半自动换电：借助换电设备人工进行操作更换；③ 全自动换电：换电设备或系统全自动完成更换。

根据接触和导向方式，可划分为：① 对插式换电：在换电时，由车身和电池上的插件导向孔和导向轴对插进行导向和定位，完成电池和车辆的连接；② 端面换电：实现过程与对插式换电基本类似，电池仍安装在底盘，但换电时由插件接触面定位，而非通过导向轴孔。

根据电池箱数量，可划分为：① 整包换电：对于动力蓄电池采用单个电池箱方案的电动汽车，换电时更换一个电池箱的方式；② 分包换电：对于动力蓄电池由多个电池箱组成的电动汽车，换电时更换多个电池箱的方式。

8.2.1.3 换电模式的优势

（1）用户层面

一是提升电动汽车电能供给的便捷性。换电模式能够提供像燃油车加油一样便利、快捷的换电服务，可在 5 分钟内完成快速换电，大幅减少补能时间，达到与燃油车类似的使用体验，满足电动汽车使用者对电能供给便捷性的需求，解决消费者"里程焦虑""充电等待焦虑"等问题。同时，在公共充电领域，公共充电桩质量良莠不齐、分布不均，油车占位现象普遍，充电时间长，耗费了车主大量时间和精力，减少了用户购买电动汽车的信心。换电站补能网络的建设可以在很大程度上解决纯电动汽车的补能难题,给用户提供实实在在的便利。

二是降低车辆购置成本。换电模式下,新能源汽车可以通过"电池租赁、裸车销售"的模式进行销售,用户在购买新能源汽车的时候采取只买裸车或将动力电池回售给换电运营商的方式,从而降低用户的一次性车辆购置成本,还可避免因为电池衰减而带来的二手车残值过低问题,促进新能源汽车的规模化应用。此外,用户还可以通过换电站租用到更大容量的电池,通过商业模式的创新打通一条有利于电池行业和电动汽车行业可持续发展的道路。

三是提高商用车用户的适用性。换电模式可以弥补充电模式的缺陷,不仅可以加快补能时间,消除里程焦虑,满足电动商用车的高频补能需求,提升商用车的营运效率;而且以低于燃油汽车的营运成本增加了商用车用户的收入,实现商用车企业和用户的双赢。同时借助换电站的场地资源优势,可为商用车客户提供较为舒适的工作环境,提升用户的换电服务体验。

(2)车企层面

一是提升整车能效。换电模式下,新能源车企可以减少电池的搭载量,既能解决里程焦虑问题,也可以降低车重、提高整车能效。

二是降低车辆销售成本。换电模式实现的车辆与电池的分开销售方式降低了车企的销售成本和后期的电池维护保修成本,提高了车企的资金利用率,有助于支撑新能源汽车产业的快速发展。

三是促进电动汽车转型升级。换电模式下,车企间竞争的主要战场将从车和电池整合转向单车技术研发,有利于电动汽车的技术革新和产业进步,并有效支撑汽车工业战略转型。

(3)电池层面

一是延长电池使用寿命。换电模式可以通过对电池的专业化充电与维护,提升动力电池寿命,改善电动汽车经济性;能够对电池的电气特性进行测定,采用相对应的均衡策略确保每个电池都能够充满,也可以对性能下降过快或发生故障的单体电池进行专业维护或更换,延长整组电池循环寿命。

二是强化电池的使用属性。通过换电模式,可让电池从资产属性回归它的使用属性,有助于促进电池的流通,提升电池的使用效率。

三是提升电池的全生命周期价值。换电模式通过电池集中管理、梯次利用、回收利用等运营方式,能够实现闭环状态下的可持续盈利,同时有利于电池回收,减少电池报废污染环境的隐患,实现电池效益最大化。

四是促进电池的标准化统一。换电模式的推广和应用对电池的兼容性提出了更高要求,有利于促进动力电池尺寸、规格以及技术参数的统一,降低动力电池企业的投入成本。

（4）电网层面

一是减少对配电网设施的改造。服务同样数量的车，换电模式的充电功率只有充电模式的 1/4 到 1/2，可显著降低对电网负荷的影响，减少对电网的冲击。

二是有利于电网削峰填谷。换电模式通过对电池的集中统一管理，可利用谷电为动力电池充电，避开峰时充电，起到削峰填谷作用。

三是积极参与电力辅助服务市场。相比于充电模式，换电模式在参与电网需求响应方面有着天然的资源优势，通过先进的车网互动技术，换电模式可在日间用电高峰时段向电网释放多余电能，协助电网满足高峰负荷需求，以降低新建发电机组的投入，提高电力资源利用率。

8.2.1.4 换电模式面临的挑战

（1）整车适配性挑战

换电功能的开发对整车企业纯电动汽车型平台开发提出了完全不同于传统车的要求，整车企业对于换电的适配度决定了换电技术的商业推广。技术经济性对于换电也是非常大的挑战，由于换电系统需要在整车换电部件增加投资，其复杂的结构势必提高换电车型的制造成本，这样换电车型的经济性需要在持续运营中才能完全体现出来。

（2）建站成本偏高

目前换电站建设投入的成本仍然较高，与充电站相比成本差异较大，主要体现在建设成本、电池配比成本、值守人员的运营成本上。据初步测算，换电场站的投资成本及投资收益较同等规模的充电场站并无优势。

（3）选址与配电接入难

换电站的建设既要考虑地价因素及交通便利性，又要顾及电网接入的问题，站址选择不够灵活。另外，在电网互动环节上，电网的双向交互仍需深入研究并提供可持续发展的商业模式。

（4）电池规格难统一

为了满足用户需求，目前国内主销的新能源乘用车车型近 100 余款，未来还会大幅增加，而换电模式可覆盖的车型有限，超过一个车企范围之外很难运行。电池总成、接口标准化问题同时涉及规模化、市场化的经济要求，即鉴于换电站初期的巨大投入而必然要求其要保有一定数量级的用户群体，而扩大用户群体最直接有效的方式就是推进电池总成与接口的标准化、通用化。简单说就是让电动汽车的电池组与接口做到如同现在燃油车的标准化燃油标号和加油口与加油枪的通用适配。

8.2.1.5 换电模式应用场景

换电模式目前大多应用于公交车、出租车、物流车、分时租赁等营运车辆领域，部分主机厂的换电车辆则主要应用于私人领域。

（1）营运车辆

电池更换模式目前主要应用于公交、出租以及分时租赁等营运车辆领域。营运车辆通常是定制车型，品牌相对集中、电池规格相对一致、标准化程度较高，对动力电池寿命和维护要求高，符合电池更换模式技术要求。此外，运营车辆对运营效率要求很高，普通充电导致运营效率低下，换电企业通过构建能源服务网络大幅提高运营车辆效率，易形成可持续发展的商业模式。当前，公交车电池更换模式主要采用分箱换电技术，一个换电工位配置两台换电机器人，实现两侧动力电池箱同步开展换电作业。出租车电池更换模式包含分箱换电技术和底盘换电技术两种，分箱换电技术采用一个换电工位配置两台换电自动装置的方法，实现对换电出租车动力电池箱的自动定位和换电作业；底盘换电技术采用电池更换装置，通过导引装置实现与底盘式动力电池的精准定位，实现电池的拆卸与更换安装。

（2）私家车领域

私家车领域电池更换模式的应用可能成为新趋势，其目标群体主要是家里无停车位无法自建充电桩的私人用户，主要包括两类客户：一是在一线和二线城市无专属停车位，充电不方便的消费者；二是有专属停车位，但所在的小区充电桩建设协调难度大，无法安装专属充电桩的消费者。当前，私人领域的电池更换模式依然采用底盘式换电方式，换电体验可满足私家车用户的需求。

（3）物流车

目前市场上的纯电动物流车大多数是快充30分钟至2小时可充至80%，慢充则需要8—10小时，而燃油车充满一箱油仅需要几分钟。采用电池更换模式，将在提升能源补充便捷性上占据优势。纯电动物流车采用电池更换模式可极大地减少充电时间，高效地服务于物流；同时电池更换模式可以节约物流园停车位，提升物流企业土地资源的集约化程度。此外，电池更换模式可以利用晚间用电低峰时期补充能源，降低用车成本。

（4）重卡车

纯电动重卡载电量大，需要大功率直流充电桩，不但充电时间长，对充电场站建设的要求也高，而电池更换模式可以在几分钟内快速完成换电作业，更加适合重卡高频运营车辆的需求，提高车辆运营效率以及回报率和便利性。同时由于载电量大，纯电动重卡的价格与燃油车差距悬殊，市场压力巨大，而电池更换模式意味着车电分离，车辆用户只需一次性支付或租赁不含电池的车体，而把换电作为类似加油的使用成本，可大幅减少使用电动汽车辆的期初投入。

8.2.2 换电技术发展现状

目前的换电发展正呈现出自动化、智能化、共享化、分布式、电网互动等发展趋势。2015年以前，国内换电技术路线以大巴车为代表的侧向分箱换电为主，主要应用领域为电动大巴、环卫车等商用车。近几年，国内换电技术发展迅速，形成了针对不同类型车辆、不同运营场景的不同的换电技术路线。随着自动化程度提高以及换电安全性和一致性的提高，换电技术路线从多箱手动非底盘换电向整包自动底盘换电发展，同时换电锁止、换电连接器、电气连接耦合形式等技术也趋向成熟[1]。

8.2.2.1 公共领域换电技术进展

公共领域车辆的特点是出租车总数只占乘用车数量的1%，但能源消耗的占比达到了15%，商业化运营中补电占用时间多，不可避免地减少运力、影响效益，而换电既可以有效解决充电焦虑，又可以解决电力的集约化利用，是一种较为适合公共领域车辆补电的解决方案。公共领域乘用车快速换电有底换、侧换两种方式。底换方案具体分为卡扣式、螺栓式和快拔销式连接锁止方案。采用卡扣式底换方案的主要车企有北汽、广汽、上汽、长安汽车、一汽红旗、一汽奔腾、东风启程等7家主机厂，蔚来、吉利的底换方案主要在自有换电车型上使用。侧换的技术方案主要来自杭州伯坦，主要通过与各车企定制换电车型进行应用。

公共领域快速换电必须满足车辆的全寿命周期使用要求，这对换电的关键技术——连接锁止技术，包括对物理接口和电气接口的对接、承载、插拔、锁止等寿命指标提出了最高要求。目前，换电连接寿命指标最高的是奥动的卡扣式物理连接、平面式电连接整套方案，连接寿命考核指标达到10000次，可以满足100万千米的车辆使用寿命要求。该方案已有1万多辆换电出租车在使用，出租车换电运营已经5年，最长的单车换电里程已零故障超过90万千米。在各家换电方案里，该连接器可靠性实车验证较为充分。

8.2.2.2 私人领域换电技术进展

私人换电领域快速成长。换电技术与多种换电车型的整车开发、多容量标准化电池包开发密切关联，同时结合在城市、高速布置的约180座换电站，实现了年换电超过约150万次，换电站年充电量超过1亿千瓦·时，获得了电动汽车部分消费群体的高度认可。私人换电通过其快速的补能体验、高确定性的补能场景以及车电分离的商业模式，结合家充桩、超充桩、移动充电技术，开辟出了全新的立体化电动汽车补能场景。

（1）软件

软件定义硬件，更好的用户体验与快速迭代升级成为私人换电领域特有的需求。由于换电站具备了整站云端升级技术的功能，使得换电站更能适应不同的车机版本以及不同的电池管理系统软件版本，同时通过特有的车站鉴权方式给予用户完全不同的换电体验。远程电池监控以及设备远程操作已经成为换电站的必备功能。

（2）换电锁止

螺纹式换电锁止通过固定扭矩将电池锁在车辆底盘下方，锁止耐久性超过3000次，具备高容错率及冗余设计。同时，通过正向开发的一体化换电设计及模态分析，将整车噪声、振动、舒适性性能及整车碰撞测试按照车规级开发及测试进行了完整验证。目前，该技术模式已累计达到百万级的换电单量，在不同环境中长时间运行，验证了换电锁止机构的高可靠性。

（3）电连接器

电连接器技术发展是从机械、电气、环境、防呆等多个方面设计考虑，除了传统的车规级连接器设计，结合换电特有的XYZ方向浮动设计，同时能够承受250安大电流充电以及超过1000次的换电插拔，解决了兼容不同车型连接器的接线方式和高压线束的出线机械及电气适配需求。

（4）换电电池包的互换性

对于整车定位结构的统一以及电池定位控制系统的统一，蔚来汽车已实现自有多车型、多容量电池互换，蔚来的ES8、ES6、EC6与70千瓦时、84千瓦时、100千瓦时交叉互换，不仅提高了换电站及电池包的利用率，同时为用户提供了更多样的选择。在私人领域换电，蔚来汽车实现了里程碑式的解决方案：电池即服务。结合可换电的车型设计，从物理上与产权上实现车电分离，由电池银行持有电池资产，同时结合换电运营服务体系、政策支持的产权独立，从商业上给予用户多一种购车的选择以及更低的购车首付支出。不管是老车主还是新车主，都可根据自身情况灵活选用自己需要的电池种类：长期跨城工作的车主可以选择100千瓦时电池，而长期在城区内工作的车主可以选用70千瓦时电池，远距离出行也可以通过灵活租赁进行短时的续航升级。

8.2.2.3 换电技术标准进展

2021年4月30日，《电动汽车换电安全要求》国家标准发布。该标准于2021年11月1日起开始实施，适用于可换电的M1类纯电动汽车，并将整车、换电系统、换电电池包、换电机构、换电接口等关键要素作为研究对象，分析换电过程及车辆行驶过程中潜在的失效模式，确定换电车辆的一般安全要求、整车安全要求及系统部件安全要求，并提出相应的试验检测方法。其中，安全要求分为行驶极端工况+换电极端工况。同时，由工信部有关部门推动的共享换电站团体标准于2021年10月12日通过专家审定，团标以卡扣式锁止连接、楔形自锁连接等二类连接方案为基础加以规范，分别规定了电动乘用车共享换电站建设的相关规范和要求（涉及电池组、充电设备、换电设备、搬运设备、存放设备、各种握手协议、数据安全、数据分析、安全预警、事故应急手段等诸多领域），提供了以一种换电适配器作为整体过渡框架来适应各种底盘的方法，通过框架内边集成全部的机电连接机构实现换电电池包在过渡框架内装卸，适应多型电池包的兼容和换电设备操作的统一。标准的实施为推动共享换电注入了一针"强心剂"[2]。

8.2.3 换电技术发展趋势

2011年以来，我国换电行业政策风向经历了多个转变，换电模式的发展也受其影响。2013年之前，我国换电政策以换电为主、插电为辅；2013—2019年政策主导换电模式为辅、快充兼顾慢充。但是随着电动汽车保有量的增长及电池续驶里程的增加，电池容量高达上百千瓦，而在电池性能不能得到有效提升的情况下，虽然超级快充在一定程度上提升了充电速率，但充电时间相比于油车还是偏长，特别是对于出租网约等运营车辆以及纯电动重卡，充电时间的矛盾更加突出。

在此背景下，结合换电的优势，换电就显得尤为重要。2020年下半年以来，国家不断出台换电政策，在政策红利的加持下，整车企业、换电设备生产商、运营商等加大投入，换电车辆种类增多，换电站数量明显增加，换电设备更新换代和运营商业模式不断创新，换电设备不管是从换电时间提升方面，还是从安全与便捷性上面，都有了显著优化。此外换电站建设成本大幅降低，换电商业模式得到市场验证；出租车、网约车、私家车等用户逐渐认可换电模式。

未来，新能源汽车能源补充方式将呈现多样化和场景化，充电和换电两种模式均有各自的应用场景和客户基础，换电模式是后补贴时代推动新能源汽车产业发展的创新商业模式之一。如果换电模式应用试点推广得到加强，相关的电池产业和基础换电设施也会迎来很好的发展期，将有利于推动汽车行业的电动化进一步发展，有利于促进我国新能源汽车加快发展。

8.3 面向新型电力系统的车网互动

8.3.1 有序充放电

有序充放电包括有序充电和车网互动，是当前最重要的车网互动方式。有序充电是指在满足电动汽车充电需求的前提下，运用峰谷电价的经济措施或智能控制措施优化调整电动汽车充电时序与功率。双向充放电在有序充电的基础上增加了电动汽车放电的功能，电动汽车可作为分布式储能设施，当电网负荷或本地负荷过高时，由电动汽车向电网负荷或本地负荷馈电。有序充放电可充分、合理利用配电容量，提升电网接入充电设施能力，减少配电网投资，促进削峰填谷，提升充电经济性和清洁能源消纳能力，降低车辆全生命周期碳排放强度[3]。

从技术发展成熟度来看，有序充电相关研究在全球开始较早，有一定的技术积累，也有很多示范项目；双向充放电在全球尚处于探索阶段，目前还没有规模化、商业化的成功案例。总体看来，车网互动研究和实践还处于比较初始阶段，仍存在体系架构不明确、信息交互基础不完善、商业模式不明确等问题。

电动汽车与电网进行充放电能量双向交互，同时与上级平台或相关系统进行信息双向交互，包括电网运营、分布式资源运营、充放电装置运行三个层次。电网运营层主要实现电力交易、辅助服务、需求响应等。分布式资源运营层包括虚拟电厂、负荷聚合等资源，以及相关联的储能、分布式电源、充放电资源等。充放电装置运行层主要包括充放电计量测控设备、充放电装置、电动汽车等。电动汽车车网互动总体功能框架如图8.1所示。

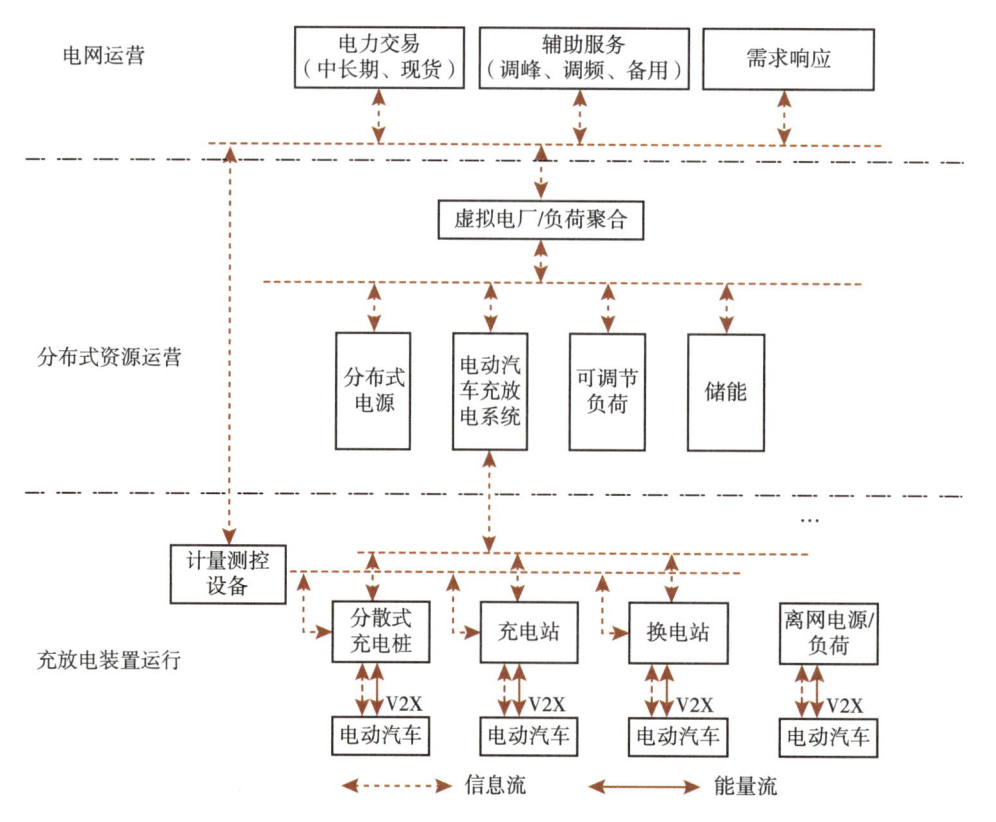

图 8.1 电动汽车车网互动总体功能框架

8.3.2 光储充微电网

基于可再生能源的分布式电源可以因地制宜提供清洁电力，同时减少电能损失、延缓电网线路更新，已成为供电系统的重要组成部分。微电网作为分布式电源有效集中的管理方式，得到广泛使用。由太阳能分布式光伏发电、储能和充电系统构成的光储充微电网可以充分利用太阳能作为可再生能源以及电动汽车柔性负荷的特性，一方面提高可再生能源的利用比例，保证电动汽车全生命周期的绿色低碳；另一方面可提升微电网的供电灵活性及稳定性，实现电力削峰填谷等辅助服务功能。微电网可将不同种类的分布式电源进行统一管理，既可并入大电网辅助运行，又可作为独立系统进行供电，保证本地负载工作的可靠性，减少对大电网的不利影响。

光储充微电网系统由太阳能分布式光伏发电系统、储能系统和充电系统构成，一般还包括其他用电负荷系统（图8.2）。可分为并网型微电网和独立型微电网。

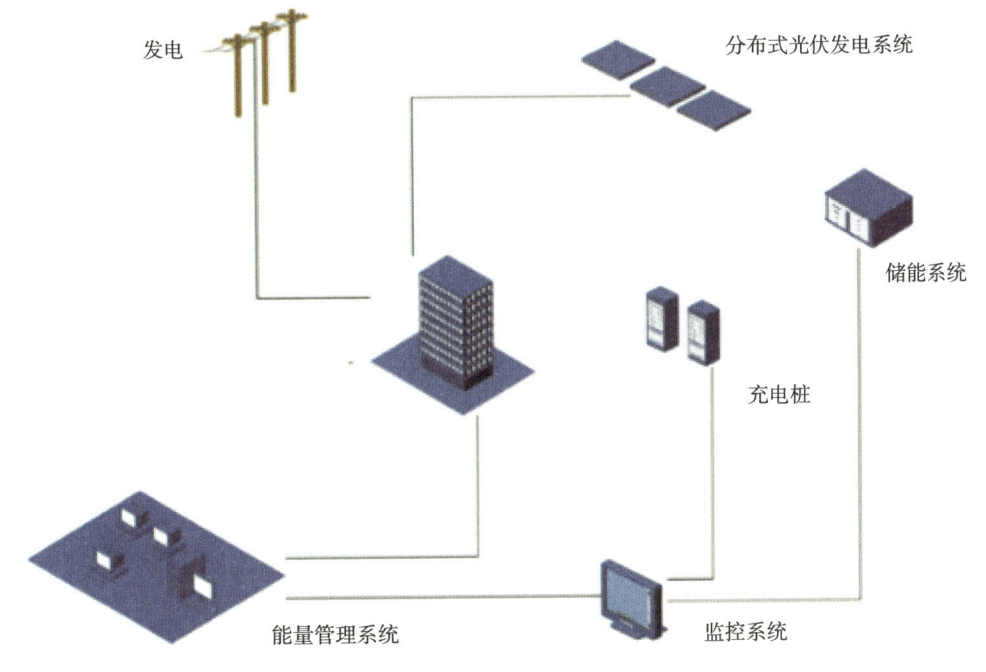

图8.2 微电网示意图

8.3.2.1 光伏发电系统

微电网的光伏发电系统是通过光伏组件将太阳辐射能转换成电能，主要由太阳能光伏电池板与逆变器等设备构成，一般安装在车棚、屋顶等地。光伏发电系统中的光伏组件阵列方式通常可采用单轴、固定式、双轴跟踪等形式，并根据不同的环境条件和系统要求调整确定光伏组件各阵列方式的安装倾角。系统中逆变器型号主要从性能、效率、采集数据、保护功能等多方面来分析确认，常见的逆变器包括组串式、集散式、集中式。光伏出力优先满足微电网内负荷，出力富余则给储能系统供电。

8.3.2.2 储能系统

储能系统可以有效平滑光伏发电的波动，满足负荷能力需求，并延长电池寿命。储能系统主要包括电池、电池管理模块、双向交流器等设备。储能电池类型主要有铅酸电池、锂电池、钒液流电池等。部分微电网示范项目将电动汽车退役动力电池梯次利用作为储能电池，可结合梯次电池柔性充电技术，控制梯次电池在最优时间控制点的充放电时长，提升退役电池稳定性及充放电效率。储能系统在光伏出力富余时，对剩余出力进行消纳；在光伏出力不足无法满足负载出力时，则放电补足出力。除了消纳光伏富余电量外，储能系统还可以在夜间谷电价时从电网购电充电储存，在白天峰电价时放电，降低储能系统的电力成本。

8.3.2.3 充电系统

充电系统主要包括 DC/DC 充电相应模块、分配功率控制器、充电单元、充电能量控制器以及保护性电器等部分。电动汽车的充电系统可以采用直流充电、交流充电和换电三种模式。

直流充电是将直流母线的电作为电源，通过充电连接装置进行充电。该方式可以提供最大功率充电（120—240 千瓦），充电速度快、时间短。

交流充电采用三相交流电进行充电，一般功率为 7—25 千瓦，从无电到满电状态所需时间一般为 8—10 小时。交流充电对动力电池寿命影响及对电网冲击较小，充电时间较长，需长时间占用固定停车位。

换电模式通过全自动或半自动机械设备进行电池更换，更换时间一般需 2—10 分钟。同时，换电模式下的电池组可以作为充电储能电池为微电网系统供电。

8.3.2.4 能量管理系统

能量管理系统为光储充微电网的核心控制单元，通过智能调度实现最优的运行模式，包括功率监测、源网投退设备、通信接口、计算控制模块等设备。系统主要负责光伏、储能、充电桩、进线电表设备的数据采集、显示、存储，同时根据光储充系统需求对能量进行协调管控，从而提高系统的可靠性与经济性。系统功能主要包括发电预测、分布式电源管理、负荷管理、发用电计划、电压无功管理、统计分析与评估以及 WEB 功能。

能量管理系统根据微电网的并网或离网运行状态执行相应的策略，保证微电网系统并网或离网状态下的稳定运行。同时，能量管理控制器与微电网并网点保护装置进行有效协调和配置，实现微电网并网 – 离网以及离网 – 并网运行方式的平滑切换，主要包括以下四种模式。一是在太阳光照比较充足的情况下，光伏出力完全满足充电站充电使用时还有多余的电量，若储能系统已经充满，就向电网进行馈电；若储能系统电量没有充满，可通过双向变流装置优先向储能系统充电直至充满，多余的电量并入电网。二是在太阳光照不足时，光伏出力不能满足充电站使用，则需通过电网向充电站补充电能；若当时储能系统电量没有充满，电网也可通过双向变流装置向储能系统补充电能直至充满。三是在阴雨天或者夜晚，光伏系统不能提供电能，通过电网向充电设备和照明负荷提供电能；如果储能系统电量不足，电网可以同时向储能系统充电直至充满。四是在电网掉电或异常情况下，从并网切换至离网状态，由储能系统以双向变流器所提供的电能作为交流母线，光伏发电优先给充电站供电，多余电能向储能进行充电，储能充满后多余电量输送至电网。

光储充微网能量管理系统也可以根据需要，依托互联网云存储、云计算和云服务技术汇集用户各类信息，进行数据信息共享、交换、传输等功能，满足用户中心数据库要求。同时，系统也可以与卫星气象站等设备联动，实时监测日照强度、风速、风向、温度等参数，以优化光储充微网系统效率。

8.3.2.5 微电网监控系统

微电网监控系统包括计算机监控系统、通信网络、分布式电源控制器、负荷控制器、微电网中央控制器、并网接口装置和测控保护装置等自动化设备。微电网监控系统应能与微电网能量管理系统进行数据交换，将微电网设备运行数据上传给能量管理系统，并接受能量管理系统下发的控制指令。系统功能包括数据采集与处理、数据库管理、人机界面、报表处理、防误闭锁、系统时钟对时、设备开断控制、权限管理、微电网运行模式控制、顺序控制、功率控制及通信等。如建立电池单体监控状态分析系统，结合组件电池健康状态分析算法，实施动态监控、分析和管理，维护微电网运行；对电池热失控进行监控，加强储能安全。

8.3.3 发展现状

8.3.3.1 国外研究现状

（1）国外有序充电研究现状和发展趋势

目前国际上有序充电的技术与商业模式仍处于初级阶段，有大量不同的、不断发展的方法来提供有序充电，关于有序充电的最佳设计以及最佳应用方法仍处于探索阶段。最近英国Sciurus项目的数据表明，电动轻型乘用车参与有序充电的年收益可达172英镑/辆，如根据2020年全球电动汽车数量数据来计算市场规模，则全球有序充电市场能创造的年利润为173.53亿元。由于我国电动汽车的保有量多，所以我国的有序充电市场所占份额最大，欧洲与美国也占有相当大的份额。

有序充电的决策与区域电价机制密切相关，有序充电用于套利必须基于分时电价或实时电价的机制，不同地区的电价机制明显不同。意大利的用户如果不主动选择供应商，就必须接受分时电价。动态实时电价也是被广泛采用的一种电价机制，如美国的PJM、CAISO电力市场，北欧的Nord Pool电力市场都是采用小时更新的动态电价机制。动态电价的波动比分时电价更频繁，如Nord Pool市场中，丹麦的电价在某些时段甚至为负值。除了这两种典型的电价机制，还有一类尖峰电价机制，但应用范围较小，主要在英国、葡萄牙和法国的部分地区应用。当有序充电被用于响应分时电价或动态电价时，运营商决策的模型一般是以最大化自身利润为目标，考虑其资源及电网接口的约束。当参与辅助服务市场时，投标环节使决策需要考虑的因素更多，因为电动汽车提供的调节服务与传统火电机组不同，由于电池容量的限制，电动汽车不能长期提供上调或下调服务（会使电池提前充满或耗尽）。北欧电网的调节信号恰好就有长期需要上调或下调的情况，因此Parker项目考虑了这个因素，在投标阶段就不报真实的调节容量，而是上报一个"保守"的容量，这使得决策更具鲁棒性。在美国的PJM市场，调节信号有快信号与慢信号两种，其中快信号是专门为电动汽车、储能这类资源设计的，会定期进行电量平衡，以避免资源调节能力耗尽的情况。

（2）国外车网互动研究现状和发展趋势

目前，全球主要国家已经围绕V2G技术展开深入研究和探索，约有50余项V2G试点示范项目，主要集中在美国（18项）、西欧（25项）和日本、韩国（共6项）等地，项目包括技术验证、示范推广、商业化运行等不同类型。日本横滨"智能城市"项目是日本最大规模的实证示范项目之一，结合了多种智能元素，包括本地可再生能源电网、智能家居、存储以及电动汽车在内的智能交通。社区能源管理系统可将这些技术融合在一起，综合利用光伏系统和储电系统，同时还展示了V2G技术和电动汽车退役电池的梯次利用。项目目标是2025年之前实现人均二氧化碳排放量减少30%以上，同时可再生能源使用量相比2004年提高10倍；2050年之前实现人均二氧化碳排放量比2004年减少60%以上。

（3）国外车网互动政策支持

目前，美国和欧洲对V2G最为重视，配套政策支持的力度最大。其中，美国有关政策启动时间最早，试点成果最丰硕。2012年美国特拉华大学试点项目eV2gSM，旨在评估在V2G技术条件下电动汽车向PJM的电网提供调频服务以减轻可再生电力固有间断性的潜力和其经济价值。2014年美国国防部和加州能源委员会支持在洛杉矶空军基地开展示范项目。2016年11月，美国联邦能源管理委员会提出修改法规，推动储能与分布式能源集成商进入电力市场。总体来看，美国试点验证已经相对充分，可能在未来1—2年完成政策机制配套出台，从而推动V2G进入实质化的商业运行。此外，2016年欧盟启动了SEEV4-City计划，拨款500万欧元支持5个国家6个项目，重点针对V2H、V2B、V2N等微网消纳可再生能源进行支持。2018年英国政府宣布将拨款约3000万英镑支持21个V2G项目，旨在测试相关的技术研发成果，同时为该类技术寻找市场。2018年日本经产省在需求侧虚拟电厂示范项目中为V2G示范项目提供了财政补贴。

8.3.3.2 国内研究现状

（1）国内车网互动研究现状和发展趋势

目前我国V2G研究还处于探索阶段，市场整体不成熟。一方面，V2G是系统性工程，需要新能源汽车、充电桩、电网等各个行业共同努力，才能顺利推广；另一方面，从北京、上海、深圳、苏州四个城市来看，峰谷电价比均值仅为4.3，而美国加州的峰谷电价比为6，我国用户侧利用峰谷价差套利空间有限，难以实现V2G的经济性。未来采用新的分时电价机制，峰谷电价比将提高，将有力催生V2G完全商业化，并可有效调整我国电网的用电负荷、削峰填谷、消纳能源。大量双向充电桩和电动汽车将为充电运营商和车主带来红利：夜晚和波谷时段电价低，电动汽车主可在此时间段充满电，在白天或高峰时段将车载电池储存的电能以高价售给电网，从中获取成本差价。

近几年，我国也加快了发展V2G技术的脚步。2020年4月，国家电网有限公司华北分部在国内首次将车网互动充电桩正式纳入华北电力调峰辅助服务市场并正式结算。2020年4月起，福州市首批集储充检一体化的智能充电站陆续建成投用，采用交直流混网技术实现V2G功能。2020年4月，天津市北辰产城融合示范区智慧充电站项目启动主要设备安装，该智慧充电站建设具备V2G功能的充放电系统，可实现电网和新能源汽车的双向互动。

（2）国内有序充电研究现状和发展趋势

我国作为世界上拥有电动汽车数量最多的国家，其有序充电的市场潜力极大，国内多地已开展了有序充电的试点项目。

2018年国网郑州供电公司在郑州投入50个具备有序充电功能的充电桩，在不影响居民区居民正常用电的情况下，利用现有电网资源，制订有序充电计划，调整充电桩输出功率，实现用电削峰填谷。2019年春节期间，国网电动汽车服务（天津）有限公司组织41座公交充电站、21座城市快充站共计753个充电桩，以市场化竞价模式参与"填谷"电力需求响应，总响应电量超过7.56万千瓦时。

2019年12月20日，上海首个老旧居民区规模化智能有序充电桩群试点在松江兰桥公寓正式投运。试点共有20台智能有序充电桩、覆盖40个车位，通过智慧能源控制系统和能源路由器、控制器在电网、客户、充电桩以及车辆之间开展信息交互和分层控制，全面感知配电变压器负荷变化趋势，智能调节充电时间和功率，优化配电变压器负荷运行曲线，实现有效填谷，在满足客户充电需求的同时提升配网设备利用率达150%以上。2020年国网电动汽车公司在全国的居民区建设10万个有序充电桩，配套"e充电"App，使电动汽车车主可以预约充电，输入取车时间和目标电量，充电站可以自动规划电价低谷时段为其充电。

（3）国内车网互动政策支持

从政府决策部门需求来看，工信部作为汽车行业主管部门，其牵头推动的《新能源汽车产业发展规划（2021—2035年）》提出要推动新能源汽车从单纯的交通工具向移动智能终端、储能单元和数字空间转变，带动能源、交通、信息通信基础设施改造升级；明确提出要促进新能源汽车与能源融合的发展方向，加强新能源汽车与电网的能量互动。

国家发改委、国家能源局作为能源电力行业主管部门，为落实"双碳"目标，也开始积极考虑通过发挥新能源汽车储能作用来解决可再生能源调峰问题。2021年5月20日，国家发改委、国家能源局发布《关于进一步提升充换电基础设施服务保障能力的实施意见（征求意见稿）》，提出加强车网互动等新技术研发应用：推动V2G协同创新与试点示范，支持电网企业联合车企等产业链上下游打造新能源汽车与智慧能源融合创新平台，开展跨行业联合创新与技术研发，加速推进V2G试验测试与标准化体系建设，探索新能源汽车与电力现货市场的实施路径，研究完善新能源汽车消费和储放绿色电力的交易与调度机制，促进新能源汽车与电网能量的高效互动，加强"光储充放"新型充换电站技术创新与试点应用；鼓励推广智能有序充电，各地充电基础设施主管部门要鼓励推广智能有序充电，适时开展智能有序充电"示范居民区"建设，逐步提高智能有序充电桩建设比例，各地价格主管部门要抓好充电设施峰谷电价政策落实，鼓励将智能有序充电纳入新能源汽车和充电桩产品功能范围，加快形成行业统一标准。可以看到，目前我国能源电力和汽车行业主管部门都已经意识到了车网互动的重要意义和潜力，但对中国车网互动的发展目标与发展路径的认识尚不清晰，急需提出高质量的研究方案支撑，提供具有较强可行性与可操作性的方案建议，以更好支撑国家层面关于车网互动的重大决策。

8.3.3.3 标准进展

V2G标准体系建设加大了与示范验证的衔接，充电设备、车辆及后台实现了对接，对 V2G 充放电设备的技术要求、控制电路及车－桩通信协议等技术规范制定起到推动作用。截至当前，行业标准《电动汽车充电与间歇性电源协同调度技术导则》已经发布，行业标准《电动汽车充放电双向互动　第 1 部分：总则》和《电动汽车充放电双向互动　第 2 部分：有序充电》已提交送审；团体标准《电动汽车充换电资源接入负荷聚合平台的技术规范》已完成立项并已开展意见征询。在目前 V2G 技术快速进步的阶段，现有的充放电标准体系研究仍然不足以支撑该领域的发展需求，标准研究与发展相对滞后，尚无正式实施的充放电标准，设备检测技术方面仍无标准可依。

8.3.4　发展趋势

在全球积极应对气候变化背景下，未来电动汽车与可再生能源的融合应用将成为加快推进电力及交通部门碳减排的抓手，电动汽车与可再生能源融合程度将不断加深、融合模式将更加成熟、融合场景将更加多样。

8.3.4.1　政策机制逐步健全，多部门协同推进融合应用

随着电动汽车与可再生能源融合应用示范和实践的开展，其在降碳增效上的重要作用将逐渐显现。与此同时，政府官员及社会各界对电动汽车与可再生能源融合应用的认识将逐步提高，从而有利于推动相关政府部门开展顶层设计，研究制定融合应用的推进政策机制，明确融合路径、重点领域和部门分工，形成多部门协同推进电动汽车与可再生能源融合应用的良好局面。

8.3.4.2　技术研究更加深入，形成统一的融合应用标准体系

电动汽车用户数量持续高速增长，将形成更加庞大的分布式储能市场，为电动汽车与可再生能源融合应用技术的进一步研究提供基础。为了充分发挥各类电动汽车的储能潜力、拓宽融合应用范围，未来融合应用技术将由单一化向模块化、标准化发展，车企、负荷运营商、负荷聚合商、电网企业等核心相关方对技术支撑体系的需求将更加迫切，从而有利于推动形成统一的融合应用标准体系。

8.3.4.3　商业模式不断完善，融合应用全场景覆盖

合理的商业模式是电动汽车与可再生能源融合应用得以持续发展的关键，与价值的流动紧密相关。一方面，随着电动汽车与可再生能源融合应用技术的不断发展，融合应用的成本将逐步下降；另一方面，融合应用政策机制的建立将有利于电动汽车深度参与电力市场交易，从而大大提高各方收益。在以上两方面共同作用下，未来融合应用的商业价值将不断提升，商业模式将更加多样、更加成熟，为最终实现全场景覆盖创造有利条件。

8.4 充电安全

8.4.1 概念

在电动汽车传导充电过程中，因充电线路温度过高、电池内部出现短路、充电过程中自燃甚至爆炸等引起的电动汽车充电安全事故频发，影响了电动汽车的销量与推广，甚至在一定程度上制约了电动汽车产业的发展，严重背离了国家重点实施的可持续发展战略。充电安全逐渐成为电动汽车产业推广进程中的重要问题[4]。

8.4.1.1 电动汽车安全相关影响因素

2015—2021年国内外电动汽车起火状态统计分析发现，充电过程中起火所占比重在不断上升，其中电池故障引发的充电事故占比最高。因此，充电过程中电池安全防护成为车用动力电池首要解决的问题。

（1）电池内短路

作为电滥用触发方式之一，电池内短路是导致电池发生热失控事件最常见的原因。锂离子电池由于某些原因发生内短路，电池内部会在短时间内产生大电流，导致其内部温度急剧攀升，进而引发充电事故。电池内短路从触发机制分析主要有三种类型，分别是过充/放电导致的内短路、机械损毁导致的内短路以及自引发内短路。自引发内短路相较于其他两种类型内短路而言，具有较强的潜伏性、作用持续时间长等特点。

（2）过充

电池过充是导致其产生热失控安全问题的重要原因之一。过充时，外部持续给电池提供能量，使车载动力电池长时间处于不安全的充电状态，存在发生安全事故的可能性。除此之外，不正确的充电方法、过高的周围环境温度以及分布不均匀的极片涂层都会引发电池过充。通过试验分析得知，电池发生过充的危险性与其所处的环境温度及充电循环次数关联性很强。

（3）周边环境影响

常见的电动汽车电池本质是将化学能转变为电能的储能设备，电池能效及使用安全性受到其内部反应顺利与否的影响。此外，周围环境在一定程度上也影响化学反应的顺利进行，因此充电过程中的环境因素对电动汽车电池安全性的影响不容忽视。随着充电环境日益复杂，周围环境温度对电池安全性能的影响越发凸显。当周围环境温度偏低时，过多的锂离子从正极脱嵌而出，一段时间后沉积在电池组的负极，造成电池内短路；当周围环境温度偏高时，会降低锂电池正极的安全性与稳定性。因此，有效监控充电时的周边环境有利于保护电池的充电安全，降低充电事故发生概率。

（4）其他影响因素

电池的充电安全性能也受电池充放电倍率以及自放电程度的影响。此外，电池组的安全性主要靠电池管理系统精确控制得以保障。在日常充电过程中，电池管理系统通过监测电池组的各项参数来确保电池的充电安全，一旦电池管理系统发生机械故障，可能导致电池的充电安全受到威胁。

8.4.1.2 充电桩安全相关影响因素

目前，充电技术已不再是电动汽车产业发展道路上的重要阻碍，如何利用有效的方法保证充电过程中各类设备的安全稳定运行变得日益重要。国家能源局已发布 NB/T 33002—2018 和 NB/T 33008.2—2018 等多项标准文件，针对充电过程中充电桩的安全性能给出了明确标准，并规范了相关的试验条件，其中包括绝缘耐压防护、环境保护、雷电防护以及通信安全保护等方面。另外，国标 GB/T 27930 对充电过程中的设备故障类别进行了定义，可用来参考分析充电桩安全的相关影响因素。

（1）绝缘问题

为保证充电过程中的人身安全，对电气设备和线路进行良好的绝缘防护是必要手段。GB/T 18487.1—2015 明确提出了充电桩的结构与性能要求。另外，对充电桩进行绝缘设计能够有效预警充电桩设备故障等一系列安全问题，进而提升其安全性。充电设备的绝缘设计包括电设备外壳防护能力、电气间隙、爬电距离、介电强度、绝缘电阻等方面。

（2）通信协议失效及通信威胁

在整个充电过程中，通信系统的可靠性与安全性对保障电动汽车以及充电桩等配套设备安全意义显著。当二者之间的通信协议不匹配或不兼容时，电动汽车将无法进行充电操作。与此同时，如果任何一方接收或发出的报文出现错误，也会引起充电中断或过充，甚至电动汽车及充电设备自燃等情形。在充电末尾阶段，一旦电池实际的输出电压达到设定电压阈值时，电池管理系统就会发出信号以中断充电过程。倘若电池管理系统发生故障，则可能导致电池发生过充，甚至会引发设备着火或电池爆炸。2015 年 4 月，一辆位于深圳湾口岸充电站内的电动汽车突然冒起浓烟，随后该车及其连接的充电桩被烧毁。经鉴定，事件直接原因为该车充电已满而未收到电池管理系统中止充电的协议，导致电动汽车过充 1.2 小时，进而引发充电安全事故。因此，GB/T 27930—2015 标准规定了在充电过程中的任意一个阶段（特殊情况除外），在 5 秒内未接收到对方报文或者接收到的报文格式不正确，立即判定为通信超时，进而采取相应的操作以保证充电设备安全性。

（3）设备及元件老化失效

充电桩内部设备及元件的老化失效问题同样影响充电桩的使用安全性。充电桩在其全生命周期过程中会面临高温、水浸、暴晒等多类恶劣环境，加速了充电模块、整流模块、接线端子等设备老化失效速度，进而导致充电桩出现性能故障、引发充电事故，这对充电设备运行维护的必要性与时效性提出了更为严格的要求。若充电桩内部元件一直在较高温度下运行，特别是夏季，将对元器件寿命以及线缆绝缘性能造成不可逆损害，存在整流模块热失效老化风险。直流接触器接线端子长时间处于过热状态下，可能会造成端子氧化变黑、接触电阻增大，甚至会导致与其相连的导线出现绝缘老化或烤焦现象，严重威胁充电设备的安全性。对于安装在室外的充电桩而言，除了要防止水进入内部，还要防止充电桩内部关键模块的金属部件生锈老化，否则同样会增加使用时的安全风险。

（4）环境因素

不同的环境条件（如天气状况、温湿度等）对充电设备的绝缘性能甚至是充电设备的安全有着不可忽视的作用。室外充电桩的安全性受到外界环境因素的制约，特别是在充电站没有建设顶棚的情形下，充电桩内部系统可能由于夏季雷雨天气、高温、台风等事件出现性能故障。例如，在雷雨天气下的充电设施容易引发带电反应，进而产生高电压破坏高精密集成电路和大量微处理器，轻则损坏充电桩内部的电子系统，重则烧毁与充电桩直接相连的电动汽车内部线路，进而导致重大事故的发生。

（5）其他影响因素

在充电桩充电运行过程中，电能质量也是影响充电桩安全稳定性的一个重要因素。当充电站接收的电能出现电压上下波动、浪涌冲击或者高谐波等，都会影响充电桩正常工作运行，轻则引发充电桩故障，重则危及充电桩及电动汽车设备安全。此外，一些安全性功能缺陷所导致的安全问题也不容忽视，如互操作功能缺陷导致充电桩未能提供有效保护；充电桩的输出电流过大，容易对电动汽车电池系统结构造成破坏；系统 IP 防护等级过低，容易引发充电桩内短路甚至是人员触电等事故；在紧急情况下，直流桩因未安装急停装置或其功能失效，无法及时切断车桩间的互联并阻止事态进一步恶化。

8.4.2　充电安全防护发展现状

8.4.2.1　充电安全防护体系技术进展

充电安全防护体系的核心是充电过程中的安全防护。目前，充电基础设施行业正在与车端开展协同，以建立覆盖车－桩－云各个环节的充电安全大数据预警防护体系，不断提升预警准确度。桩端充电设备安全预警保护功能主要集中在充电过程中通过收集动力电池的状态和关键参数（如电池总压、单体电压、温度以及电池荷电状态、电池健康状态等信息）进行实时监测；对充电控制模式与充电状态进行可信度校验，对数据进行安全性能计算与辨识，对异常状况实时甄别。同时，在充电前对车端动力电池状态进行协同诊断、安全边界用于度进行辨识，对潜在故障风险提高预测准确度，并提升系统预警控制能力。当发现可能导致超出安全风险严重等级时，主动停止充电并启动维护或保护措施。充电安全防护体系主要构成包括以下四个方面。

一是底层防护。设备电气安全是整个充电安全防护体系的基础。充电设备应具备输出过压/过流保护、泄放回路故障检测、绝缘检测、防雷保护等功能。

二是充电现场安全防护。防止过充：充电系统应具备电池过充检测及防护功能，在检测到充进电池的电量和安时数大于电池的额定容量和能量时，应及时停止充电并报警。防止热失控：充电系统应具备电池热失控检测及防护功能，根据电池类型，在一段时间内当电池温升超过阈值时，应及时停止充电并报警。防止过压过流过温：充电系统应具备单体过压防护功能，在检测到电池当前单体电压大于电池允许的最高单体电压时，应及时停止充电并报警。

三是云平台大数据冗余防护。在平台端利用积累的充电过程大数据建立充电安全防护模型，在充电过程中实时地基于安全防护模型、电池管理系统数据搭建除了电池管理系统异常报警之外的第二道防线，当检测到异常情况时及时停机保护。对电池性能进行预测，防止因电池内部老化造成的特性劣化，并具备安全边界冗余校验功能。

四是电池管理系统失效防护。一旦电池管理系统失效，充电过程就面临失控的风险，因此在"车—桩—云"的充电防护体系中考虑了对电池管理系统失效防护的逻辑。系统管理功能上遵循功能安全设计思想，利用实时监测、状态校验进行诸如防死机、呆滞、通信中断、时序适配和中央处理器自恢复能力，避免充电过程中因报文及控制逻辑差错、关键参数无校验等状况引发的充电失控风险。

8.4.2.2 充电安全性能数据表征技术研究进展

"十三五"期间，科技部立项开展新能源汽车充电与运行安全隐患监测与检测技术研究，2020年科技部重点专项提出明确要求：建立新能源汽车包括充电安全、动力电池系统安全在内的安全性能表征参数体系，参数数量不少于8个，研发新能源汽车运行安全性能快速、自动检测设备，单车系统检测时间不超过10分钟。

为了从源头掌握热失控问题，充电安全表征及控制技术快速发展，已成为目前解决电池热失控问题最具潜力的控制手段。各大高校与科研院所、企业均致力于研究和开发智能有效的安全表征、检测和控制方法，从车－桩－云多层次解决动力电池运行和充电安全问题。但动力电池故障诊断和安全预警技术仍存在技术层面的问题：① 电池系统故障关系本身存在耦合，实际中只能看到外部表现，但实质上故障之间是互相引发的，导致难以归类；② 设计的故障实验难以复现、难以控制故障发展和演化速度，实验电池规模和用于对照的数量不足；③ 电池可测量信号种类少，实际电池数据数量不足、质量（信号分辨率）差、信号来源单一（温度、电压、电流信号等），难以实现故障分离和故障模式识别；④ 故障电池内部机理分析需要大量时间成本和拆解成本，导致面向电池内部状态各种物理信号的解析动态数学故障模型缺失。

8.4.2.3 主动预警技术及效能统计

科研院所、汽车企业和充电企业对充电过程的安全保障技术开展了大量研究和探索，并与大数据技术结合起来，从单次充电的安全研究延伸到系统性研究，从直接参数监测发展到安全相关变量计算和多尺度分析，从单个运营监测发展到跨平台数据融通协作并建立数据溯源协作机制，建立车辆动力电池充电安全评估与预警监管档案，以保障车辆充放电安全。

2019年5月，特来电发布项目成果"面向新能源汽车安全的充电网两层防护技术"，以动力电池循环充电行为作为研究对象，将其构建为一个双环充电控制模型。内环充电机控制系统以电池管理系统策略为安全边界，外环为充电平台大数据控制策略，模型通过对充电历史数据进行场景相似性归类、对安全敏感参数的特征指标做数据分布来判断离群的异常数据，建立安全预警。2019年9月，北京理工大学发表《基于大数据的新能源汽车动力电池故障预测预警方法研究》，从预警系统机制、电池故障预警模型、预警模型输入输出三个层面建立安全预警模型机制，提出预警系统，具体包括参数大小阈值预警、参数变化率阈值预警和模型预警。预警模型主要涵盖基于熵值的故障预警模型、基于统计学的异常单体电池诊断模型、基于角度方差的故障预警模型和基于运行数据的电池衰退评价模型四大类别。2020年10月，中国汽车工程研究院股份有限公司发表报告《新能源汽车安全预警技术及应用场景》，从整体安全观、量化风险累积模型、"人工智能＋专家"服务安全预警三个层次建立了一致性评价模型、安全风险概率累积模型、智能阈值、事故特征的匹配模型、基于神经网络风险的快速识别模型五个模型，构建基于大数据的安全预警体系。

8.4.3 充电安全防护发展趋势

目前，国家大力发展电动汽车相关产业，充电桩技术也将向大功率、智能化、无线充电等方向发展，但由于现阶段国内外对电动汽车一体化安全防护研究不够深入，一些标准以及安全防护措施仍有待完善，确保电动汽车充电安全仍是首要任务。未来将从以下几个方面开展相关研究，以期提升充电系统的安全性。

8.4.3.1 完善电动汽车充电安全相关标准体系

我国电动汽车相关技术研发和产业化推广工作进展飞快，电动汽车相关标准的制修订任务仍旧繁重，要尽快完善相关标准，弥补现有标准的不足。例如，国内外暂无完整的电动汽车充电信息安全标准体系。然而，随着智能网联等新兴技术的发展，电动汽车将逐渐上升为能源信息载体和物流终端，大量的信息交互必然存在信息安全隐患，这些隐患对电动汽车充电安全的影响也将越来越大。国内外主要相关企业以及政府针对充电设备信息交互安全问题提出了相关安全标准以及规范，但还需进一步加强研究，以逐步完善电动汽车充电安全相关标准体系。

8.4.3.2 构建更加完备的充电安全数据库

安全影响因素的分析是研究电动汽车充电安全的理论基础。随着电动汽车充电环境日益复杂，其充电安全影响因素逐渐呈现多元化、多维度扩充趋势，影响因素往往相互作用、同时发生，可能对人员、汽车和周围设施等产生安全威胁。基于当前充电安全系统的发展现状，需要充分利用海量充电系统的交换数据，并通过实体提取、关系抽取、属性抽取等方法将影响电动汽车与充电桩充电安全的信息进行抽取分析并融合应用，建立更加完备的充电安全数据库，分析影响因素之间的作用机理与耦合特性，对充电过程中潜在的风险进行预测与防护，以保护充电过程中的人身与设备安全。

8.4.3.3 建立可信度高的电池故障诊断模型

电池在充电故障状态下特性相对复杂，对其进行模型表征是开展故障诊断与特性分析的有效途径。目前针对电池安全的研究多数依赖于电化学模型或等效电路模型，然而这些诊断模型在电池故障状态下的可行性与准确性有待考究。与此同时，目前许多学者主要采用单一故障的"0/1"诊断方法对电池故障进行诊断研究，而实际场景中的电动汽车电池故障类别未知且不确定，甚至多种类型故障同时发生，并且影响特性相互耦合，现有的电池故障诊断方法的可信度难以保证。因此，以往的电池故障诊断模型并不能准确刻画故障作用机理。针对各类电池故障失效表征样式，分析并建立高可信度的故障诊断模型，将有助于揭示电池充电故障问题本质，提升电池充电安全防护水平。

参考文献

[1] 袁博. 电动汽车换电模式的发展现状及趋势综述[J]. 汽车文摘, 2020 (5): 23-27.

[2] 胡建, 徐枭, 郝维健. 电动汽车换电技术与标准需求研究[J]. 中国汽车, 2020 (6): 47-51, 64.

[3] 中国汽车工程学会. 节能与新能源汽车技术路线图2.0 [M]. 北京: 机械工业出版社, 2021.

[4] 于东民, 杨超, 蒋林洳, 等. 电动汽车充电安全防护研究综述[J]. 中国电机工程学报, 2022, 42 (6): 2145-2163.

第9章 面向碳中和目标愿景的新能源汽车发展展望

汽车产业的绿色低碳发展是国家碳达峰碳中和目标如期实现的重要支撑,经中国汽车工程学会测算,我国以汽车为主体的道路交通碳排放已达9亿吨以上,在全社会碳排放总量中的占比超过9%,排放总量大、预期增长快,汽车制造业单位增加值二氧化碳排放虽呈下降态势,但排放总量依然处于上升期。在"双碳"战略背景下,汽车产业理应顺应绿色低碳发展方向,锚定产业"双碳"目标,注重全生命周期碳减排,在生产制造、消费使用、绿色能源融合等多个领域加快向低碳、零碳深度转型,在实现国家碳达峰碳中和的进程中发挥中流砥柱作用。

9.1 汽车产业减排将是我国碳减排的重点领域

道路交通领域作为能源消耗与碳排放大户,是二氧化碳排放控制的重点领域。我国道路交通碳排放已经从2005年的3.12亿吨增加到2017年的6.73亿吨,柴油与汽油消耗各贡献了其中的50%,且汽油的排放贡献比例呈明显上升态势。道路交通碳排放占全国碳排放总量的比重逐年提高,2017年已达到7.27%。汽车产业作为交通领域碳排放的主要排放源,产业链上游涉及冶金、电子、能源、化工等多个行业,下游涉及物流、运输、租赁、共享出行等领域,是国民经济的支柱产业,对我国早日实现碳中和战略目标起到至关重要的溢出效应。2020年汽车产业碳排放达8亿吨,占我国交通领域碳排放的80%以上,占全社会碳排放的7.5%。根据《节能与新能源汽车技术路线图2.0》的规划,汽车产业碳排放将于2028年先于国家碳减排承诺提前达峰,2035年碳排放总量较峰值下降20%以上,汽车产业未来的碳排放路径将直接影响我国减排目标的实现与否,需要以技术成熟、经济性适中、市场接受度高等为原则,从政策、技术、生产、使用、能源融合等多维度协同推进汽车产业碳减排。

在政策层面,应当不断完善政策体系,结合我国国情并借鉴欧洲及美国、日本等汽车强国的汽车碳减排政策,设计中长期汽车碳减排顶层战略目标,并综合考虑车辆全生命周期碳排放,从汽车原材料、生产、制造、技术、基础设施等维度制定发展战略、预期目标、技术路线。中短期内,应当继续强化"双积分"政策的作用,不断完善"双积分"政策,在鼓励新能源汽车的同时降低节能汽车油耗。从中长期来看,"双积分"政策未来应当转变为碳积分制度,形成碳交易机制,统一车辆能耗管理制度,采用全生命周期能耗管理。同时,发挥财政税收优势,中短期内适当给予薄弱环节补贴,耐心培育市场;中长期发挥市场机制的引导作用。

在产业技术层面,加快汽车低碳技术的研发突破,提升传统燃油车的燃料经济性,通过使用车用轻量化材料、降低车辆风阻系数、优化发动机结构与传动系统,加速技术进步,加快节能技术的推广应用。加快新能源汽车的市场化推广,发展新能源汽车是我国由汽车大国迈向汽车强国的必由之路,要加快提高新能源汽车技术创新能力,深化"三纵三横"研发布局,加快建设共性技术创新平台,提升行业公共服务能力。发展替代能源车辆,围绕绿色氢能、生物质燃料、电力合成燃料等多种车用能源技术,加快重点技术研发及产业应用。

9.2 新能源汽车全生命周期减排助力"双碳"目标实现

9.2.1 汽车生产制造端减排

汽车的碳排放包括燃料产生的碳排放与汽车材料、零部件的碳排放。从汽车全生命周期碳排放的角度来看,材料、零部件、生产及维修保养过程中产生的碳排放属于车辆周期碳排放(图 9.1),纯电动乘用车虽然在行驶过程中实现了零排放,却有近 50% 的碳排放来自车辆周期。据中国汽车技术研究中心发布的《中国汽车低碳行动计划报告(2021)》数据显示,2020 年我国乘用车全产业链碳排放总量约为 6.7 亿吨二氧化碳,其中 26% 的碳排放来自上游产业链的生产制造环节。

以纯电动乘用车动力电池为例,动力电池在纯电动汽车车辆周期的碳排放占比高达 47%;纯电动乘用车在材料生产阶段和车辆使用阶段的碳排放量占全生命周期的 35.90% 和 61.60%[1]。在提升动力电池能量密度的同时,应当减少材料使用率,尽量使用绿色低碳电池材料,不仅可以减轻动力电池重量、减少车重,也能达到材料周期的减排效果,有效促进新能源汽车的全生命周期碳减排。此外,

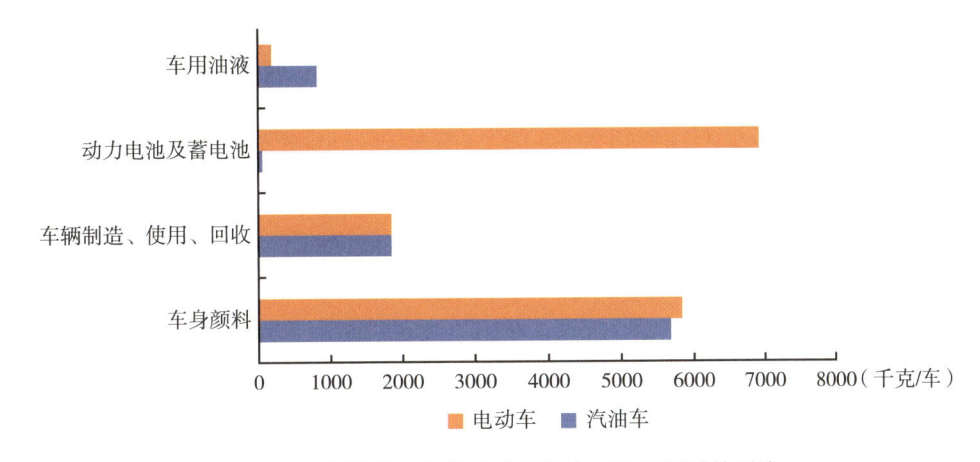

图 9.1 B 级汽油车和纯电动乘用车材料周期排放对比

动力电池制造阶段能耗远高于发动机，主要原因是上游原材料种类繁多，在原料开采和生产过程中消耗了大量能源、产生了大量废弃物，如磷酸铁锂、镍钴锰酸锂的制备过程等。

材料是国民经济和社会发展的基础和先导，也是国民经济的基础性与关键性支柱产业。汽车低碳材料的生产与制造工艺是未来汽车碳排放管理的重要环节，绿色、低碳、循环利用是"双碳"目标下汽车新材料、新工艺的发展趋势。轻量化已成为汽车新材料的主要发展方向，汽车轻量化技术和制造工艺水平将对碳排放产生重要影响。应当加快智能制造与关键装备技术的突破与应用，通过改善工艺、使用绿色低碳材料等途径降低碳排放，实现低能耗的绿色低碳制造。

9.2.2 汽车消费使用端减排

汽车消费端、使用端的电动化加速是促进汽车产业碳减排的重要途径，新能源汽车下乡、新能源汽车免征购置税等消费刺激政策的出台极大地鼓励了消费者购买、使用新能源汽车。根据中国汽车工业协会的数据显示，2021 年新能源汽车下乡车型实现销售 106.8 万辆，同比增长 169.2%，比整体新能源汽车市场增速高出约 10%。相关数据显示，2020 年我国乘用车全产业链碳排放总量约为 6.7 亿吨二氧化碳，其中 74% 来自汽车的使用环节，新能源汽车在消费端、使用端的快速普及将促进我国汽车产业使用环节的碳减排，营造绿色、健康的交通环境。

商用车始终是公路运输中碳排放的重点领域，2020 年商用车碳排放占据全部车辆碳排放的比例接近 65%，其中中重型货车的碳排放占比达到 83.5%，是所有车辆碳减排当中的关键车型。长期以来，我国货运市场一直存在车辆运行效率低下的问题。交通部规划研究院指出，营运货车的平均空驶率高达45%，实际载货量仅约60%，车辆空驶和闲置问题突出，导致过量产生二氧化碳、甲烷及氧化亚氮等温室气体。商用车公路货运的数字化、智能化、低碳化转型至关重要。

面向碳中和目标的汽车消费端、使用端减排，未来应当努力做到以下几点：一是提升新能源汽车的核心技术能力与产品核心竞争力，适当给予补贴用以推广。二是优化城市布局，以公共交通为导向进行城市规划，改善公共交通线路和站点的设置布局，提升多模式的换乘效率，鼓励公共交通出行，同时减少私人交通出行需求，加大道路限行和拥堵费政策的推广应用，未来随着城市汽车保有量的进一步增加，道路交通限行将成为不可逆转的趋势。三是鼓励汽车共享出行，统筹汽车共享出行与智能交通协同规划，同时在汽车共享出行数字化平台创新技术、创新商业模式方面给予支持。四是借助数字化工具，加快全国交通大数据监控平台的建立和推行，一方面鼓励共享出行和汽车产业联动发展，出行平台整合汽车产业上下游资源；另一方面鼓励平台应用新能源汽车、自动驾驶技术，加速汽车产业共享化、智能化、电动化、网联化发展。五是加快城市货运清洁能源化，加快新能源物流车的普及推广，加大清洁城市货运比例，同时优化清洁城市货运车辆的使用环境。六是强化智能调度、智能定价和智能服务水平，进一步提升平台运行交易效率和能效水平，推动公路货运向数字化、智能化转型。

9.2.3 汽车与绿色低碳多能源融合

汽车行业作为跨领域交叉融合的产业，未来应当加快建设以新能源为特征的新型车用能源系统，推动构建车能协同的新发展模式，推进电动汽车与电网的双向高效互动、与可再生能源的高效协同，同时加快推进以氢能燃料电池为重点的商用车电动化转型，构建氢能和电力的清洁制取、高效储输、按需转化、高效利用全环节的新型车用能源系统。

通过V2G技术，电动汽车的储能可作为电网和可再生能源的缓冲，不仅电网效率低以及可再生能源波动的问题可以得到很大程度缓解，还可以为电动汽车用户创造收益[2]。因此，V2G被认为是我国能源转型的重要支点，也是汽车产业实现碳中和目标的重要途径。

此外，氢能作为集中式可再生绿色能源，被认为是汽车产业低碳转型发展的理想能源。到2035年电动汽车作为分布式移动储能单元，其储能潜力将达到约5000吉瓦·时，将有力提升可再生能源的消纳能力，提高电网运行经济性和稳定性，加速车用能源系统与以新能源为主体的新型电力系统相融合。

参考文献

[1] 中汽数据[EB/OL]. https://wenku.baidu.com/view/a5863b5d6ddb6f1aff00bed5b9f3f90f77c64d52.html?_wkts.

[2] 魏一凡,韩雪冰,卢兰光,等. 面向碳中和的新能源汽车与车网互动技术展望[J]. 汽车工程,2022,44(4):449-464,444.